資源富集型貧困地區
可持續發展研究

周怡 著

財經錢線

前　言

　　自然資源作為重要的生產要素，是經濟發展的主要驅動力。人類社會發展的過程實際上就是對資源進行開發利用的過程。工業革命後，英國、德國、美國等發達國家憑藉豐富的自然資源大力發展工業，率先進入後工業化；而非洲、拉美的一些資源富集國家，卻未能將自然資源優勢轉化為發展優勢，經濟發展緩慢。資源成為這些國家經濟社會發展的「詛咒」。從國內的情況看，資源相對匱乏的東部地區的經濟發展水平和居民收入水平遠遠高於資源富集的中西部地區。中國政府、學者和社會力量一直致力於對中國貧困問題的探索，但長期的扶貧開發仍未能解決中西部的貧困問題。由於資源稅費製度、資源收益分配機制等製度建設較為滯後，資源開發地長期得不到資源開發應有的經濟補償，對資源的過度依賴又使地方經濟長期處於低水平發展狀態。同時，資源富集地區往往生態環境脆弱，部分地區由於被過度開發而造成生態環境更大的破壞，並又重新返貧，形成「貧困—資源開發—環境破壞—貧困」的發展怪圈，

受「資源詛咒」的影響較大。

過去對「資源詛咒」的分析主要立足於經濟增長，但隨著國內外經濟結構的大調整和經濟增長方式的轉變，對可持續發展、和諧發展的需求不斷增強，對於「資源詛咒」現象的分析應考慮經濟結構調整的需求，應從經濟增長向經濟質量、社會福利、社會公平、生態正義，以及經濟、社會和生態的可持續發展轉移。本書基於經濟增長理論、「資源詛咒」假說、貧困與反貧困理論、可持續發展和包容性增長理論、生態正義理論等，對資源富集型貧困地區的概念進行界定，對資源富集與經濟貧困「怪圈」的形成和機理進行探討，並在此理論框架下，對資源富集型貧困地區進行識別，找出其發展困境，深入分析其發展困境形成的根源及其影響，最後提出反貧困和可持續發展的建議和思路。全書共分八章，具體內容和結論如下：

第1章為導論，主要對核心概念進行界定，對相關研究進行回顧和梳理，並介紹本書的研究思路、基本框架和研究方法。本書認為資源富集型貧困地區，是指資源相對富集，但由於資源的無序開發、低效率利用和高度依賴，未能憑藉資源優勢得以加快發展，成為經濟社會發展水平較為落後、經濟發展質量不高、居民生活較為貧困的地區。資源富集型貧困地區的形成，就是「資源詛咒」的重要表現。有些地區在資源開發過程中，由於投資的大幅度增加，可能會使經濟總量快速增長，但居民生活沒有得到明顯改善，這其實也是一種「資源詛咒」。

第2章為理論基礎。本書的主要理論基礎包括經濟增長理論、「資源詛咒」假說、貧困與反貧困理論、可持續發展和包容性增長理論、生態正義與環境公平理論等。這些理論為分析資源富集型貧困地區自然資源與經濟增長的關係，提出反貧困和可持續發展路徑提供了理論基礎。

第3章對資源富集、經濟貧困和可持續發展困境「怪圈」

的形成和機理進行剖析。本書運用環境正義、製度經濟學等理論，從資源開發性移民、資源產權和治理結構問題的角度分析了資源開發對經濟發展和居民生活的影響；本書還運用經濟增長理論和投入產出理論，分析了資源對經濟的約束作用和可耗竭性資源、資源型產業經濟的不可持續性對經濟增長的影響；本書還分析了不同類型資源的開發對生態環境的影響。本書認為，在資源富集型貧困地區，其可持續發展困境的形成並非某一個因素造成，而是因為經濟、社會、資源、環境和生態的不可持續發展相互影響、相互作用，並在更高程度上交織，使得資源富集型貧困地區的不可持續發展進一步加劇，形成了一個惡性循環和發展怪圈。

第4章對資源富集型貧困地區進行識別，並對其資源開發與經濟發展的關係進行檢驗。本書運用資源富集程度和貧困程度指標對省級層面的資源富集型貧困地區進行了識別，東北地區的吉林、黑龍江，中部地區的河北、山西、安徽、河南，以及西部地區的陝西、四川、西藏、貴州、甘肅、青海、雲南、寧夏、新疆等15省（區）為資源富集型貧困地區，同時，也對四川省和涼山州從市縣兩級層面進行了初步識別。本書對省級層面和市級層面的資源富集型貧困地區資源與經濟發展的關係進行了計量分析，對過去的「資源詛咒」存在性檢驗模型進行了修正，用衡量一個地區經濟發展水平的指標來替換過去表現經濟增長的 GDP 指標或 GDP 增長速度指標。計算結果表明，2000—2012 年，資源富集型貧困地區的資源依賴度與經濟發展水平負相關，資源優勢沒有轉化為經濟發展優勢。本書認為資源分布和「資源詛咒」的地區差異，不僅在各省（市、區）之間存在，也在省（市、區）內各市（州）、市（州）內各縣（市、區）內廣泛存在，即使是省級層面的資源富集型發達地區，也可能存在資源富集型貧困市或資源富集型貧困縣。

第5章對資源富集型貧困地區發展困境形成的根源進行系統分析，並在對「資源詛咒」度進行初步測算的基礎上，對影響資源富集型貧困地區發展的因素進行實證分析。本書認為，資源富集型貧困地區的形成，最根本的原因是缺乏正確的資源觀，並影響了資源管理製度的制定和完善，同時低水平的資金投入、較低的資源開發技術和文化素質，使得資源富集型貧困地區陷入了一個「貧困陷阱」。而對資源富集型貧困地區地方財力影響最為直接的原因是以資源有償使用製度、資源產權製度和資源利益分配製度為核心的資源管理製度的不健全。由於資源稅稅率較低、資源稅分配有失公平、生態補償過低等原因，資源開發地的資源價值被忽視或被低估，並長期在國家產業格局中處於最上游，形成低投入、低產出的發展困境，從而使經濟社會可持續發展的製度環境亟待解決。

第6章運用詳實的統計數據對資源富集型貧困地區「資源詛咒」效應向後延伸，向經濟、社會、文化、衛生等全方面滲透的情況進行分析，並對資源富集型貧困地區形成的發展怪圈進行總結。

第7章對資源富集型貧困地區的案例——四川省涼山州進行分析。涼山州屬於典型的資源富集型貧困地區，雖然經濟總量增長較快，但經濟增長的動力主要來源於礦產資源和水電資源的大規模開發，而並非經濟社會的協調發展。經濟社會發展質量較低，居民生活極度貧困，地區發展受到「資源詛咒」的影響較大。而同時，「資源詛咒」向經濟、社會、資源環境的全方面滲透，使得涼山州經濟貧困、生態貧困、文化貧困與疾病相互交織、相互影響。

第8章提出資源富集型貧困地區可持續發展的政策建議。根據資源富集型貧困地區發展困境形成的根源，本書認為資源富集型貧困地區要實現可持續發展，首先，要解決思想認識和

製度問題，強化生態環境意識，改革完善各項考核考評體系和環境經濟政策。其次，要將生存和發展問題結合起來，通過組織實施有效的生態移民、實施精準扶貧和加快公共服務設施建設，解決資源富集型貧困地區的公平發展問題。最後，按照可持續發展、包容性增長和生態文明建設破解「資源詛咒」效應的機理，提出經濟、社會和人口等領域的可持續發展路徑。

　　本書的創新點在於：一是在對資源豐裕度、資源依賴度和收入綜合指數進行測算的基礎上，對省、市、縣三級層面的資源富集型貧困地區進行了識別，擴展了研究範圍和視角。二是對自然資源與經濟增長的關係模型參數進行了修正，在省域經濟分析的基礎上，嘗試從市（州）和縣域經濟的角度對資源富集型貧困問題進行量化分析；同時，對「資源詛咒」度進行了初步測算，並對資源富集型貧困地區「資源詛咒」的影響因素進行實證檢驗。三是按照可持續發展、包容性增長和生態文明建設破解「資源詛咒」效應的機理，對資源富集型貧困地區的可持續發展路徑進行系統分析。

　　隨著經濟社會的發展，「資源詛咒」問題變得越來越複雜。但限於計量模型操作經驗相對缺乏，中國統計方法製度還需完善，加上市縣兩級數據缺乏等影響，本書對市縣兩級資源富集型貧困地區的識別可能存在一定偏差，對市縣層面資源富集型貧困地區發展困境現象沒有做較為深入的分析，對於影響地區發展的製度因素，也因指標缺乏的問題無法做深入的計量分析。此外，指標選擇和計算方法的影響，也可能會對本書的檢驗結果產生影響，這也將成為今後研究中要解決的問題。

目　錄

1　導論　1

1.1　研究背景和意義　2
1.1.1　研究背景　2
1.1.2　研究意義　5

1.2　相關概念界定　6
1.2.1　資源和資源富集　6
1.2.2　貧困、資源富集型貧困和資源富集型貧困地區　8

1.3　相關研究回顧與梳理　12
1.3.1　主要研究成果　12
1.3.2　當前研究不足　23

1.4　主要研究內容及結構安排　25
1.5　技術路線與研究方法　27
1.6　可能的創新點和不足　28
1.6.1　可能的創新點　28

1.6.2 存在的不足 29

2 理論基礎 31

2.1 經濟增長中的資源觀及「資源詛咒」假說 32
2.1.1 經濟增長中的資源觀 32
2.1.2 「資源詛咒」假說 37

2.2 貧困與反貧困理論 39
2.2.1 貧困理論 39
2.2.2 反貧困理論 42

2.3 可持續發展理論和包容性增長理論 45
2.3.1 可持續發展理論 45
2.3.2 包容性增長理論 47

2.4 環境公平與生態正義理論 49
2.4.1 代際公平 49
2.4.2 代內公平 50

2.5 生態文明理論 51
2.5.1 生態文明的內涵 51
2.5.2 生態文明與可持續發展 52

2.6 小結 52

3 資源富集、經濟貧困與可持續發展困境:「怪圈」的形成 53

3.1 資源開發、資源開發式扶貧和資源開發性移民 54
3.1.1 資源開發利用 54

3.1.2　資源開發式扶貧　57

　　3.1.3　資源開發式移民　58

3.2　資源開發的生態環境代價　59

　　3.2.1　礦產資源開發的生態環境代價　60

　　3.2.2　水資源開發的生態環境代價　61

　　3.2.3　土地資源開發的生態環境代價　63

3.3　資源開發對經濟增長的約束效應　64

　　3.3.1　資源對經濟增長的約束機理　64

　　3.3.2　可耗竭資源約束下的經濟增長　65

　　3.3.3　資源依賴對經濟增長的約束　69

3.4　資源富集、經濟貧困與可持續發展困境的形成機制　74

4　資源富集型貧困地區發展困境的表徵及檢驗　77

4.1　資源富集型貧困地區的識別和界定　78

　　4.1.1　基於資源豐裕度的識別　78

　　4.1.2　基於資源依賴度的識別　87

4.2　資源富集型貧困地區的基本表徵　92

　　4.2.1　貧困人口多　92

　　4.2.2　經濟發展水平較低　92

　　4.2.3　居民收入低　93

　　4.2.4　財政收入低　93

4.3　省級層面資源富集型貧困地區資源富集與經濟發展的
　　關係檢驗　95

　　4.3.1　模型設定　95

　　4.3.2　參數選擇　97

4.3.3 結果分析 97

4.4 市縣級層面資源富集型貧困地區識別和檢驗
　　——以四川為例 103

4.4.1 四川省市級層面資源富集型貧困地區的檢驗 103

4.4.2 四川省縣級層面資源富集型貧困地區的初步
識別 107

4.5 小結 109

5 資源富集型貧困地區發展困境的形成機制與實證檢驗 112

5.1 資源富集型貧困地區發展困境形成的製度因素 113

5.1.1 缺乏正確的資源觀 113

5.1.2 缺乏科學的政績考評製度 114

5.1.3 區域經濟發展政策失衡 115

5.1.4 資源管理製度困境 118

5.1.5 扶貧開發製度困境 125

5.2 資源富集型貧困地區發展困境形成的環境因素 127

5.3 資源富集型貧困地區發展困境形成的技術因素 130

5.4 資源富集型貧困地區發展困境形成的資金因素 130

5.5 資源富集型貧困地區發展困境形成的文化因素 132

5.6 資源富集型貧困地區影響因素的實證分析 134

5.6.1 「資源詛咒」度的初步測算 134

5.6.2 模型設定和參數選擇 137

5.6.3 結果分析 139

5.7 資源富集型貧困地區「資源詛咒」中製度因素的初步
檢驗 140

5.8 小結 141

6 資源富集型貧困地區「資源詛咒」效應及影響 144

6.1 資源富集型貧困地區「資源詛咒」的經濟效應 145
    6.1.1 經濟發展問題 145
    6.1.2 收入問題 149
    6.1.3 結構問題 151

6.2 資源富集型貧困地區「資源詛咒」的社會效應 154
    6.2.1 人口問題 154
    6.2.2 衛生問題 156
    6.2.3 社會服務問題 157

6.3 資源富集型貧困地區「資源詛咒」的資源環境效應 158
    6.3.1 土地破壞問題 158
    6.3.2 地質災害問題 160
    6.3.3 水環境問題 162
    6.3.4 空氣污染問題 162
    6.3.5 生物多樣性破壞問題 163

6.4 小結 163

7 資源富集型貧困地區發展怪圈的案例
——基於四川省涼山州的分析 166

7.1 涼山州自然資源及開發情況 167

7.1.1　涼山州自然資源　167

7.1.2　涼山州資源開發情況　168

7.2　**涼山州貧困的現狀與特點**　170

7.2.1　連片貧困　170

7.2.2　綜合貧困　171

7.2.3　經濟貧困與生態貧困並存　172

7.2.4　貧困與疾病相互交織　172

7.3　**涼山州的發展怪圈**　175

7.3.1　貧困—資源開發—資源依賴—經濟貧困和經濟的不可持續性　175

7.3.2　貧困—資源開發—資源耗竭—經濟的不可持續性　175

7.3.3　貧困—資源開發—生態貧困和生態的不可持續性　175

7.3.4　貧困—疾病—社會貧困和社會的不可持續性　176

7.4　**涼山州發展怪圈形成的根源**　177

7.4.1　資源開發與發展怪圈　177

7.4.2　貧困文化與發展怪圈　179

7.4.3　疾病與發展怪圈　180

7.5　**小結**　181

8　資源富集型貧困地區可持續發展的路徑設計　182

8.1　強化生態環境意識　183

8.1.1　強化生態人及生態意識　183

8.1.2　挖掘宗教生態文化　184

8.1.3　強化戰略資源保護意識　185

8.1.4　強化現代產業發展文化　187

8.2 建立和完善相關的監測、評價和考核體系　188
   8.2.1　試點實施綠色GDP考核體系　188
   8.2.2　構建國家和地區層面的自然資源資產負債表　190
   8.2.3　建立差別化的幹部政績考核體系　191
   8.2.4　探索研究生態小康統計監測體系　194
   8.2.5　探索構建生態文明建設評價體系　195

8.3 完善國家環境經濟政策　198
   8.3.1　深化資源產權製度改革　198
   8.3.2　深化資源稅費改革　200
   8.3.3　建立健全資源開發利益分配機制　203
   8.3.4　建立健全生態補償機制　204

8.4 組織實施有效的生態移民　206

8.5 實施精準扶貧　207

8.6 加快公共服務設施建設　208
   8.6.1　加快基礎設施建設　208
   8.6.2　實現公共服務均等化　209

8.7 試點建立生態特區　210

8.8 加強社會文化領域的生態建設　210
   8.8.1　關注人口安全　210
   8.8.2　加快教育事業發展　211
   8.8.3　培養健康的民俗習慣　212

8.9 大力發展生態產業　213
   8.9.1　生態農業開發　213
   8.9.2　生態旅遊開發　215
   8.9.3　發展碳匯交易　216

9 研究結論與展望 218

    9.1 主要研究結論 219

    9.2 研究展望 220

參考文獻 223

附　表 240

1
導 論

1.1 研究背景和意義

1.1.1 研究背景

自然資源作為重要的生產要素，是經濟發展的主要驅動力。工業革命以後，美國和西歐國家憑藉豐富的自然資源大力發展重工業，推動國家快速發展，自然資源是推動經濟發展的「福音」。而同時，一些資源富集的國家，如非洲、拉美的一些國家，經濟發展較為緩慢，社會福利水平較低，資源成為這些國家經濟發展的「詛咒」。20世紀80年代以來，許多學者對部分國家或地區自然資源與經濟增長之間的關係進行了大量的理論和實證研究。結果表明，豐裕的自然資源並不必然帶來一個國家或地區經濟的快速增長，許多資源相對稀缺的國家或地區的經濟增長反而快於資源相對富集的國家或地區，「資源詛咒」假說就此產生，並逐步成了學界的主流認識。2013年中國科學院推出《國家健康報告》。報告對全球100個樣本國家的「資源詛咒」深度與自然資源豐裕度進行排序比較。結果顯示，伊拉克、厄瓜多爾等資源富集國家，「資源詛咒」深度較高，而經濟發展水平相對較低；而新加坡、日本等資源匱乏國家，「資源詛咒」深度較低，而經濟發展水平相對較高；但同時，加拿大、美國、挪威、澳大利亞等資源富集國家，「資源詛咒」深度較低，經濟發展水平較高。[1] 這樣看來，自然資源不一定能帶來「福音」，但也並未必都帶來「詛咒」。

從國內來看，中國是世界上資源種類較多、資源總量較為豐裕的國家之一，但資源分布不均衡，中西部地區資源相對富集，而東

---

[1] 100個國家「資源詛咒」深度與自然資源豐裕度排序比較 [OL]. [2016-08-20]. http://cn.chinagate.cn/infocus/2013-01/16/content_27706180.htm.

部沿海地區資源相對匱乏，見圖1-1。在能源資源方面，中西部地區石油、天然氣和煤炭資源儲量占全國的比重分別達41.0%、85.8%和90%，而東部地區的比重分別為20.0%、2.1%和6.0%；在礦產資源方面，中西部地區主要黑色金屬、有色金屬和非金屬礦儲量占全國的比重分別達94.0%、68.1%和60.7%，而東部地區的比重分別只有2.8%、10.5%和12.4%；在水資源方面，中西部地區水資源總量占全國的比重為70.8%，而東部地區僅占20.3%；在森林資源方面，中西部地區森林面積占全國的比重為77.8%，而東部地區僅占16.5%。但從經濟發展現狀看，資源相對匱乏的東部地區經濟發展水平和居民收入水平遠遠高於資源富集的中西部地區，2013年東部地區人均地區生產總值、城鎮居民人均可支配收入和農村居民人均純收入分別為62,406元、32,472元和12,052元，而西部地區的分別為34,491元、22,710元和6,834元，見圖1-2。因此，國內不同地區的「資源詛咒」現象似乎也是存在的，國內大多文獻也顯示，中國西部地區存在「資源詛咒」現象。國家按照貧困標準線在全國範圍內確定了592個扶貧開發工作重點縣，同時，根據地理環境、貧困程度和區位特徵等劃分了14個集中連片特困地區，作為扶貧開發的主戰場。但事實上，資源分布的差異和經濟發展差距不僅僅在省級層面存在，在市級和縣級層面也同樣存在，即使是發達地區，也同樣有貧困縣、貧困村，即使是西部地區，也同樣有較為發達的市縣。同時，不同地區「資源詛咒」傳導機制和受「資源詛咒」影響的程度也有較大差異。

　　在當前國內外經濟結構大調整的情況下，對可持續發展、和諧發展的需求不斷增強，對於「資源詛咒」現象的分析應考慮經濟結構調整的需求，應從經濟增長向經濟質量、社會福利、社會公平、生態正義以及經濟、社會和生態的可持續發展轉移，尤其應該關注地區差距與貧困緩解的問題。基於此，本書圍繞資源富集型貧困地區發展困境的形成機理，對資源富集型貧困地區形成

的深層次根源以及影響進行深入分析，並用大量的數據和案例進行實證研究，對省、市、縣三級層面的資源富集型貧困地區進行分析，把「資源詛咒」轉化為「資源福音」，為區域協調發展和全面建成小康社會提供重要的理論啓發和政策依據。

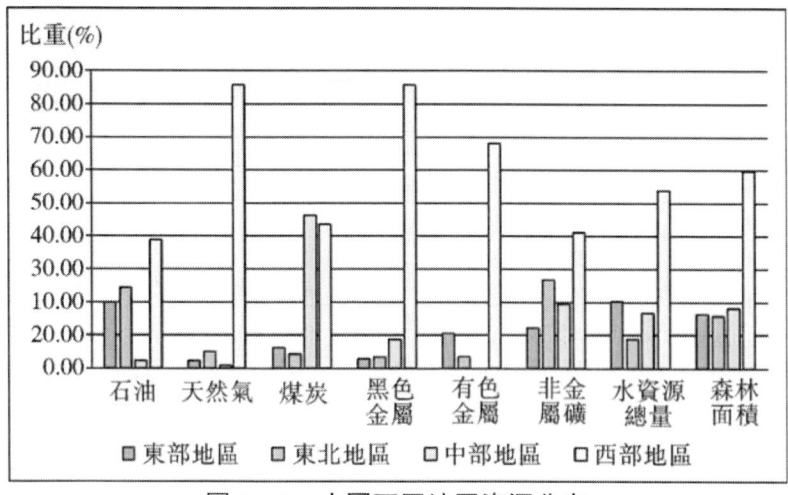

圖 1-1　中國不同地區資源分布

數據來源：國家統計局數據庫。

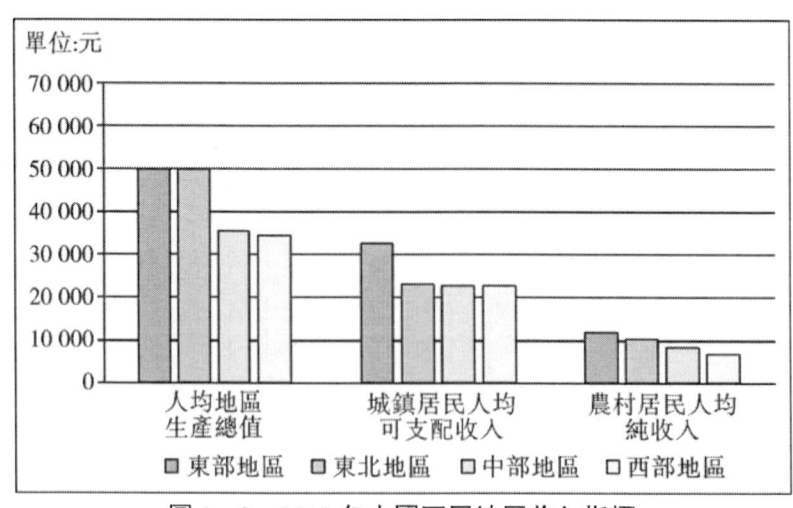

圖 1-2　2013 年中國不同地區收入指標

數據來源：《2014 年中國統計年鑒》。

1.1.2 研究意義

1.1.2.1 理論意義

一是本書以環境公平、「資源詛咒」假說等理論為基礎，分析資源開發、環境破壞與貧困「怪圈」的形成機理，對資源富集型貧困地區的發展困境進行深入分析，對「資源詛咒」向經濟社會生態各領域滲透的情況進行全面分析，建立起較為系統、全面的分析框架，進一步豐富「資源詛咒」理論。

二是本書的分析視角從經濟增長轉向經濟發展，分析自然資源與經濟發展之間的關係，並將計量模型中的經濟增長指標修正為經濟發展指標，為分析「資源詛咒」現象提供了一個新的研究思路，可進一步完善「資源詛咒」理論。

三是本書將統計方法製度應用於「資源詛咒」假說，對資源豐裕度、資源依賴度和「資源詛咒」度進行探討，對資源富集型貧困地區進行識別，對影響資源富集型貧困地區的影響因素進行量化分析，為分析「資源詛咒」現象提供了一個新的研究方法和思路。

1.1.2.2 實踐意義

一是本書的研究對象從省級層面轉向省、市和縣級層面並重，更進一步擴展了「資源詛咒」的分析範圍。過去對「資源詛咒」的分析主要集中在省級層面，但事實上，縣域經濟是國民經濟的最基本單位，不同縣級單位資源稟賦不同，發展基礎不同，發展現狀不同，發展趨勢不同，所以對縣域經濟的分析更有針對性，更具有實踐意義。

二是本書以可持續增長、包容性增長和生態文明理論為基礎，提出資源富集型貧困地區反貧困與可持續發展的思路和路徑，可以為資源富集型貧困地區各級政府制定全面建成小康社會和生態文明建設路徑提供決策依據，也可以為其他資源富集地區可持續

發展提供借鑑思路，以規避「資源詛咒」現象的產生。

三是對資源富集型貧困地區可持續發展問題的分析，對指導中國經濟新常態下經濟增長方式轉變和經濟結構調整有著重要的現實意義，也對推動區域經濟協調發展、縮小地區發展差距具有重要的現實意義。

1.2 相關概念界定

1.2.1 資源和資源富集

1.2.1.1 資源

資源是一個國家或地區擁有的物力、財力、人力等各種物質要素的總稱，是在經濟活動中，能夠為人類社會開發利用的各種資產或財富的總稱。資源有廣義和狹義之分。廣義上的資源分為自然資源和社會資源（見圖1-3），狹義上的資源僅指自然資源。本書所指的資源主要指人類賴以生存和發展的物質基礎，即自然資源。

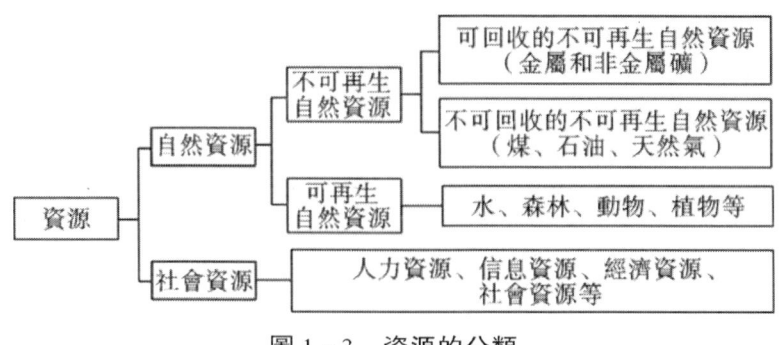

圖1-3 資源的分類

自然資源是人類賴以生存和發展的重要基礎。根據自然資源的可再生性質進行分類，自然資源可分為不可再生資源和可

再生資源。不可再生資源又稱可耗竭資源，是在一定時間範圍內資源總量保持不變，不能運用自然力增加其蘊藏量的自然資源。不可再生資源按其是否能夠重新利用，又可分為可回收的不可再生資源和不可回收的不可再生資源。可回收的不可再生資源，是指用資源加工而成的商品效用喪失後，大部分物質還能夠回收利用的不可再生資源，主要包括金屬等礦產資源。可回收的不可再生資源最終仍會耗竭，但消耗的速度取決於社會需求、資源產品的耐用性和回收利用該產品的程度。不可回收的不可再生資源，是指在使用過程中不可逆，並且在使用之後不能恢復其原狀的不可再生資源，主要指煤、石油、天然氣等資源。不可回收的不可再生資源的特點決定了它的資源消耗速度必然快於其他資源。減緩不可回收的不可再生資源的消耗速度的重要措施是提高資源利用率。可再生資源，是指可以通過自然力以某一增長率保持或增加其蘊藏量的自然資源，如大氣、森林、魚類、農作物等資源。對大多數可再生資源來說，資源的可持續性和規模取決於人類的利用方式，在合理開發利用資源的情況下，資源可以恢復、更新和再生產以維持自然增長；如果人類忽視自然規律，掠奪性地對其開發利用，其可再生性就會受到阻礙，使資源存量不斷減少，直至耗竭。

1.2.1.2 資源富集

在一定歷史條件下，自然資源的數量相對有限，並在分布上具有明顯的地區差異。一些地區某種或某些資源高度集中，儲量相對較高，可稱之為資源相對富集地區或資源相對豐裕地區。而相對應的，資源比較匱乏、儲量相對較低的地區，可稱之為資源相對貧乏地區。

一般資源富集程度可用資源豐裕度表示。資源豐裕度包括資源絕對豐裕度和資源相對豐裕度。資源絕對豐裕度是一個地區在某一時間內自然資源的絕對儲量，資源相對豐裕度是一個

地區在某一時間內考慮人口和面積因素的相對儲量。中國資源門類豐富，部分資源儲量居世界前列，水能資源蘊藏量為6.8億千瓦，居世界第一，礦產資源儲量居世界第三，耕地面積居世界第四，資源絕對豐裕度較高。但由於人口眾多，人均資源儲量較低，人均土地、耕地僅為世界人均水平的1/3，森林資源為世界人均水平的1/5，人均礦產資源為世界人均水平的3/5。[1]資源相對豐裕度較低。而在國內，西部地區資源富集，且人口密度相對較小，資源絕對豐裕度和資源相對豐裕度均較高。

1.2.2 貧困、資源富集型貧困和資源富集型貧困地區

1.2.2.1 貧困

許多學者從不同領域對貧困問題進行分析，但對貧困都沒有一個明確的定義。世界銀行《1980年世界發展報告》中指出：「當某些人、某些家庭或某些群體沒有足夠的資源去獲取他們那個社會公認的，一般都能享受到的飲食、生活條件、舒適和參加某些活動的機會，就是處於貧困狀態。」[2]世界銀行在以貧困問題為主題的《1990年世界發展報告》對貧困的定義為：缺少達到最低生活水準的能力。該報告同時指出，衡量生活水準不僅要考慮家庭的收入和人均支出，還要考慮那些屬於社會福利的內容，比如醫療衛生、預期壽命、識字能力以及公共貨物或共同財產資源的獲得情況。[3]它用營養、預期壽命、5歲以下兒童死亡率、入學率等指標，作為對貧困進行衡量的補充，仍以消費為基礎。世界銀行在《2000年世界發展報告》中定

---

[1] 中國自然資源概況［EB/OL］.［2016-08-20］. http://www.china.com.cn/culture/txt/2010-02/02/content_19355927.htm.
[2] 世界銀行. 1980年世界發展報告［M］. 北京：中國財政經濟出版社，1980：79.
[3] 世界銀行. 1990年世界發展報告：貧困問題·社會發展指標［M］. 北京：中國財政經濟出版社，1990.

義：貧困不僅僅指收入低微和人力發展不足，還包括人對外部衝擊的脆弱性，包括缺少發言權、權利和被社會排斥在外。[1] 國家統計局的「中國城鎮居民貧困問題研究」課題組和「中國農村貧困標準」課題組（1990）把貧困定義為：貧困一般是指物質生活困難，即一個人或一個家庭的生活水平達不到一種社會可接受的最低標準。他們缺乏某些必要的生活資料和服務，生活處於困難境地。

綜合不同機構和專家的觀點，貧困實際上是一種物質生活和精神生活貧乏的現象。根據貧困的內涵，貧困可以分為廣義的貧困和狹義的貧困。狹義的貧困是從經濟層面定義貧困，主要是物質上的貧困，缺乏維持生存和健康的最低標準。而廣義的貧困不僅包括物質貧困，還包括社會、文化、環境等多種貧困，比如文化教育、醫療衛生、生活環境和人口預期壽命等。根據貧困的程度，貧困可分為絕對貧困和相對貧困。絕對貧困指不能維持最基本的生存需求的貧困。而相對貧困是指不同社會成員和不同地區之間，可能存在著明顯的收入差異，低收入的個人、家庭、地區相對於全社會而言，處於貧困狀態。本書所研究的貧困是廣義的貧困和相對的貧困。

對於貧困的測算，國際上常用的方式主要有以下兩種：

一是國際貧困標準法。經濟合作與發展組織（OECD）提出，貧困線為一個國家或地區居民收入或平均收入的50%～60%。

二是恩格爾系數法。恩格爾系數是家庭食品支出與總收入的比值，恩格爾系數值越大，表明地區越貧困。聯合國糧食及農業組織（FAO）指出，恩格爾系數超過60%即為貧困。根據這個標準所計算出的消費支出，就是最低生活保障線，即貧

---

[1] 世界銀行. 2000/2001年世界發展報告：與貧困作鬥爭 [M]. 北京：中國財政經濟出版社，2001.

困線。

中國的貧困標準以農村人均純收入情況進行衡量，目前的貧困標準線是 2011 年確定的，貧困標準線為農村人均純收入 2,300 元。按此標準，2013 年，中國有貧困人口 8,249 萬人。在貧困標準線的基礎上，中國還確定了貧困戶、貧困村和貧困縣。貧困戶以貧困標準線為識別標準，由省級扶貧開發領導小組結合各省實際，再綜合考慮住房、教育、健康等情況後進行確定。貧困村也由省級扶貧開發領導小組確定，貧困村按照「一高一低一無」[①] 的標準進行識別。中國國家級貧困縣確定採用「631 指數法」測定：貧困人口占 60%；農民人均純收入較低的縣占 30%；人均地區生產總值和人均財政收入低的縣占 10%。按照這個標準，中國 1986 年、1994 年和 2012 年分別確定了 331 個、592 個和 592 個國家扶貧開發工作重點縣。此外，中國還將地理位置相連、氣候環境相似、致貧因素相似的 680 個縣確定為集中連片特困縣。為此，國家級貧困縣共有 832 個。

1.2.2.2　資源富集型貧困

在國內，最早描述資源富集型貧困現象的概念是富饒的貧困。王小強、白南風首次提出「富饒的貧困」概念，用以描述落後地區一方面貧窮，一方面資源豐富的矛盾現實。[②] 陸之青指出，中國部分貧困地區具備擺脫貧困所需要的自然資源量，但開發利用度低，這就是「富饒的貧困」[③]，這些地區稱為資源相對短缺型貧困地區。鄒東濤把「富饒的貧困」現象稱為地區資

---

① 一高一低一無，即行政村貧困發生率比全省貧困發生率高一倍以上，行政村全村農民人均純收入低於全省平均水平 60%，行政村無集體經濟收入。
② 王小強，白南風. 富饒的貧困——中國落後地區的經濟考察 [M]. 成都：四川人民出版社，1986.
③ 陸之青. 資源富集型貧困地區經濟開發的總體構想——《走出貧困的抉擇》述評 [J]. 能源基地建設，1996 (6)：14-16.

源與經濟發展之間的「悖逆現象」。[1] 魏後凱則指出「資源富集型貧困」現象是資源豐富、生產量高的地區，沒有因優越的自然資源稟賦而走上快速發展的道路，經濟反而比較落後的現象。[2] 同時，與資源富集型貧困地區相類似的還有一個概念，即欠發達資源富集區。谷樹忠、張新華等對此定義為經濟社會發展水平較低，但自然資源、特別是礦產資源較為豐富的地區，是區別於貧困地區、西部地區、民族地區、資源枯竭城市的最具典型意義的類型區。[3]

從以上三個定義來看，資源相對短缺型貧困認為貧困的根源在於開發利用程度低，而資源富集型貧困和欠發達資源富集區描述了資源富集而經濟發展落後的現象。其中，欠發達主要是指發展程度低或發展不充分，而貧困主要是以農村居民人均純收入等經濟指標來衡量的，是欠發達的主要經濟表現。

事實上，作為重要的生產要素，豐裕的自然資源本身對區域經濟增長具有積極影響，但對資源的低效開發，以及對自然資源和資源型產業的過度依賴，則會對區域經濟增長產生不利影響。因此，並非所有資源富集地區均為貧困地區，資源富集貧困地區是在自然資源的不合理開發、利用和管理基礎上所形成的。

本書認為，資源富集型貧困地區，是指資源相對富集，但由於資源的無序開發、低效率利用和高度依賴，未能憑藉資源優勢得以加快發展，經濟社會發展水平較為落後、經濟發展質量不高、居民生活較為貧困的地區。資源富集型貧困地區的形成，就是「資源詛咒」的重要表現。與過去「資源詛咒」強調

---

[1] 鄒東濤. 鄒東濤西部開發文集——什麼粘住了西部騰飛的翅膀 [M]. 北京：中國經濟出版社, 2001.

[2] 魏後凱. 富饒的貧困 [J]. 中華讀書報, 2002 (2).

[3] 谷樹忠，張新華，等. 中國欠發達資源富集區的界定、特徵與功能定位 [J]. 資源科學, 2011, 33 (1)：10–17.

經濟增長的觀點相比，本書對資源富集型貧困地區的理解更強調經濟質量。部分地區在資源開發過程中，由於投資的大幅度增加，經濟總量可能會快速增長，但居民生活、社會福利沒有得到明顯改善，這其實也是一種「資源詛咒」。本書對資源富集型貧困地區的分析將進一步擴展「資源詛咒」假設的研究思路和框架。

1.3 相關研究回顧與梳理

1.3.1 主要研究成果

1.3.1.1 關於貧困與發展的研究

貧困問題是世界各國共同面臨的嚴峻挑戰，貧困不僅嚴重阻礙著國家或地區經濟社會發展，更成為當前區域經濟失衡、生態環境惡化等問題的重要根源之一。

早期對貧困的認識主要強調物質生活的貧乏，如朗特里（Rowntree，1941）、保羅·薩繆爾森（Paul A. Samuelson，1996）均認為貧困是缺乏足夠的收入、沒有能力獲得生存所必需的物品和服務的狀況等。隨著經濟社會的發展和研究的深入，貧困的內涵不斷豐富，除物質生活的貧困，還包括個人能力和社會權利的缺乏，如阿馬蒂亞·森（Amartya Sen，1981）認為貧困是創造收入能力和機會的貧困等。

西方學者對貧困和發展問題的研究，主要從發展經濟學的角度圍繞貧困的根源展開。拉格納·納克斯（Ragnar Narkse，1953）、納爾遜（P. R. Nelson，1956）、哈維·萊賓斯坦（Harvey Leeibenstein，1957）等都認為造成貧困最根本的原因在於資本投入不足，要擺脫貧困需要擴大投資。而阿爾伯特·赫希曼

（Albert Otto Hirschman，1957）的「極化效應」和「捐滴效應」、弗朗索瓦·佩魯（Francois Perroux，1955）的「增長極」、岡納·繆爾達爾（Gunnar Myrdal，1968）的地區不平衡發展戰略則提出應通過優先發展部分地區來帶動欠發達地區的發展。這也成為發展中國家縮小地方發展差距、制定區域不均衡政策的重要理論基礎。舒爾茨（Theodore W. Schulz，1960）強調人力資本投資對擺脫貧困的作用。世界銀行、亞洲銀行等作為國際性的反貧困機構，也對貧困問題進行了深入研究。世界銀行的《1980年世界發展報告》《1990年世界發展報告：貧困問題·社會發展指標》《2000/2001年世界發展報告：與貧困作鬥爭》《2004年世界發展報告：讓服務惠及窮人》等多篇報告都對世界貧困現狀及成因進行了分析，並提出了緩解貧困的對策建議。亞洲銀行提出以「包容性增長」促進貧困減除等。

中國是世界上最大的發展中國家，也是貧困人口較多的國家。在改革開放前，扶貧主要是對貧困人口實施生活救濟，解決貧困地區的溫飽問題。經過多年的探索與實踐，人們已經逐漸認識到貧困不是一個單純的經濟收入問題，而是涉及自然資源、基礎設施、參與權利等多種複雜因素的社會問題。成升魁、丁賢忠認為，脆弱的生態環境、匱乏的自然資源、遠離城市和交通不便等自然因素是導致貧困的重要因素。[1] 陳南岳認為生態環境脆弱致使中國農村生態貧困人口多。[2] 胡鞍鋼認為人力資本缺乏是欠發達地區貧困的重要原因。[3] 孔祥智認為中國長期累積

---

[1] 成升魁，丁賢忠. 貧困本質與貧困地區發展［J］. 自然資源，1996（2）：29-34.

[2] 陳南岳. 中國農村生態貧困研究［J］. 中國人口資源與環境，2003（4）：43-44.

[3] 胡鞍鋼. 欠發達地區如何加快發展與協調發展：以甘肅為例（下）［J］. 開發研究，2004（4）：1-6.

下來的貧困很大程度上是製度因素造成的。① 劉龍、李豐春認為農村貧困的根源在於貧困文化。② 王然、黃菊英對近六年中國的貧困問題文獻進行總結，指出貧困的主要原因是自然資源、自然災害、勞動力素質、社會環境和國家政策等。③

在反貧困實踐中，20世紀80年代初期，國家改變過去單純救濟的扶貧方式，提出了開發式扶貧戰略，並在隨後的30年間不斷發展變化。①大規模針對性扶貧開發階段（1986—1993年）。1986年國務院貧困地區經濟開發領導小組成立，首次制定了貧困縣的扶貧標準，並安排了專項扶貧資金，制定了放寬地區間農民遷移的限制、支持勞動密集型產業發展、鼓勵並促進貧困地區和貧困農民參與全國經濟發展以及確定和調整給予國定貧困縣扶貧援助等優惠的宏觀經濟政策。同時，對傳統的救濟扶貧進行徹底改革。到1993年年底，全國農村沒有解決溫飽的貧困人口由1.25億人減少到近8,000萬人，並且每年減少640萬人，貧困發生率由14.8%下降到8.7%。②扶貧攻堅階段（1994—2000年），以1994年3月《國家八七扶貧攻堅計劃》的公布為標誌。扶貧開發工作發生深刻的變化，主要是由道義性扶貧向製度性扶貧轉變，由救濟性扶貧向開發性扶貧轉變，由扶持貧困縣向扶持貧困村、貧困人口轉變；同時，較大幅度地增加了扶貧資金。三大扶貧項目（扶貧貼息貸款、以工代賑和發展資金）投放的扶貧資金從1995年至1999年增加了1.63倍。這一階段，政府在宏觀經濟政策方面也明確提出了加快中西部地區的經濟發展計劃。到1999年年底，中國農村貧困人口

---

① 孔祥智. 中國三農前景報告：2005 [M]. 北京：中國時代經濟出版社，2005.

② 劉龍，李豐春. 論農村貧困文化的表現、成因及其消解 [J]. 農業現代化研究，2007（5）：583.

③ 王然，黃菊英. 近六年來中國貧困問題研究綜述 [J]. 西藏發展論壇，2012（6）.

已降至3,400萬人，貧困發生率也由8.7%下降到3.7%。③農村扶貧開發階段（2001—2010年）。2001年6月，國務院出抬了《中國農村扶貧開發綱要（2001—2010年）》，扶貧工作重點與瞄準對象已經做了重大調整。扶貧工作重點縣放到西部地區；貧困村成為基本瞄準對象，扶貧資金覆蓋到非重點縣的貧困村；同時，注重發展貧困地區的科學技術、教育和醫療衛生事業，強調參與式扶貧，以村為單位進行綜合開發和整村推進；承認城鄉間人口流動是扶貧的一個重要途徑，要採取新的政策舉措，使農村居民更容易轉移到城鎮地區就業。④連片扶貧開發階段（2011年至今）。針對區域發展不平衡問題突出，相對貧困問題凸顯，連片特困地區發展相對滯後等問題，2011年12月，國家出抬了《中國農村扶貧開發綱要（2011—2020年）》，對貧困縣標準進行了調整，確定了新的貧困縣和14個集中連片特困區，覆蓋貧困縣832個，提出了易地扶貧搬遷、以工代賑、產業扶貧、就業促進等多項專項扶貧以及行業扶貧、社會扶貧等措施和意見。

1.3.1.2 關於資源與經濟增長的研究

關於資源與經濟增長關係的理論研究。在主流經濟學所構建的經濟增長模型中，自然資源只是單純的「生產成本問題」，而並非經濟增長的決定性因素。① 威廉·配第（William Petty, 1662）認為勞動是經濟增長的主要源泉。哈羅德－多瑪模型強調了資本累積對經濟增長的作用②。索洛模型③和羅默內生經濟

---

① 馬子紅，胡宏斌. 自然資源與經濟增長：理論述評［J］. 經濟論壇, 2006 (7): 45-48.

② RF HARROD. An Essay in Dynamic Theory [J]. The Economic Journal, 1939 (49): 14-33. ED DOMAR. Capital Expantion, Rate of Growth, and Employment [J]. Econometrica, 1946 (14): 137-147.

③ SOLOW, RM. Technical Change and the Aggregate Production Function [J]. Review of Economics and Statistics, 1957 (39): 312-320.

增長理論①強調了技術進步對經濟增長的決定性作用。舒爾茨（Theodore W. Schulz, 1960）、盧卡斯②強調了人力資本對經濟增長的作用。道格拉斯·C. 諾斯（D. C. North, 1987）等經濟學家認為製度是影響經濟增長的重要因素。

　　關於資源與經濟增長關係的實證研究。雖然自然資源在主流經濟增長模型中沒有占據應有的分量，但一些實證分析和經驗判斷卻證明自然資源對經濟增長影響較大，一些國家的數據證明資源對經濟發展有較大的促進作用，而另一些國家的資源對經濟發展卻具有負面影響。赫克歇爾（Eli F. Heckscher）③和俄林（Bertil Ohlin）④的資源稟賦模型指出，自然資源是決定經濟增長和國際貿易格局的關鍵因素。哈巴谷（Habakkuk）認為，美國利用豐裕的自然資源獲得較高的生產率，其對能源資源、礦產資源的開發和使用，在一定程度上促使其處於世界工業格局中的領導地位。⑤ 薩克斯（Sachs）和華納（Warner）指出英國和德國的工業革命是以豐富的礦產和能源資源儲量為前提的⑥；即使是目前經濟陷入困境的厄瓜多爾，在資源開發前期也具有相當高的人均收入水平⑦。大衛（David）和懷特（Wright）也指出，

---

　　① PM ROMER. Increasing Returns and Long‐Run Growth [J]. The Journal of Polical Economy, 1986 (5): 1002–1037.
　　② LUCAS R E. On the Mechanics of Economic Development. Journal of Monetary Economics, 1988, 22 (1): 3–24.
　　③ HECKSCHER E. The Effect of Foreign Trade on the Distribution of Income [J]. Ekonomisk Tidskriff, 1919: 497–512.
　　④ OHLIN B. Interregional and International Trade [M]. Cambridge, Mass: Harvard University Press, 1933.
　　⑤ HABAKKUK H J. Aemrican and British Technology in the Nineteenth Century [M]. Cambridge: Cambridge University Press, 1962.
　　⑥ SACHS JEFFREY D, ANDREW M WARNER. Natural Resources Abundance and Economic Growth [J]. NBER Working Paper, 1995.
　　⑦ SACHS JEFFREY D, ANDREW M WARNER. The Big Push, Natural Resource Bomms and Growth [J]. Journal of Development Economics, 1999 (59): 43–76.

美國在其工業化發展中,大規模、密集地開採礦產資源。[1]

20世紀中後期,自然資源與經濟增長的關係發生了較大的變化,一些資源較為富集的非洲國家經濟發展幾乎陷入停滯狀態,而一些資源相對貧瘠的經濟體卻實現了經濟的高速增長。蓋爾博(Gelb)[2]、奧蒂(Auty)[3]等經濟學家的實證分析結果也顯示,資源貧乏國家的經濟表現明顯比資源豐裕的國家要好。薩克斯和華納(Sachs,Warner)選取了95個發展中國家的數據進行實證分析。結果顯示,自然資源稟賦與經濟增長之間存在顯著負相關關係。[4] 吉爾弗森(Gylfason)對85個國家的數據進行實證研究。結果也顯示,豐裕的自然資源最終可能擠出貨幣資本而阻礙經濟增長。[5]

與國外豐富的研究成果相比,國內對於自然資源與經濟增長關係的研究較為滯後。大部分學者讚同中國的經濟發展受到資源約束的觀點。餘江等人運用資源約束下的經濟增長模型證明自然資源約束對經濟增長存在阻礙。[6] 張景華認為自然資源對

---

[1] DAVID P A, G WRIGHT. Increasing Returns and the Genesis of American Resource Abundance [J]. Industrial and Corporate Change, 1997, 6 (2): 203–245.

[2] GELB A H. Oil Windfalls: Blessing or Curse? [M]. New York: Oxford University Press, 1988: 134–147.

[3] AUTY R M. Resource Abundance and Eeonomic Development [M]. New York: Oxford University Press, 2001.

[4] SACHS JEFFREY D, ANDREW M WARNER. Natural Resources Abundance and Economic Growth [J]. NBER Working Paper, 1995. SACHS JEFFREY D, ANDREW M WARNER. The Big Push, Natural Resource Bomms and Growth [J]. Journal of Development Economics, 1999 (59): 43–76. SACHS JEFFREY D, ANDREW M WARNER. Natural Resources and Economic Development: the Curse of Natural Reources [J]. European Economic Review, 2001 (45): 827–838.

[5] GYLFASON T. Natural Resources, Education and Economics Development [J]. European Economic Review, 2001 (45).

[6] 餘江,葉林. 經濟增長中的資源約束和技術進步——一個基於新古典經濟增長模型的分析 [J]. 中國人口、資源與環境, 2006 (5): 7–9.

經濟增長起重要作用，資源利用不當會抑制經濟增長。① 陳書宏認為中國土地和資源的緊缺性與經濟增長需求失衡的態勢已凸顯。② 徐康寧、王劍最早對自然資源與經濟發展的關係進行實證分析。結果表明，在一些具有資源優勢的省份，豐裕的自然資源並未成為經濟發展的有利條件。③ 韓亞芬等人對31個省份能源資源利用與經濟發展的關係進行實證分析。結果也顯示，多數省份豐裕的自然資源並未成為經濟發展的有利條件。④ 邵帥等人對中國西部地區和中國28個煤炭城市的實證分析顯示，西部地區和煤炭城市資源開發與經濟發展負相關。⑤ 劉寶漢運用資源生命週期理論進行動態分析，認為資源開發初期對經濟發展有促進作用，但隨著自然資源的枯竭，將可能會制約經濟發展。⑥ 裴瀟等人對中國12個資源豐富省份的分析結果顯示，自然資源對部分省份經濟發展有促進作用，但對另一些省份則有阻礙作用。⑦

1.3.1.3 關於「資源詛咒」的研究

「資源詛咒」假說是對自然資源與經濟增長關係研究的總結和發展。關於「資源詛咒」的研究主要集中在「資源詛咒」的

---

① 張景華. 經濟增長：自然資源是「福音」還是「詛咒」[J]. 社會科學研究, 2008 (6): 49-55.

② 陳書宏. 自然資源對中國經濟增長的限制 [J]. 學術探討, 2008 (6).

③ 徐康寧, 王劍. 自然資源豐裕程度與經濟發展水平關係的研究 [J]. 經濟研究, 2006 (1): 78-89.

④ 韓亞芬, 孫根年, 李琦. 資源經濟貢獻與發展詛咒的互逆關係研究——中國31個省區能源開發利用與經濟增長關係的實證分析 [J]. 資源科學, 2007 (6).

⑤ 邵帥, 齊中英. 西部地區的能源開發與經濟增長——基於「資源詛咒」假說的實證分析 [J]. 經濟研究, 2008 (4): 147-160. 邵帥. 煤炭資源開發對中國煤炭城市經濟增長的影響——基於「資源詛咒」學說的經驗研究 [J]. 財經研究, 2010 (3): 30-101.

⑥ 劉寶漢. 「福音」還是「詛咒」——自然資源與經濟增長關係理論模型機拓展 [J]. 經濟與管理研究, 2011 (3): 27-34.

⑦ 裴瀟, 黃玲, 等. 「資源詛咒」現象的再檢驗——基於資源豐富省份面板數據 [J]. 財會通訊, 2014 (5): 117-119.

存在性和「資源詛咒」傳導機制方面。

對於「資源詛咒」的存在性檢驗。Auty 首次提出「資源詛咒」這個概念①。薩克斯（Sachs）和華納（Warner）②、吉爾弗森（Glyfason）③、馬丁和薩勃拉曼尼亞（Sala－i－Martin, Sabramanians）④、Papyrakis 和 Gerlagh⑤ 等學者通過實證分析得出基本一致的觀點，即自然資源與經濟增長之間確實存在負相關關係，部分自然資源豐裕的國家存在「資源詛咒」現象。

對於「資源詛咒」的傳導機制，大致可以概括為以下幾類：一是貿易因素。曼扎諾和李各布（Manzano, Rigobon）⑥ 的實證分析結果顯示，資源豐裕國家的較低經濟增長速度是由世界能源價格週期性波動引起的。Poellekke 等（2007）認為資源價格的波動會對經濟增長造成直接的負面影響。二是「荷蘭病」效應。W. M. Corden 和 J. Peter Neary 構建了經典的「荷蘭病」模型，指出資源部門會通過支出效應、價格效應和擠出效應對

---

① AUTY R M. Sustaining Development in Mineral Economics: The Resource Curse [M]. London: New York Routledge, 1993: 46－72.
② SACHS JEFFREY D, ANDREW M WARNER. Natural Resources Abundance and Economic Growth [J]. NBER Working Paper, 1995. SACHS JEFFREY D, ANDREW M WARNER. The Big Push, Natural Resource Bomms and Growth [J]. Journal of Development Economics, 1999 (59): 43－76. SACHS JEFFREY D, ANDREW M WARNER. Natural Resources and Economic Development: the Curse of Natural Reources [J]. European Economic Review, 2001 (45): 827－838.
③ GYLFASON T, T T HERBERSSON, G ZOEGA. A Mixed Blessing: Natural Resources and Economic Growth [J]. Macroeconomic Dynamics, 1999 (3): 204－225.
④ SALA－I－MARTIN X, A SABRAMANIANS. Addressing the Natural Resource Curse: an Illasturation from Nigeria [R]. NBER Working Paper, No. 9804, National Bureau of Economic Research, 2003.
⑤ PAPYRAKIS E, R GERLAGH. The Resource Curse Hypothesis and its Transmission Channels [J]. Journal of Comparative Economics, 2004 (32): 181－193.
⑥ MANZANO O, RIGOBON R. Resource Curse or Debt Overhang? [R]. NBER Working Paper No. 8390, National Bureau of Economic Research, 2001.

其他部門產生影響。① 三是擠出效應。Saches 和 Warner 認為資源產業會擠占製造業的投資，從而導致經濟出現停滯。② Gylfason 認為資源產業會擠出製造業和人力資本投資。③ Saches 和 Warner 認為資源產業會擠出企業家行為、擠出創新。④ 四是製度問題。Findlay 和 Lundahl 認為資源豐裕國家之所以會受到「資源詛咒」，主要在於政府治理能力的不足和經濟政策的失敗。⑤ Sala - I - Martin 和 Subramanian（2003）認為豐富的資源容易產生利益集團，並引發尋租和腐敗行為，從而對經濟造成負的非線性影響。Arezki 和 Bruckner 也認為一個壞的製度會因資源的富裕產生尋租和更大的腐敗。⑥

在國內，對於「資源詛咒」的研究也主要集中在這兩個方面，學者們對中國存在「資源詛咒」現象基本上是認可的，而認為造成這一現象背後的機制大體集中在人力資本、製度、腐敗、對外開放度等幾種因素上。鄭長德提出的「區域收益假說」認為，中國西部地區自然資源的收益通過國家的限制性定價和開採權的控製，轉移到了其他地區。⑦ 武芳梅認為山西出現「資源詛咒」現象的主要原因是區域利益轉移、產業單一、環境惡

---

① CORDEN WM, NEARY JP. Booming Sector and De - industrialization in a Small Open Economy [J]. Economic Journal, 1982 (92): 825 - 848.

② SACHS JEFFREY D, ANDREW M WARNER. Natural Resources Abundance and Economic Growth [J]. NBER Working Paper, 1995.

③ GYLFASON T. Natural Resources, Education and Economics Development [J]. European Economic Review, 2001 (45).

④ SACHS JEFFREY D, ANDREW M WARNER. Natural Resources and Economic Development: the Curse of Natural Reources [J]. European Economic Review, 2001 (45): 827 - 838.

⑤ FINDLAY R, M LUNDAHL. Natural Resources and Economic Development: the 1870 - 1914 Experience [M]. Oxford: Oxford University Press, 2001: 95 - 112.

⑥ AREZKI R, M BRUCKNER. Oil rents, Corruption, and State stability: Evidence from Pane; Data Regressions [J]. European Economic Review, 2011, 55 (7): 955 - 963.

⑦ 鄭長德. 發展經濟學與地區經濟發展 [M]. 北京: 中國財政經濟出版社, 2007: 20 - 21.

化和製度弱化等。① 韓德軍等認為擠出投資、尋租、擠占教育投資、對礦產資源的粗放利用、資源產權不清等是造成貴州陷入「資源詛咒」的主要原因。② 梁惠枝分析了河池的「資源詛咒」傳導機制，包括「荷蘭病」效應、貿易條件惡化、人力資本投入不足以及生態環境惡化等方面。③ 韓瓊慧認為涼山州「資源詛咒」現象產業的原因有：缺乏有效的製度安排，尋租、資源補償機制缺失，產業結構不合理，資源過度開發致使環境惡化以及人力資本累積不足。④ 周亞雄認為，甘肅出現「資源詛咒」的主要原因在於資源型產業的擠出效應。⑤ 陳海磊基於「資源詛咒」理論，認為鄂爾多斯也出現了產業單一、人力資本投資和社會保障不足等問題。⑥ 吳荷青認為新疆「資源詛咒」效應造成了新疆經濟的非對稱性發展，而其根本原因在於不重視資源產品的深加工和資源補償費用過低。⑦ 鄭猛等認為雲南能源資源開發對經濟增長的阻礙作用主要表現在「荷蘭病」效應、擠出效應及製度弱化效應，其中對科技的擠出效應最為顯著。⑧

---

① 武芳梅.「資源的詛咒」與經濟發展——基於山西省的典型分析 [J]. 經濟問題, 2007 (10): 24-27.
② 韓德軍、趙春燕. 論貴州從「資源詛咒」到內源發展的路徑選擇 [J]. 貴州商業高等專科學校學報, 2010 (12): 50-52.
③ 梁惠枝, 等. 欠發達資源型地區「資源詛咒」的驗證、傳導機制及破解路徑選擇：河池視角 [J]. 區域金融研究, 2011 (11): 12-16.
④ 韓瓊慧. 論「資源詛咒」與涼山彝族自治州經濟增長 [J]. 企業經濟, 2011 (10): 134-137.
⑤ 周亞雄, 王必達. 中國西部欠發達地區資源依賴型經濟的「資源詛咒」分析——以甘肅為例 [J]. 干旱區資源與環境, 2011 (1): 25-29.
⑥ 陳海磊. 鄂爾多斯的發展與「資源詛咒」[J]. 菸臺大學學報：哲學社會科學版, 2011 (4): 94-102.
⑦ 吳荷青. 新疆「資源詛咒」效應的形成機理分析 [J]. 商業時代, 2012 (20): 142-143.
⑧ 鄭猛, 羅淳. 論能源開發對雲南經濟增長的影響——基於「資源詛咒」系數的考量 [J]. 資源科學, 2013 (5): 991-1000.

1.3.1.4 關於資源富集型貧困問題的研究

關於資源富集型貧困的形成原因。王閏平等人認為大多資源富集型國家或地區過多地發展資源生產性行業,形成了較為畸形的產業結構,導致製造業發展不足。① 張緒清認為欠發達資源富集區通常是經濟與生態雙重貧困區。他認為大規模的、超常規的資源開發和人為破壞,會誘發水土流失、石漠化、生物多樣性銳減等多種生態危機,惡劣環境中會產生貧困,會進一步加重經濟貧困與環境惡化。② 谷樹忠、張新華等認為,在部分資源富集區已出現「資源詛咒」問題,其主因是礦產資源的粗放式發展,及其所引發的「荷蘭病」,對人力資本和科技創新產生「擠出」效應以及對生態環境的破壞。③ 杜明義、羅成認為以資源開發為主導的經濟制約了技術、人才、產業發展,導致製度弱化、環境破壞,阻礙經濟發展,引發了地區普遍的貧困。④

關於資源富集型貧困的解決路徑。劉豔梅指出西部地區的生態貧困使其不具備經濟開發的基本條件,應從生態的角度選擇合適的發展道路,建立生態型反貧困戰略。⑤ 張緒清指出通過借鑑國內外生態補償實踐,對欠發達區域礦能、淡水、森林、生態等資源進行補償,有助於推進生態文明構建。⑥ 林科軍認為欠發達資源富集區當前最重要的是如何結合本地優勢,合理地

---

① 王閏平,陳凱. 資源富集地區經濟貧困的成因及對策研究——以山西省為例 [J]. 資源科學,2006 (4): 158 – 165.
② 張緒清. 欠發達資源富集區利益補償與生態文明構建 [J]. 特區經濟,2010 (1): 118 – 120.
③ 谷樹忠,張新華,等. 中國欠發達資源富集區的界定、特徵與功能定位 [J]. 資源科學,2011, 33 (1): 10 – 17.
④ 杜明義,羅成.「資源詛咒」與反貧之道——以四川藏區為例 [J]. 牡丹江大學學報,2012 (11): 39 – 41.
⑤ 劉豔梅. 西部地區生態貧困與生態型反貧困戰略 [J]. 哈爾濱工業大學學報:社會科學版,2005 (11): 97 – 101.
⑥ 張緒清. 欠發達資源富集區利益補償與生態文明構建 [J]. 特區經濟,2010 (1): 118 – 120.

分配產業，要把資源開發同發展高增加值的製造業結合起來，大力發展循環產業，確保經濟社會的可持續發展。[1] 徐蕾認為「資源優勢陷阱效應」是造成欠發達資源富集區貧困問題的根源，據此提出了生態補償機制的完善、以「教育移民」為主要手段的勞動力轉移、產業結構調整等對策。[2] 杜明義、羅成提出應根據地區功能定位，轉化經濟增長方式，加強教育培訓，推進製度，從而促進經濟增長，破解「資源詛咒」，擺脫資源型貧困，推進經濟社會發展。[3] 李朝陽認為資源富集型欠發達地區在資源開發中，應通過降低對資源部門的依賴度，提高資源開發集約度，推動產業多樣化發展，增強人才和科技資源的累積等，降低資源開發對生態環境的影響，推動地區可持續發展。[4]

1.3.2 當前研究不足

一是現有分析主要參考國外的「資源詛咒」傳導路徑，來分析國內的「資源詛咒」現象。但事實上，不同地區陷入「資源詛咒」困境的原因不同，形成機制不同，對經濟社會的影響也不同。現有分析沒有對資源富集卻經濟貧困的地區陷入發展困境的根源及形成機理做深入分析和整體把握。其中，對製度因素的分析不足。一個地區的經濟增長受政府決策的影響較大。有學者指出，不是資源本身存在問題，而是圍繞資源的相關製

---

[1] 林科軍. 路徑創新：欠發達資源富集地區規避「資源詛咒」的必由之路[J]. 烏蒙論壇, 2011（2）：36-38.
[2] 徐蕾. 欠發達資源富集區農民貧困問題成因及對策研究[J]. 開發研究, 2011（1）：82-85.
[3] 杜明義, 羅成.「資源詛咒」與反貧之道——以四川藏區為例[J]. 牡丹江大學學報, 2012（11）：39-41.
[4] 李朝陽. 礦產資源富集型欠發達地區資源開發與區域經濟協調發展研究[J]. 農業現代化研究, 2013（1）：54-58.

度設計和管理出現了問題。①

　　二是在分析經濟增長與資源的關係時，採用的指標有一定偏差。首先，現有文獻主要從經濟增長的角度分析「資源詛咒」現象，一些學者在進行實證研究時，往往採用 GDP 或 GDP 增速來表現經濟增長，具有一定的局限性。GDP 指標不能反應經濟運行質量。其次，對於資源富集的測度，大部分學者用能源資源或能源產業就業人員比重等指標來表現資源豐裕度或資源依賴度。但事實上，能源資源只是自然資源的一部分，一些地區能源資源不富集，但可能礦產資源、水資源等其他資源較為富集。指標選擇的不同，往往會得出不同的結論。

　　三是「資源詛咒」現象的分析對象比較單一。當前對「資源詛咒」現象的分析主要是從省域角度或資源型城市進行分析，而事實上，最基本的區域經濟單位應是縣域。由於一個省內也廣泛存在資源分布不均勻、地區經濟差距較大的現象，即使是東部發達地區也存在資源富集貧困縣（區），若從省域層面數據分析自然資源與經濟增長的關係，可能會使得發達地區中一些相對貧困地區的發展數據平均化，從而可能會遺漏一些資源富集型貧困地區。

　　四是對「資源詛咒」現象分析的廣度不夠。當前對「資源詛咒」問題的分析主要是驗證一個地區是否存在「資源詛咒」現象以及「資源詛咒」的傳導機制。但事實上，不同地區受「資源詛咒」影響的程度和廣度存在較大差異，但現有文獻對「資源詛咒」程度的分析較少，對「資源詛咒」的影響效應也沒有較為系統的分析。

　　五是反貧困政策沒有針對性。大部分文獻對於扶貧開發思路都基本一致，而事實上，不同地區不同人群的貧困成因不同，

---

　　① 周建軍. 借鑑他山之石，破除「資源詛咒」[EB/OL]. (2010 - 09 - 10) [2016 - 08 - 20]. http://business.sohu.com/20100901/n274628043.shtml.

反貧困政策應針對不同類型的貧困和不同的貧困群體來制定不同的反貧困政策。

1.4　主要研究內容及結構安排

本書在對經濟增長理論、「資源詛咒」假說、貧困與反貧困理論、可持續發展和包容性增長理論、生態正義與環境公平理論、生態文明理論等理論和當前國內外研究成果進行梳理和總結的基礎上，對資源富集與經濟貧困「怪圈」的形成和機理進行系統的理論闡述，對資源富集型貧困地區的發展困境、形成機制和影響進行深入分析，最後提出資源富集型貧困地區的可持續發展路徑。

第 1 章：導論。這部分主要對重要概念進行界定，對相關研究進行回顧和梳理，並介紹本書的研究思路、研究方法以及創新點和存在的不足。

第 2 章：理論基礎。本書主要理論基礎包括經濟增長理論和「資源詛咒」假說，為分析資源富集型貧困地區自然資源與經濟增長的關係提供理論基礎；貧困與反貧困理論，探討貧困成因及其解決路徑，為資源富集型貧困地區的反貧困提供理論基礎；可持續發展和包容性增長理論、生態正義與環境公平理論、生態文明理論，為資源富集型貧困地區的可持續發展提供理論和實踐基礎。

第 3 章：資源富集、經濟貧困與可持續發展困境。這部分運用以上理論對資源富集與經濟貧困「怪圈」的形成和機理進行剖析。首先分別運用環境正義、製度經濟學、經濟增長理論等理論，從資源開發性移民、資源產權和治理結構問題、資源

可耗竭性對經濟增長的影響、資源型產業經濟的不可持續性等角度分析資源開發對經濟增長的影響機制；然後分析不同類型資源的開發對生態環境的影響；最後，運用「資源詛咒」假說等理論，總結分析資源開發、環境破壞與貧困「怪圈」的形成機理。

第4章：資源富集型貧困地區發展困境的表徵與檢驗。這部分通過建立資源豐裕度、資源依賴度與經濟發展水平的相關關係，界定資源富集型貧困地區的範圍，驗證其豐裕的資源是否阻礙了經濟發展。同時，與國內資源富集型發達地區進行比較，分析資源富集型貧困地區的基本特徵。

第5章：資源富集型貧困地區發展困境的形成機制與實證檢驗。這部分對資源富集型貧困地區發展困境形成的根源進行系統分析，並在對「資源詛咒」度進行初步測算的基礎上，對影響資源富集型貧困地區發展的因素進行實證分析，同時，也對資源富集型貧困地區發展困境中的製度因素進行測算。

第6章：資源富集型貧困地區「資源詛咒」效應及影響。將資源富集型貧困地區「資源詛咒」效應向後延伸，對向經濟、社會、文化、衛生等全方面滲透的情況進行分析，並對資源富集型貧困地區形成的發展怪圈進行總結。

第7章：資源富集型貧困地區發展怪圈的案例分析。四川省涼山州是典型的資源富集型貧困地區。該部分對其「資源詛咒」的全方面滲透進行系統分析，分析其發展困境、形成根源及對其可持續發展能力的影響。

第8章：資源富集型貧困地區可持續發展的路徑設計。根據發展怪圈形成的根源，本書認為資源富集型貧困地區要實現可持續發展，必須要科學規劃、頂層設計。首先，要解決思想認識和製度問題，強化生態人和生態環境意識，改革完善各項考核考評體系和環境經濟政策，主要包括產權製度改革、資源

稅費改革、利益分配機制、生態補償機制等。其次，要將生存和發展問題結合起來，通過組織實施有效的生態移民、實施精準扶貧和加快公共服務設施建設，解決資源富集型貧困地區的經濟貧困和權利貧困問題。最後，按照可持續發展、包容性增長和生態文明建設破解「資源詛咒」效應的機理，從經濟、文化等領域提出優化調整產業結構、培育發展生態經濟、加快社會文化領域的生態建設等。

第9章：研究結論與展望。

1.5 技術路線與研究方法

本書以「資源詛咒」假說、生態正義與環境公平理論、可持續發展理論、生態文明理論、貧困與反貧困理論等理論為基礎，充分運用統計推斷、計量經濟學等方法，定性和定量分析結合、規範研究和實證研究結合，對資源富集型貧困問題進行研究。本書研究技術路線如圖1-4所示。

（1）理論分析與實證分析相結合。本書以「資源詛咒」假說、可持續發展等理論為基礎，對資源富集、環境破壞、經濟貧困與可持續發展困境「怪圈」的形成機理進行理論闡釋。在此基礎上，從省、市和縣三級層面對資源富集貧困地區的資源與經濟發展的關係、影響因素進行實證分析。

（2）定性研究與定量研究相結合。本書首先對資源富集型貧困地區進行識別和界定，對其存在的發展困境進行定性分析和定量檢驗。其次，對資源富集型貧困地區發展困境形成的根源進行定性分析和定量驗證，並對發展困境中的製度因素進行分析。最後，對資源富集型貧困地區「資源詛咒」效應的全方

圖1-4　研究框架和研究技術路線

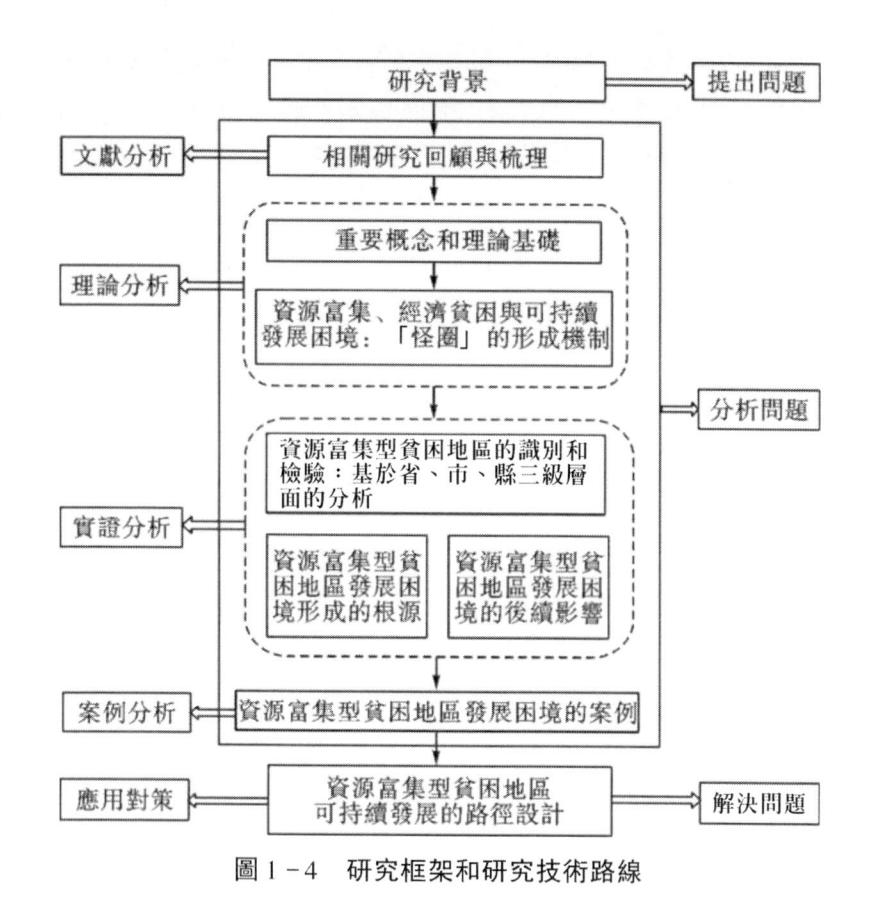

位滲透和影響，特別是一些資源富集地區貧困與疾病相互交織的困境進行分析，找出資源富集型地區擺脫發展困境的突破口。

1.6　可能的創新點和不足

1.6.1　可能的創新點

（1）對省、市、縣三級層面的資源富集型貧困地區進行了識別。通過計算資源豐裕度、資源依賴度與收入綜合指數進行

判斷和比較的結果顯示，基於資源依賴度與基於資源豐裕度識別的資源富集型貧困地區基本相同。

（2）對相關計量模型進行了修正。一是對自然資源與經濟增長的關係模型參數進行了修正。用衡量經濟發展質量指標替代經濟增長指標，對模型中其他影響經濟發展的參數也進行了相應的修正；同時，在省域經濟分析的基礎上，嘗試從市州和縣域經濟的角度對資源富集型貧困問題進行量化分析，擴展了分析範圍。二是對「資源詛咒」度的計算公式進行了修正，並對全國 31 個省份的「資源詛咒」度進行了初步測算，對資源富集型貧困地區「資源詛咒」的影響因素進行實證檢驗。結果表明，製度因素、資源依賴、資金、人力資本、技術水平都是資源富集型貧困地區發展困境形成的重要因素。

（3）對資源富集型貧困地區的可持續發展路徑進行了系統分析。按照可持續發展、包容性增長和生態文明建設破解「資源詛咒」效應的機理，將資源富集型貧困地區居民的生存和發展問題結合起來，從思想認識和製度問題出發，提出資源富集型貧困地區可持續發展路徑。

1.6.2 存在的不足

（1）由於數據獲取性的限制，對市、縣兩級資源富集型貧困地區的識別可能存在一定偏差。要保證分析結果的可靠性，縣域經濟應為資源富集型貧困問題的分析主體，劃分全國資源富集型貧困縣應以全國 2,853 個縣級單位為基礎，並以全國收入綜合指數為標準進行分析。但考慮到資料數據的可獲性，本書只對四川省 21 個市州和涼山州的 17 個縣（市）進行分析。

（2）由於中國統計方法製度不夠完善，並滯後於經濟社會發展，市州和縣級經濟統計數據和資源環境數據查找較為困難，對市州資源富集型貧困地區發展困境現象進行分析時，指標有

所刪減，可能會影響結果，而對縣域層面資源富集型貧困地區發展困境現象未能進行定量分析。

（3）產權製度、資源稅費製度、資源收益分配機制等是影響地區發展的重要因素。但由於中國現行統計指標體系中沒有能較好反應製度因素的指標，因此，本書未能對製度因素的影響做較為深入的分析。

2
理論基礎

2.1 經濟增長中的資源觀及「資源詛咒」假說

2.1.1 經濟增長中的資源觀

2.1.1.1 古典學派經濟增長理論中的資源觀

古典學派經濟增長理論中的資源觀主要集中在土地資源的論述上,並充分認識到資源對經濟發展的重要作用。

威廉‧配第(William Petty)指出,土地和勞動作為生產的原始要素,是經濟價值的源泉,並假定以不使用人力的土地產出,即土地產品,來衡量土地的價值。① 理查德‧坎迪隆(Richard Cantillion)認為,土地是一切財富的本源或實質。② 魁奈(Francois Quesnay)也認為,所有的產業中,農業是基礎。③ 杜爾閣(Anne Robert Jacques Turgot)指出了土地的自然生產力極限。④

托馬斯‧羅伯特‧馬爾薩斯(Thomas Robert Malthus,1798)提出了自然的人口法則。他認為,人口不受限制時,以幾何比率增加,而生活資料受資源有限性的影響,僅以算術比率增加,生活資料的增長遠遠趕不上人口的增長。他認為,人

---

① 亨利‧威廉‧斯皮格爾. 經濟思想的成長(上)[M]. 晏智杰,等,譯. 北京:中國社會科學出版社,1999:110.
② 亨利‧威廉‧斯皮格爾. 經濟思想的成長(上)[M]. 晏智杰,等,譯. 北京:中國社會科學出版社,1999:153.
③ 魁奈. 魁奈經濟著作選集[M]. 吳斐丹,等,譯. 北京:商務印書館,1997:177.
④ 亨利‧威廉‧斯皮格爾. 經濟思想的成長(上)[M]. 晏智杰,等,譯. 北京:中國社會科學出版社,1999:168

口增殖力和土地生產力天然不相等，這一法則制約著整個生物界。①

大衛・李嘉圖（David Ricardo，1817）則認為，土地數量是有限的，質量也有差異，但增加土地的生產力和改良機器設備可以提高單位勞動的產出量。但他同時也認為空氣、水等資源是無限的、可無償利用的。

約翰・穆勒（John Stuart Mill，1848）對馬爾薩斯和李嘉圖的資源稀缺論進行吸收。他指出資源的有限性和無限性是相對的，土地是有限的但可更新，煤炭、金屬礦石等是可耗盡的，但在某一地點和時間，可無償使用。② 他指出，有限的土地數量和土地生產力，才是對生產真正的限制，但知識和技術進步會中止或抑制這種限制。③ 同時，他指出，為了子孫後代的利益，人類應該滿足於自然環境、資本、人口均保持在一個靜止穩定的狀態，即遠離馬爾薩斯絕對極限的穩態經濟狀態。④

2.1.1.2 新古典經濟學派經濟增長理論中的資源觀

新古典經濟學派主要在給定自然資源供給水平的前提下，分析資源配置問題，對自然資源的分析開始進入量化分析階段。

威廉姆・斯坦利・杰文斯（William Stanley Jevons，1871）提出了邊際效用理論。他認為資源稀缺是經濟增長的約束條件，並研究在這一約束條件下如何實現稀缺資源的最優配置。⑤

---

① 馬爾薩斯. 人口原理 [M]. 朱泱, 等, 譯. 北京：商務印書館, 1992：7-9.
② 約翰・穆勒. 政治經濟學原理及其在社會哲學上的若干應用（上）[M]. 趙榮潛, 等, 譯. 北京：商務印書館, 1991：41.
③ 約翰・穆勒. 政治經濟學原理及其在社會哲學上的若干應用（上）[M]. 趙榮潛, 等, 譯. 北京：商務印書館, 1991：201-206.
④ 約翰・穆勒. 政治經濟學原理及其在社會哲學上的若干應用（下）[M]. 趙榮潛, 等, 譯. 北京：商務印書館, 1991：322.
⑤ 斯坦利・杰文斯. 政治經濟學理論 [M]. 郭大力, 譯. 北京：商務印書館, 1984.

阿爾弗雷德·馬歇爾（Alfred Marshall）認為，在生產中，自然是報酬遞減的，而人類是報酬遞增的，兩個因素相互作用、相互影響，其結果可能就是報酬不變。① 他認為，若沒有戰爭，且可以通過自由貿易得到大量原料，那麼人口的增長，會使得滿足人類慾望的手段有超過比例的增加。② 馬歇爾關於資源稀缺性的觀點主要立足於一國或一個地區，沒有從全世界的範圍來進行分析，自由貿易只能使資源在國與國、地區與地區間進行交換，但不能從根本上解決自然資源的稀缺問題。

庇古（Arthur Cecil Pigou，1920）最早關注資源配置的跨時期問題。他從慾望和滿足的角度，指出人傾向於重視目前的小利而犧牲未來的大利。他指出，對最好煤層急功近利地開採會使得次好煤層被掩埋，對魚類的過度捕撈會使得某些魚種面臨絕種的威脅，農業掠奪式的經營會耗盡土壤的肥力，這將使後世面臨資源短缺的威脅。③

2.1.1.3 馬克思主義經濟學中的資源觀

馬克思主義經濟學的資源觀肯定了自然資源在社會生產中的基礎作用。

馬克思（Karl Heinrich Marx，1867）認為，社會生產包括物質資料的生產和人類自身的生產，而生產力是人類社會發展的最終決定力量，生產力由人的因素和物的因素構成，其中，物的因素來自於自然界。馬克思還指出，自然界同勞動一樣也是使用價值的源泉。④ 馬克思所討論的自然資源包含了地表及地下

---

① 馬歇爾. 經濟學原理（上卷）[M]. 朱志泰，譯. 北京：商務印書館，1964：328.
② 馬歇爾. 經濟學原理（上卷）[M]. 朱志泰，譯. 北京：商務印書館，1964：331.
③ A C 庇古. 福利經濟學（上卷）[M]. 朱泱，等，譯. 北京：商務印書館，2006：34-35.
④ 馬克思，恩格斯. 馬克思恩格斯全集：第3卷[M]. 中共中央馬克思恩格斯列寧斯大林著作編譯局，譯. 北京：人民出版社，1972：5.

一切資源的總和，研究視野較為廣闊。

同時，馬克思認為自然條件是影響勞動生產的主要因素之一。他指出勞動生產力取決於土地的肥沃程度、礦產資源的豐富程度等自然條件。① 而礦產資源的富饒程度由儲量、品位、可選性、埋藏深度等構成，資源富饒程度越高，使用價值就越大；資源的富饒程度在不同的國家是不同的，自然資源的差異將直接影響著同一商品在不同地區的價值。②

2.1.1.4 現代經濟增長理論中的資源觀

現代經濟增長理論更多關注技術和製度等要素，忽視了自然資源對經濟增長的作用，認為隨著技術的發展，資源對經濟增長的邊際作用在降低。

哈羅德（Harrod）和多瑪（Domar）認為，影響一個國家經濟增長的主要因素是儲蓄率和資本/產出比率，而經濟增長的根本動力是資本的累積。③

索羅（Solow, 1957）構建了更具一般意義的索羅模型。該模型認為，在短期，經濟增長取決於人口增長率、資本增長率和技術進步率，而在長期，僅有技術進步才是經濟增長的唯一動力。④ 以索羅為代表的新古典經濟增長理論認為，隨著經濟增長和技術進步，資源利用率會不斷提高，而資源耗費量將不斷減少，因此，經濟增長是可以解決資源的供給問題的。

舒爾茨（Theodore W. Schulz, 1960）認為，人的知識、能

---

① 馬克思，恩格斯. 馬克思恩格斯全集：第23卷 [M]. 中共中央馬克思恩格斯列寧斯大林著作編譯局，譯. 北京：人民出版社，1972：560.

② 馬克思，恩格斯. 馬克思恩格斯全集：第26卷 [M]. 北京：人民出版社，1965：385-394.

③ RF HARROD. An Essay in Dynamic Theory [J]. The Economic Journal, 1939 (49)：14-33. ED DOMAR. Capital Expantion, Rate of Growth, and Employment [J]. Econometrica, 1946 (14)：137-147.

④ SOLOW RM. Technical Change and the Aggregate Production Function [J]. Review of Economics and Statistics, 1957 (39)：312-320.

力和技術水平才是影響經濟增長和勞動生產率的重要因素。他指出，具有人力資本性質的新型資源已經有效地替代了土地。[1]

羅默（Romer, 1986）提出內生經濟增長理論，較為系統地分析了內生技術進步對經濟增長的影響。他指出資源會帶來產出效應和替代效應，但由於資源的替代彈性較小，其產出效應大於替代效應，會使得大量勞動力從其他部門轉移到採掘業，從而阻礙技術進步，影響地區經濟增長。[2] 盧卡斯（Lucas, 1988）也認為人力資本是影響經濟增長的重要因素。他指出豐裕的自然資源會使得勞動力向採掘業部門轉移，由於採掘業人力資本比製造部門低，因此將會影響人力資本的提升，進而影響地區經濟增長。[3]

此外，還有新製度學派提出的製度重於技術的觀點。道格拉斯·C. 諾斯（D. C. North）等經濟學家認為自然資源等經濟增長要素會受到製度質量的影響。[4]

雖然經濟增長理論中對資源的論述不多，但世界各國經濟發展的差異表明資源是經濟增長的重要影響因素。在19世紀，煤炭、鐵礦等資源的大規模開發和使用成為工業化發展的重要推動力。英國和德國等資源豐裕的國家在19世紀末成長得特別迅速。赫克歇爾（Eli F Heckscher）[5] 和俄林（Bertil Ohlin）[6] 在

---

[1] 西奧多W舒爾茨. 報酬遞增的源泉［M］. 姚志勇, 等, 譯. 北京：北京大學出版社, 2001：130.

[2] PM ROMER. Increasing Returns and Long-Run Growth［J］. The Journal of Polical Economy, 1986（5）：1002-1037.

[3] LUCAS R E. On the Mechanics of Economic Development［J］. Journal of Monetary Economics, 1988, 22（1）：3-24.

[4] 諾斯. 製度、製度變遷與經濟績效［M］. 劉守英, 譯. 上海：上海三聯書店, 1994.

[5] HECKSCHER E. The Effect of Foreign Trade on the Distribution of Income［J］. Ekonomisk Tidskriff, 1919：497-512.

[6] OHLIN B. Interregional and International trade［M］. Cambridge, Mass：Harvard University Press, 1933.

李嘉圖比較優勢理論基礎上建立了資源禀賦模型。他們認為，不同的商品生産需要配置不同的生産要素，各要素需要不同的投入比例，而各國生産要素的數量、質量、分布有較大差異，生産資源配置或要素禀賦上的差別是經濟增長和國際貿易的關鍵因素。劉易斯（Arthur Lewis）也指出，自然資源的貧乏會使得人均産出的增長受到較大限制，不同國家財富上的差異在很大程度上可以用資源的貧富來解釋。①

2.1.2 「資源詛咒」假說

在 20 世紀中後期，部分自然資源豐裕的國家，特別是礦産資源較為富集的國家，經濟增長較為緩慢甚至陷入停滯狀態，而部分資源匱乏地區經濟卻獲得高速增長。自然資源和經濟增長的這種關係引起了部分學者的關注，並對這種現象給予了大量理論和經驗上的解釋。

2.1.2.1 中心－外圍論（core and periphery theory）

20 世紀 50 年代，勞爾·普雷維什（Raul Prebisch, 1950）和漢斯·辛格（Hans Singer, 1950）等人從國際貿易的角度分析了資源富集國家和地區貧困的原因，提出了「中心－外圍」論。他們指出，在國際分工格局中，「中心」國家主要生産和出口工業品，而「外圍」國家主要生産和出口初級產品。從貿易的角度來看，初級產品比工業產品的競爭力弱，貿易條件差。因此，若發展中國家長期依賴於初級產品的生産和出口，其經濟表現必然會比以製造業生産為主的發達國家差。同時，由於「中心」國家在資金、技術、人才、貿易等方面都佔有絕對優勢，而「外圍」國家在制定國際經濟和貿易規則上處於附屬地位，因此，經濟的加速發展不能消除中心與外圍間的不平等，

---

① W 阿瑟·劉易斯. 經濟增長理論 [M]. 梁水民，譯. 上海：上海三聯書店，1990：6.

反而會進一步擴大差距。①

2.1.2.2 「荷蘭病」論（Dutch Disease）

20世紀60年代，荷蘭在其北海一帶發現了豐富的天然氣，使石油、天然氣開採工業迅速擴張，導致製造業萎縮，資源配置效率低下，人們稱之為「荷蘭病」。1982年，戈登（W. M. Corden）和尼瑞（J. P Neary）建立了自然資源部門、其他可貿易部門（包括製造業和農業）和不可貿易部門的三部門模型對「荷蘭病」問題進行分析。該模型指出「荷蘭病」有三個效應，即支出效應（spending effect）、相對價格效應（relative price effect）和擠出效應（crowed out effect）。其中，支出效應是指資源產品出口收入迅速增加，會使得居民對其他部門商品的需求增加，但是這些部門商品的價格卻不能在短期內提高；相對價格效應是指資源出口收入的迅速增加會促使本國貨幣升值，使得其他部門的生產成本上升，產品價格提高，影響產品出口，進而影響經濟增長；擠出效應是指資源部門的擴張會在一定程度上影響製造業的發展，並造成人力資本水平下降。②

2.1.2.3 「資源詛咒」論（resource curse）

1993年，經濟學家奧蒂（R. M. Auty）首次提出「資源詛咒」一詞。③薩克斯（Sachs）、華納（Warner）、吉爾弗森（Gylfasom）等學者對「資源詛咒」傳導機制的分析進一步豐富了「資源詛咒」假說。「資源詛咒」包括資源豐裕帶來的經濟增長緩慢，以及與資源豐裕相關的一系列社會問題。總體而言，「資源詛咒」及其傳導影響主要表現在以下四個方面：一是對資

---

① SINGER H W. The Distribution of Trade between Investing and Borrowing Countries [J]. American Economic Review, 1950: 56－58.

② CORDEN W M, NEARY J P. Booming Sector and De－industrialization in a Small Open Economy [J]. Economic Journal, 1982 (92).

③ AUTY R M. Sustaining Development in Mineral Economics: The Resource Curse [M]. London, New York: Routledge, 1993: 46－72.

源開發產業的過度依賴，將降低整體經濟發展水平；二是對資源產業的過度依賴，將忽視對製造業、教育和創新的投資，導致製造業萎縮、人力資本水平下降以及個人儲蓄和投資需求降低；三是相比製造業，資源初級產品價格波動大，競爭力弱，使資源地區貿易條件惡化，並影響居民福利增長；四是資源產業容易產生尋租與腐敗，甚至內亂與戰爭等問題。

2.2　貧困與反貧困理論

2.2.1　貧困理論

學界從經濟、社會、文化等不同層面對貧困成因進行研究，形成了不同的貧困理論。

2.2.1.1　貧困惡性循環理論

美國經濟學家拉格納·納克斯（Ragnar Narkse，1953）提出「貧困惡性循環」理論，解釋了發展中國家經濟長期停滯的現象。他認為，發展中國家存在供給和需求兩個方面的惡性循環。其中，在供給方面，收入較低，儲蓄能力弱，使得資本累積不足，進而影響產出水平，最後導致收入更低；在需求方面，收入較低，使得居民購買力不足，進而影響企業投資，影響產出水平，最後導致收入更低。兩種惡性循環相互作用和影響使得發展中國家陷入貧困之中。

美國經濟學家皮埃爾·納爾遜（P. R. Nelson，1956）提出了「低水平均衡陷阱」理論。他對資本增長、人口增長、產出增長與收入增長之間的數量關係進行分析。他認為，貧困具有自我維繫的循環過程和機制，貧困人口的較快增長會抵消人均國民收入的增長，從而形成了一個「低水平均衡陷阱」。

美國經濟學家哈維·萊賓斯坦（H. Leibenstein, 1957）提出了「臨界最小努力」理論。他認為，發展中國家缺乏經濟發展的潛力和動力，收入增長較為緩慢，而人口增長卻較快，同時，資本投入較低，不足以使資本存量的規模達到經濟起飛的臨界最小值，最終使得經濟長期陷於低水平循環中。①

岡納·繆爾達爾（Gunnar Myrdal, 1968）提出了「循環累積因果關係」理論。他用動態、演進的方法研究發展中國家貧困問題，認為發展中國家人均收入水平低，導致人口健康和文化素質低；而人口素質低將導致勞動生產率低，最後只能獲得低的產出和低的收入，從而使得貧困進一步加劇，形成了貧困和低收入的累積性循環。

2.2.1.2 貧困文化理論

美國人類學家奧斯卡·劉易斯（Oscar Lewis, 1959）通過對貧困社區和貧困家庭的研究，從社會文化的角度提出了貧困文化理論。他指出，長期處於貧困之中的人群因在居住、文化、素質等方面具有獨特性，會形成一種獨特的價值觀念和生活方式，並與其他人在社會中相對隔離，進而產生一種脫離於社會主流文化的貧困亞文化。這種亞文化通過社區內貧困人群間的相互交往和相互影響而得到進一步強化並維持，在這種環境中成長的下一代也會自然地習得貧困文化，於是貧困發生代代傳遞。貧困文化理論指出了「貧困文化」的四個層次：貧困人群個體通常只注重眼前和個人的利益；貧困人群在貧困文化的影響下脫離社會主流生活；社區貧困人群之間的相互影響進一步鞏固貧困文化；家庭貧困文化代代傳遞。②

---

① LEIBENSTEIN H. Economic Backwardness and Economic Grwoth: Studies in the Theory of Economic Development [M]. New York: Wiley, 1957.
② LEWIS OSCAR. Five Families: Mexican Case Studies in the Culture of Poverty [M]. New York: Basic Books (AZ), 1975.

美國學者查爾斯·默里（Charles Murray，1984）進一步研究了貧困文化。他認為，福利國家的發展造成了福利依賴，形成了一種削弱個體抱負和自助能力的亞文化，使得更多的窮人變成窮人。①

2.2.1.3　權利貧困理論

皮特·托森德（Peter Townsend，1979）提出「社會排斥」貧困論，即社會成員缺乏必要的資源，收入低下、住房困難、生活環境差、喪失健康，被排除在一般的居住和生活條件、社會活動外。

阿馬蒂亞·森（Amartya Sen，1981）提出了權利貧困理論。他認為，認識貧困不應僅停留在收入層面，更應考慮貧困者的生存狀態。他指出，無論是絕對貧困還是相對貧困，都是由於權利被剝奪或其他條件的不足造成的，貧困不是因為福利低，而是缺乏追求福利的能力。② 權利貧困是由於製度因素造成的貧困人群在政治、經濟、社會、文化權利等方面存在不足的狀態，是一種社會權利的貧困。

2.2.1.4　地區差異貧困理論

美國經濟學家邁克爾·P. 托達羅在《經濟發展與第三世界》中以地區差異來解釋貧困。他指出，從整體看，第三世界國家所擁有的自然資源要少於目前發達國家開始他們工業化發展時所擁有的資源。除部分國家擁有相對豐裕的石油、礦產等自然資源外，大多數欠發達國家，如占世界人口 1/3 的亞洲國家，自然資源都很匱乏。同時，他也指出，惡劣的氣候條件也是影響生產的重要因素，大多數貧窮國家氣候較為炎熱和潮濕，

---

① CHARLES MURRAY. Losing Ground: American Social Policy 1950—1980 [M]. New York: Basic Books, 1984: 56 - 68.
② 阿馬蒂亞·森. 貧困與饑荒——論權利與剝奪 [M]. 王宇，等，譯. 北京：商務印書館, 2001: 11 - 15.

會毀壞土質，使自然產品迅速貶值，同時，也會影響勞動者的健康素質，降低勞動生產效率。因此，他建議通過轉移貧困農村勞動力解決農村貧困問題。①

2.2.2 反貧困理論

隨著對貧困成因的深入研究和反貧困製度的實踐，反貧困理論也在不斷演進和發展。

2.2.2.1 資本形成理論

保羅·N. 羅森斯坦·羅丹（Panl. N. Rosensten-Rodan，1943）和拉格納·納克斯（Ragnar Narkse，1953）提出了「平衡增長」理論，也稱大推進理論。他們認為，要打破發展中國家經濟停滯狀態，就必須加大投資，增加資本存量。Radon 認為，大多數發展中國家的主導產業是農業，勞動生產率低，收入水平也較低，擺脫貧困的唯一路徑就是大力發展工業，而工業化的前提就是擴大投資，增加資本形成。②

皮埃爾·納爾遜（P. R. Nelson，1956）也強調要擺脫「低水平均衡陷阱」，必須促進資本形成，只有全面、大規模的投資，才能大幅度提高資本形成率，從而推動發展中國家經濟增長。

哈維·萊賓斯坦也認為，發展中國家要走出貧困，必須進行大規模投資，且投資水平或投資率要足夠大，使國民收入的增長能夠超過人口增長，形成一個「臨界最小努力」，打破低收入的穩定均衡，實現高收入的穩定均衡。③

---

① 邁克爾 P 托達羅. 經濟發展與第三世界 [M]. 印金強，等，譯. 北京：中國經濟出版社，1992：134.

② 保羅 N 羅森斯坦-羅丹. 東歐和東南歐國家的工業化問題 [J]. 經濟學雜誌，1943 (3).

③ LEIBENSTEIN H. Economic Backwardness and Economic Grwoth: Studies in the Theory of Economic Development [M]. New York: Wiley, 1957.

2.2.2.2　結構轉換理論

阿瑟·劉易斯（Arthur Lewis，1954）提出了二元經濟模型。他認為，大多數發展中國家都存在二元經濟結構，即傳統農業部門與城市工業部門。其中，傳統農業部門的剩餘勞動力較多，這些剩餘勞動力的邊際生產率為零甚至為負，在高工資收入吸引下，會自然而然地流入城市工業部門。這種流動將會使得農業部門勞動生產率和勞動者收入不斷提高，直至工農兩部門工資水平相等，最終還將促使工業化逐步實現，使得整個國民經濟得到充分發展。

2.2.2.3　非均衡增長理論

弗朗索瓦·佩魯（Francois Perroux，1955）提出了「增長極」概念。他認為不是所有地方經濟都能同時實現快速增長，一些增長點或增長極可能會先出現不同程度的經濟增長，然後再通過不同功能向周邊地區擴散。在此理論指導下，貧困地區要實現工業化和經濟發展，必須建立「增長極」。

阿爾伯特·赫希曼（Albert Otto Hirschman，1957）提出了「極化效應」和「涓滴效應」。該理論認為，在經濟發展初期，發達地區的「極化效應」會在一定程度上加大地區間發展差距；但從長期來看，發達地區的發展能夠不斷帶來就業和投資的機會，這些機會將產生「涓滴效應」，並影響其他地區的發展，進而逐漸縮小地區間的發展差距。按照「涓滴效應」的思路，即使不制定反貧困措施，經濟增長的「涓滴效應」也可以解決貧困問題。此後，赫希曼（1958）又提出了非均衡增長理論。他認為，區域間非均衡增長是必然會發生的，只要出現增長點或增長極，誘導效應必然會促使生產要素向這些增長點或增長極集中。他認為，應加大對製造業的投資。製造業後向關聯效應較大，其發展既能較快累積資本又能帶動關聯產業發展，從而促進經濟發展，擺脫貧困。

雷蒙德·弗農（Raymond Vernon，1966）提出的產品循環論是梯度轉移理論的重要理論基礎。他認為，各工業部門和工業品都會經歷創新、發展、成熟、衰退等各個生命週期階段[1]。區域經濟學將該理論進一步豐富、發展，形成了梯度轉移理論。該理論認為最初在高梯度發達地區出現的產業，會隨著其產品生命週期階段的變化和新部門、新產品的出現，逐步向中低梯度欠發達地區轉移，進而帶動中低梯度欠發達地區的經濟增長。

岡納·繆爾達爾（Gunnar Myrdal，1968）也主張採取地區不平衡發展戰略，即發達地區在優先發展後形成「擴散效應」，帶動其他地區的發展。這也成為後來發展經濟學中的「不平衡發展」理論的主要依據之一。

2.2.2.4 經濟增長階段論

埃德加·胡佛（Edgar Hoover，1949）與約瑟夫·費雪（Joseph Fishe，1949）指出，任何區域的經濟增長都存在標準階段次序，經歷大體相同的過程。他們將區域經濟增長劃分為自給自足、鄉村工業崛起、農業生產結構轉換、工業化和服務業輸出階段。[2] 根據經濟增長的階段論，美國經濟學家華爾特·惠特曼·羅斯托（Walt Whitman Rostow，1960）提出經濟起飛理論。他指出，人類經濟社會發展會經歷六個階段的發展，即傳統社會、起飛準備、起飛、成熟、高額消費和追求生活質量階段。根據經濟增長的階段論，經濟發展需要物質資本的不斷累積和主導產業的支撐，經濟發展具有階段性，但對貧困地區而言，如何打破資本累積瓶頸和扶持主導產業，該理論並沒有進一步論述。

---

[1] RAYMOND VERNON. International Investment and International Trade in the Product Cycle [J]. The Quarterly Journal of Economics，1996，80（2）：190-207.

[2] HOOVER E M, FISHER J L. Research in Regional Economic Growth. Problems in the Study of Economic Growth [M]. New York: NBER, 1949.

2.3 可持續發展理論和包容性增長理論

2.3.1 可持續發展理論

20世紀50年代到60年代，人們在經濟增長、城市化、人口、資源等所形成的環境壓力下，對增長等於發展的模式產生懷疑並開展研究。1962年，美國女生物學家萊切兒·卡遜（Rachel Carson）的《寂靜的春天》引發了世界對於環保事業的關注。20世紀70年代，羅馬俱樂部發表的研究報告《增長的極限》明確提出「持續增長」和「合理的持久的均衡發展」的概念。1978年，國際環境和發展委員會（WCED）首次在文件中正式使用了可持續發展的概念。1989年，《關於可持續發展的聲明》的提出使得可持續發展得到國際社會的廣泛認可。1992年6月，在巴西的里約熱內盧召開的世界環境與發展大會中，通過了《里約環境與發展宣言》和《21世紀議程》，標誌著可持續發展理念的深化及各國對可持續發展的初步實施。2012年，聯合國可持續發展大會通過了《我們憧憬的未來》這一報告，進一步推動了國際社會謀求國際合作、解決環境問題以及促進可持續發展的決心。

2.3.1.1 可持續發展的內涵和特點

根據《我們共同的未來》中對可持續發展的定義，可持續發展是既滿足當代人的需求，又不對後代人滿足其需求的能力構成危害的發展。[1]

可持續發展包含兩個基本點，即「滿足需要」和「限制」。

---

[1] 世界環境與發展委員會. 我們共同的未來 [M]. 王之佳，柯金良，譯. 長春：吉林出版社，1997.

滿足需要是指要滿足世界各國人民生存和發展的基本需求。限制是指要對危害後代生存和發展的行為進行限制。

可持續發展的主要內容：一是經濟可持續發展。可持續發展不否定經濟增長，鼓勵高質量的、適度的經濟增長，特別是發展中國家的經濟增長，但反對以資源掠奪性開發為代價、加大貧富差距的經濟增長。二是社會可持續發展。可持續發展尋求的是實現人類社會的最大福利，改善居民生存環境，提高居民生活質量，促進社會的全面進步。三是生態可持續發展。可持續發展要以資源可持續利用為基礎，與環境承載能力相協調，不損害和超過資源環境的更新能力。四是系統可持續發展。可持續發展不是某一個方面的發展，而是各個系統相互協調和共同發展的基礎上的一種發展。

可持續發展的主要原則：一是公平性原則。可持續發展是一種機會、利益均等的發展。它既包括同代內區際的均衡發展，即一個地區的發展不應以損害其他地區的發展為代價；也包括代際間的均衡發展，即既滿足當代人的需要，又不損害後代的發展能力。二是可持續性原則。資源的永續利用和生態系統的持續利用是人類可持續發展的首要條件。可持續發展要求人類經濟和社會的發展不能超越資源和環境的承載能力。三是共同性原則。不同地區由於經濟發展階段、地域、文化等差異，可持續發展的模式會有所不同，但實現可持續發展和遵循的公平性、可持續性原則是相同的。

2.3.1.2 可持續發展與反貧困

消除貧困是可持續發展的目標和要求，消除貧困的前提條件是實現可持續發展，扶貧開發必須依據可持續發展的理念進行。1992年聯合國環境與發展會議發表的《里約環境與發展宣言》指出：所有國家和所有人都應在根除貧困這一基本任務上進行合作，這是實現可持續發展的一項不可少的條件。2002年，

聯合國環境與發展委員會召開了 21 世紀第一屆「可持續發展問題世界首腦會議」，第一次對全球可持續發展和貧困的關係做出全新的詮釋。會議提出，將消除貧困、改變消費和生產格局及保護管理自然資源基礎作為壓倒一切的可持續發展目標和根本要求。大會將兒童、青少年、婦女和貧困地區弱勢群體作為重點援助和支持的對象，提出使他們能可持續發展的要求和舉措。大會提出消除對婦女的一切形式的暴力和歧視，提高婦女和兒童的地位、保健和經濟福利，維護貧困人民的生存權利，使他們能更多地獲得生產資源、公共服務，特別是獲得土地、水、信貸、教育、衛生和就業機會。

2.3.2 包容性增長理論

針對貧困和收入不平等問題，亞洲開發銀行與世界銀行先後提出了「包容性增長」的概念。經過近 10 年的探索和研究，包容性增長的內涵不斷豐富，增長模式不斷創新，得到各國、各地區的廣泛認可，許多發展中國家也致力於推進和實現包容性增長。

2.3.2.1 包容性增長理論的內涵

目前，對包容性增長還沒有一個統一的定義。但從現有文獻看，包容性增長最核心的內涵就是機會平等和成果共享（Ali, Zhuang, 2007；ADB, 2007）。包容性增長的提出反應了發展經濟學對貧困和經濟增長認識的深化，對發展中國家的減貧有著重要指導意義。

包容性增長包括四個方面的內容：一是通過經濟的可持續增長創造更多就業和發展的機會。世界銀行增長與發展委員會指出，消除貧困和不平等需要可持續的經濟增長，經濟增長也需要民眾的不懈努力，民眾的發展既是經濟可持續增長的目的，

也是實現經濟可持續增長的重要手段①。二是通過對基礎設施的完善以及教育、衛生等條件的改善和創造，確保更多的人擁有公平參與經濟的能力和機會。包容性增長要求消除貧困人口和弱勢群體的權利貧困和社會排斥，倡導機會平等和社會公平正義，強調貧困人口和弱勢群體平等享有各種權利。三是建立完善的社會保障製度和社會救助體系，確保經濟參與者最低限度的經濟福利水平的實現。四是在這些路徑之下，要加強製度創新，完善治理措施，為實現包容性增長提供製度保障。

2.3.2.2 包容性增長、反貧困與破解「資源詛咒」

包容性增長就是在推行減貧和發展戰略實踐中總結出來的，其目的就是消除貧困。有學者和機構認為包容性增長就是益貧式增長（ADB，1999；世界銀行，2001）。「包容性社會發展」一直是亞洲開發銀行促進貧困減除戰略的支柱性戰略和長期戰略。

此外，用包容性增長理念來破解「資源詛咒」也得到廣泛關注。世界銀行認為可通過包容性增長來破解「資源詛咒」。②對於資源富集型貧困地區可持續發展而言，資源開發會帶來大量的收益，但是對貧困地區經濟社會發展的貢獻不大；而同時，資源開發的負外部性給貧困地區造成了較大的福利損失，貧富差距、福利損失都有可能影響貧困地區的社會穩定，貧困地區的人群作為弱勢群體需要得到關注和重視。因而應加強製度創新，特別是在資源收益管理方面應充分考慮資源開發地所付出的代價。

---

① 世界銀行增長與發展委員會. 增長報告——持續增長和包容性發展的戰略 [M]. 北京：中國金融出版社，2008.
② 世界銀行. 2008 年世界發展報告：以農業促發展 [M]. 北京：清華大學出版社，2008. 世界銀行. 2010 年世界發展報告：發展與氣候變化 [M]. 北京：清華大學出版社，2010.

2.4 環境公平與生態正義理論

環境公平理論興起於西方發達國家，也稱生態正義或環境正義。20世紀七八十年代，西方發達資本主義國家相繼出現了八大公害事件①，由於環境災難，美國發生了「環境正義運動」。1987年，一本名為《必有之路：為環境正義而戰》的小冊子出版，該書首次使用了「環境公平」來呼應這場運動。環境公平源自環境問題的倫理關注，其主要內容包括代內公平、代際公平、種際公平等。

2.4.1 代際公平

代際公平指當代人和後代人的公平，不同代人的生存發展、使用資源和享受環境等各方面的權利是均等的，其實質就是自然資源在時間上的配置問題。美國哈佛大學約翰·羅爾斯教授（John Rawls）指出，要實現不同代人之間的互惠，需要確定合理的資源儲存率。② 塔爾博特·R. 佩基（T. R. Page）最早提出代際公平的概念。③ 愛迪·布朗·維絲（Edith Brown Woiss）

---

① 八大公害事件是指在世界範圍內，由於環境污染而造成的八次較大的轟動世界的公害事件，包括馬斯河谷菸霧事件、倫敦菸霧事件、四日市哮喘事件、日本米糠油事件、日本水俁病事件、洛杉磯光化學菸霧事件、美國多諾拉事件、骨痛病事件。

② JOHN RAWLS. The Theory of Justice [M]. Cambridge, Massachusetts: Belknap Press of Harvard University Press, 1971.

③ PAGE T. Intergenerational Justice as Opportunitu [A] // Maclean D, Brown P G, Eds. Energy and the Future. New York: Rowman & Littlefield Pub Inc, 1982. PAGE T. Intergenerational Equity and the Social Rate of Discount [A] // Smith V K. Environmental Resource and Applied Welfare Economics: Cssays in Honor of John V. Krutilla. Washington: REF, 1988: 71-89.

明確指出不同代人在資源、環境、機會三方面享有公平性。① 李春暉、楊勤業等提出代際公平的判斷模型，用以界定和判斷代際公平。②

2.4.2 代內公平

代內公平是當代不同地域、不同人群之間的公平，代內公平是代際公平的基礎。愛迪·布朗·維絲指出，代際公平以代內公平為前提，如果代內的不公平沒有得到及時解決，而延續至後代，則將可能造成更大程度的不公平。③

代內公平主要表現為國內公平和國際公平。國內公平主要指一個國家或地區內部不同人群、不同區域權利均等的情況，如種族平等、經濟地位平等、產業佈局和城市結構協調等。國際公平是指國（或地區）與國（或地區）之間的公平問題。西方發達國家通常通過與資源富集國家進行市場貿易活動來解決資源環境的稀缺問題，其發展的可持續建立在發展中國家「不可持續」的基礎上，主要表現在發達國家從發展中國家進口自然資源來滿足發展需要和保持自身資源儲量，使發展中國家的生態系統遭到嚴重破壞；同時，發達國家把大量資源粗加工產業轉移到發展中國家，把有害物質轉移到發展中國家，破壞了發展中國家的生態平衡和可持續發展。

---

① EDITH BROWN WEISS. The Planetary Trust: Conservation and Intergenerational Equity [J]. Ecology Law Quarterly, 1984（4）.
② 李春暉，楊勤業. 環境代際公平判別模型及其應用研究 [J]. 地理科學進展，2000（9）：220-226.
③ EDITH BROWN WEISS. The Planetary Trust: Conservation and Intergenerational Equity [J]. Ecology Law Quarterly, 1984（4）.

2.5 生態文明理論

2.5.1 生態文明的內涵

中國生態學家葉謙吉（1987）首次提出生態文明的概念，並從生態學和生態哲學的角度闡述生態文明。他認為，生態文明是既獲利於自然，又還利於自然，在改造自然的同時又保護自然，人與自然之間保持著和諧統一的關係。[1] 美國著名作家羅伊·莫里森（Roy Morrison）在《生態民主》一書中，提出了現代意義上的生態文明的概念，把生態文明看作工業文明後的文明形式，是人類文明的一種新形態。[2]

生態文明包括生態意識文明、生態製度文明和生態行為文明。其中，生態意識文明是人們正確對待生態問題的觀念形態，包括進步的生態意識、生態心理、生態道德，以及體現人與自然平等、和諧的價值取向。生態製度文明是人們正確對待生態問題的製度形態，包括生態製度、法律和規範。生態行為文明是在生態文明意識指導下，人們的生產生活實踐活動，如對生態意識和行為能力的培育、清潔生產、循環經濟、環保產業、綠色生產和綠色消費及其他具有生態文明意義的參與和管理活動。

---

[1] 成亞文. 真正的文明時代才剛剛起步——葉謙吉教授呼籲「開展生態文明建設」[N]. 中國環境報, 1987-06-23.

[2] MORRISON ROY. Ecological Democracy [M]. Cambridge, MA: South End Press, 1999.

2.5.2 生態文明與可持續發展

生態文明和可持續發展都是人類對工業文明產生以來的生存危機進行反思的結果，兩者在本質上是一致的。可持續發展是生態文明建設的最終目標，生態文明建設以把握自然規律、尊重和維護自然為前提，以資源環境承載力為基礎，通過建立可持續的產業結構、生產方式、消費模式，最終促進人與資源環境、經濟、社會可持續發展；而生態文明是實現可持續發展的思想基礎，可持續發展在實現經濟發展的同時，促進人與自然的和諧共處，從而實現經濟發展和人口、資源、環境相協調，生態文明為可持續發展提供了思想基礎和智力支持。可見，生態文明和可持續發展是相互關聯、相互促進的。

2.6　小結

經濟增長理論和「資源詛咒」假說，為本書分析資源富集型貧困地區自然資源與經濟增長的關係提供了理論基礎；貧困與反貧困理論，探討了貧困成因及其解決路徑，為本書分析資源富集型貧困地區發展困境形成的原因及提出反貧困建議提供了理論基礎；可持續發展和包容性增長理論、生態正義理論、生態文明理論，是新的歷史發展階段提出的新的發展思路，為資源富集型貧困地區破解「資源詛咒」提供了一個全新的視角，為資源富集型貧困地區的可持續發展提供了理論和實踐基礎。

3

資源富集、經濟貧困與可持續發展困境：「怪圈」的形成

從人類社會發展的歷史看，資源對經濟社會發展具有不可替代的作用，部分資源富集的國家和地區充分利用豐裕的資源實現了工業化，但也有部分資源富集的國家和地區未能憑藉豐富的資源優勢取得經濟社會的長足發展。本章將對資源富集型貧困地區可持續發展困境的形成進行理論上的探討和系統的論述。

3.1 資源開發、資源開發式扶貧和資源開發性移民

3.1.1 資源開發利用

3.1.1.1 不同資源的開發利用

資源開發是通過對土地、水、礦產、動植物等資源進行規劃和物化勞動，以達到利用或提高其利用價值，實現新的利用的經濟活動。人類社會發展的過程實際上就是對資源進行開發利用的過程，人類經濟社會發展的整個歷史，就是對自然資源的認識不斷深化，對自然資源的開發深度、廣度不斷擴大，空間不斷拓展的歷史。從人類資源開發利用的歷史來看，人類最早的經濟活動主要是原始的狩獵，早期利用的資源主要是可再生的生物資源。進入農耕時代，人類利用的資源主要以土地資源為主，輔以動植物資源、水資源等。產業革命後，人類對自然資源的利用方式和開發程度發生了較大轉變，開始對礦產資源、煤炭資源等進行無限制的開發。20世紀以後，人類大規模開發利用各種化石燃料資源、水電資源，大量不可再生性能源、礦產資源已出現耗竭的風險。但同時隨著科學技術的發展，人類對資源的認識不斷昇華，資源已不再只局限於礦產、能源和生物資源，信息、太空等資源也開始得到開發和應用。

不同資源的開發利用程度、開發技術不同，對經濟社會發展的貢獻也不同。

土地資源是人類賴以生存的基本資源，為人類提供生存場所，也為人類提供糧食等必需品。土地資源具有多樣性、有限性和不可替代性。根據不同的土地資源類型，形成了耕地、林地、牧地、城鎮居民用地等多種土地資源利用類型，不同的土地類型，其開發利用的方向也不同。同時，在地球範圍內，可供人類利用的土地資源是有限的，隨著工業化、城鎮化的快速發展以及人口的增長，土地資源的供需結構性矛盾日益加劇。

礦產資源具有較高的經濟價值或潛在經濟價值，是人類生產和生活資料的主要來源。人類生產生活對礦產資源的依賴度較高。目前世界上95%以上的能源、80%以上的工業原料、70%以上的農業生產資料都取自礦產資源。[①] 但礦產資源具有不可再生性，隨著資源的日益減少，合理配置和利用礦產資源尤為重要。

水資源是維持一切生命活動的不可替代的物質，人類的一切活動都離不開水。除了用於生產生活外，水資源還可以用於發電。與火力發電相比，水資源通過自然界水文循環可再生，不需要消耗煤炭、石油、天然氣等燃料，運行成本低，環境污染小。水資源具有水資源利用的外部性和非排他性，一部分人對水資源的使用會對其他使用者產生影響；水資源的流動性使得水資源的產權難以界定，因此，水資源的開發和利用的效率較低，水資源供需的結構性矛盾較為突出。同時，水資源的可再生性不是絕對的，而是受一定條件限制的。對水資源的超量需求和污染會導致可用水資源總量的減少，由此造成水資源由不可耗竭轉變為可耗竭，因此，對可再生資源的開發利用必須

---

① 王家樞，張新安，等. 礦產資源與國家安全 [M]. 北京：地質出版社，2000：4.

考慮其自然承載能力。

森林資源為人類生產和生活提供食品、木材、原材料，同時也有調節氣候、保持水土、淨化空氣等重要功能。森林資源的開發、培育和保護，將影響整個地球生物圈。

不同的自然資源特點不同，開發利用原則也不同。對於可再生資源，如森林資源、生物資源等，要在其再生能力範圍加速利用。對於不可再生資源，如礦產資源，要視其替代資源產生預期節約使用。一是要合理分配不同時期的資源使用量，節約當前資源以保存未來的存量，進行安全性儲備；二是要尋求替代資源，用可再生資源替代不可再生資源；三是促進技術進步，提高可回收的不可再生資源的利用率。

3.1.1.2 資源開發利用的影響因素

資源的開發利用受制於資源數量、質量和分布，資源開發技術和資源開發製度以及資源環境承載力。這些因素通過作用於資源的開發利用，進而影響經濟社會發展。

在資源數量、質量和分布方面，資源的可耗竭性、資源數量的差異性、資源質量的差異性和資源分布的非均衡性是影響各國和地區經濟發展的重要因素。根據比較優勢理論，各國生產要素的豐裕程度和資源稟賦上的差異是造成各國經濟發展和國際貿易差距較大的關鍵因素。而在一國內，資源質量將影響資源綜合利用程度，若某些地區某種資源儲量較為豐富，但質量較低，則資源開發難度大；資源分布的非均衡性則將加大地區發展差距，進而影響地區經濟可持續發展。

在資源開發技術方面，資源開發技術工藝水平是決定資源綜合利用率的重要因素。若資源綜合利用率低和資源深加工水平較低，則將造成資源浪費。資源開發技術水平較低還將加重對生態環境的破壞，不利於資源開發地的可持續發展。

在資源開發製度方面，資源開發製度主要包括資源產權、

資源定價、資源補償和資源管理製度等。資源產權的不清晰將造成資源的過度開發，並將加大資源開發的外部性，使得資源開發者破壞環境的行為得不到有效監督，且會使開發者逃避應承擔的責任；資源定價和稅制機制不合理將會使資源價值得不到合理體現，造成資源極大浪費；資源補償機制不合理將使資源開發地的資源開發代價得不到合理補償，造成資源開發利益的隱形損失，若資源開發企業和地方政府對移民的補償不合理，還將導致社會矛盾，影響社會穩定；資源管理製度不合理將造成資源的粗放、低效、過度利用。

在資源環境承載力方面，資源環境承載力是資源環境承受人類各種經濟社會活動的能力。隨著經濟社會的持續快速發展和人口的不斷增加，資源環境約束也在持續加劇，資源的開發利用若忽視資源環境承載力，將可能造成嚴重後果及災難性損失。

3.1.2 資源開發式扶貧

由於人類經濟社會活動離不開資源的開發利用，因此，對於貧困地區的扶貧問題，往往就轉化為貧困地區的資源開發問題。中國在改革開放以前，主要是對貧困人口實施生活救濟，對邊遠落後地區輸送物資，進行外部支援和財政補貼，即所謂的「輸血式扶貧」。1984年，扶貧開發作為一項全國性政策被提出，其本質是通過利用貧困地區的自然資源，開展開發性生產建設，使貧困地區和貧困戶形成自我累積和發展能力，從而解決溫飽和貧困問題。[1]

中國開發式扶貧的主要特點：

（1）開發式扶貧的主要路徑是資源開發和產業扶貧。開發

---

[1] 引自《中國農村扶貧開發綱要（2001—2010）》。

式扶貧是一種旨在促進貧困地區擺脫經濟落後的區域扶貧方式。其基本取向是以市場為導向，開發當地資源。① 因此，扶貧開發往往成為工業主導下的資源開發。

（2）開發式扶貧以政府為主導。開發式扶貧是一種中央政府主導，地方政府推進的工作模式。其資金來源以政府財政資金投入為主，採用中央財政轉移支付方式分配扶貧開發資金。

（3）開發式扶貧以扶貧標準以下的，具備勞動能力的農村人口、連片特困地區和重點貧困縣、貧困村為扶貧工作對象。不論貧困成因是否相同、貧困程度是否一致，扶貧的方式和標準基本一致。

3.1.3 資源開發式移民

自然資源開發通常會產生大量移民，如水電移民、礦產資源開採移民等。資源開發移民必然對開發地附近居民帶來不利影響。其影響主要表現在以下幾個方面：

（1）工程施工影響居民生產生活。資源開發過程中，工程施工產生的廢氣、廢水將污染資源開發地區農牧民生產生活用水，影響農林牧漁作物和野生動植物資源的生長。爆破作業將對居民住房造成安全隱患。在水電開發中，引水式水電開發將造成河道斷流、荒廢，附近水井水位下降，使斷流河段周邊群眾失去生產生活用水來源。壩式水電站在電站截流、初期蓄水和日調節運行期間水位降低，也將使壩下群眾的取水口受到影響。

（2）施工期間交通受阻，影響居民出行。大型資源開發施工使一些山區人行小道、牧道中斷。建材、砂石、設備、棄渣運輸車輛的頻繁、超重碾壓，使原有公路嚴重受損，經過施工區的公路還要被迫改道。加之施工引起的交通量增加，使道路

---

① 引自《中國農村扶貧開發綱要（2001—2010）》。

車流量加大，增加了當地公路車輛的密度。這些都會給周邊地區的群眾安全出行和外來旅遊者帶來較長時期的極大不便。水電站水庫蓄水後將淹沒江河上原有索橋、溜索、伸臂橋、渡口等，從而使原有的交通方式被中斷。例如，四川省丹巴縣被稱為「中國最美麗的鄉村」，水資源、礦產資源和旅遊資源豐富，但生態環境極為脆弱，現已規劃建設的水電站有64座。① 由於進入丹巴縣僅有一條公路，水電施工建設嚴重毀損了原有公路，影響當地居民出行預計達10年之久，嚴重阻礙了丹巴經濟的發展，特別是旅遊業和農業的發展。

（3）次生地質災害。地下資源開採會改變地質條件，嚴重破壞地質結構，引發各種地質災害。資源開採引起的次生地質災害主要包括泥石流、滑坡、崩塌、地面塌陷、水土流失、土地沙化等。這些因素導致社區居民生活環境條件逐漸惡化，安全受到威脅。

（4）資源開發往往會徵用移民的承包土地和宅基地，其生產生活區域被迫改變。水電站建設還將淹沒部分居民土地。事實上，這部分土地往往是較為富饒的土地；資源開發使得糧食等農作物或水果等經濟作物大量減產，影響居民增收。資源開發式移民中最需要關注的是對移民的補償問題和移民後續生產生活問題，若補償不合理，還可能引起社會矛盾。

3.2 資源開發的生態環境代價

生態系統的穩定性既受自身結構的影響，同時也受外界擾

---

① 趙明遠. 關於丹巴縣電網近期規劃建設的建議［J］. 科技致富向導，2012（33）：169.

動劇烈程度的影響。因此，資源開發本身就存在較大的環境擾動性。

3.2.1 礦產資源開發的生態環境代價

礦產資源開發的生態環境代價是由開發礦產資源而引起的環境污染、生態破壞。礦產資源開發必然會對礦山周圍環境產生擾動：一方面，礦產資源開發活動本身存在環境擾動性，因此，環境破壞在客觀上是難以避免的；另一方面，低效的製度安排，使得礦產資源開發活動有意或無意地忽視環境，造成環境污染和生態破壞。

礦產資源開發引起的生態環境破壞，主要包括以下幾個過程：一是礦產資源開採活動會直接毀壞土地表層、植被等；二是礦產資源開採產生的廢棄物會破壞堆置場地原有生態系統；三是礦產資源開採廢棄物中的酸性、鹼性、毒性或重金屬成分，會破壞和污染周圍的生態環境。

中國礦業大學武強等針對不同礦產資源的環境問題進行了分類。[1] 礦產資源開發的環境問題主要是：

一是對土地資源的影響。礦產資源開發將對土地進行直接的破壞，會導致地面沉陷、沉降，地面岩溶塌陷，山體開裂，甚至會引發泥石流、塌方等地質災害，嚴重破壞地形地貌景觀。同時，過度開發還將造成土地荒漠化、鹽鹼化、草場退化、濕地萎縮乾枯等問題。《全國土壤污染狀況調查公報》顯示，工礦業等人為活動是造成土壤污染或超標的主要原因。在調查的採油區和採礦區，周圍土壤超標點位分別達 23.6% 和 33.4%，石

---

[1] 武強，劉伏昌，李鐸. 礦山環境研究理論與實踐 [M]. 北京：地質出版社，2005：10-27.

油烴、多環芳烴、鎘、鉛、砷等污染較為嚴重。①

二是工業「三廢」問題。廢水包括洗選礦過程中產生的酸性水、高硬度水、放射性污染水等無機無毒水，汞、鉛、鋅等重金屬污染水，氰化物污染水、氟化物污染水等無機有毒水，含多氯聯苯污染物、含有機氯物污染物等有機有毒水。廢氣包括煤炭、天然氣、鐵礦石等自燃產生的廢氣，沙漠化、採場或排土場等導致的風化揚塵，二氧化碳氣田的大氣污染，井下粉塵等。固體廢棄物包括煤礦、廢石渣、尾礦和礦物廢棄物所產生的放射性、占地、邊坡、淋濾污染和風化揚塵等。

三是噪聲問題。採選礦過程中特別是露天礦的採選和爆破作業都將產生較大的噪聲污染問題，給資源開發地居民和採礦業就業人員身心健康造成嚴重危害。

3.2.2 水資源開發的生態環境代價

水資源是目前開發最多的清潔可再生資源。但由於水能資源富集區往往是生態脆弱區，在提供大量清潔可再生能源的同時，大規模水資源開發不可避免地對生態環境造成負面影響，引起水土流失、植被破壞、生物多樣性破壞等生態環境問題。水資源開發的環境代價，具體包括以下幾個方面：

（1）對土地資源的影響

水電工程建設施工過程中會進行占地、採石、取土、棄渣等活動，將破壞地表植被及土壤結構，降低土壤質量，加劇水土流失，還可能誘發地震、泥石流、滑坡等地質災害。例如，部分地震的發生就是水庫中的水觸發了斷裂構造的薄弱部位而引發的。建設大型水電工程一般要淹沒一些土地，而這些土地往往是耕地，甚至是比較肥沃的土地，將使得耕地資源減少。

---

① 中國環境保護部、國土資源部. 全國土壤污染狀況調查公報［R］. 北京：環境保護部，2014.

如三峽水電站建設淹沒的土地面積約7.9萬平方千米,淹沒耕地194平方千米;溪洛渡水電站淹沒耕地約27.87平方千米;向家壩水電站淹沒耕地21.33平方千米。

(2) 對地貌的影響

在水庫區會產生一定程度的泥沙淤積,可能使得上游地區的水鹽漬化,也可能會使下游泥沙減少,從而影響河岸的穩定。水資源開發若缺乏統一規劃和管理,過度開發地下水,還可能使一些河流出現斷流。如湖北神農架多條河流被近百座水電站截斷,不少河段斷流[1];甘肅舟曲[2]、陝西嵐河[3]等地也因引水式水電站建設使得河道斷流、魚類滅絕。

(3) 對水環境造成影響

富營養化是水環境中經常發生的一種水污染現象。水庫建成後,河流形態發生改變,水流速減慢,容易造成水體富營養化。此外,水庫一般會淹沒土地,特別是一些農耕區,其土地的氮磷鉀含量較高,水庫淹沒土地後會加劇水體的富營養化。

(4) 對生物多樣性的破壞

水庫蓄水會淹沒部分陸地,使得原先的陸地變成了水體和濕地,導致原先適合植物種類或者動物種類的環境遭到破壞,動物被迫做適應性遷移,植被發生更替,影響動植物的生長和繁衍。同時,蓄水後河流的連續性被打斷,水體湖泊化,原本流動的水被靜水所取代,再加上水深、水溫等生態因子的變化,會破壞原有水生生物的生存、繁殖環境,造成物種多樣性降低。

---

[1] 袁志國,饒饒. 小水電站泛濫 神農架遇河道斷流之困 [EB/OL]. (2011-09-26) [2016-08-20]. http://bjyouth.ynet.com/3.1/1109/26/6289319.html.

[2] 孫嘉夏. 舟曲電站密布河流斷流68座僅1座通過抗震審批 [N]. 每日經濟新聞,2011-09-22.

[3] 陝西嵐河百公里建16座電站 河道斷流魚類滅絕 [N]. 中國青年報,2010-05-19.

3.2.3 土地資源開發的生態環境代價

3.2.3.1 對土地數量的影響

一是水土流失嚴重。濫墾、濫伐、廣種薄收、刀耕火種等不合理的土地利用方式加劇了水土流失過程。二是土壤荒漠化態勢逼人。三是土壤退化現象廣泛發生。「三廢」引起的土地污染和土壤理化性質惡化等造成土地退化。四是耕地減少。耕地亂占濫用，森林亂砍濫伐，草地超載過牧。同時，隨著工業和城市化的發展，大量耕地資源被轉變為非農業用地，使得耕地大量減少。2012 年中國環境狀況公報顯示，全國因自然災害、生態退耕、建設占用等原因減少耕地面積約 4,000 平方千米；現有水土流失面積為 295 萬平方千米，占國土面積的 30.7%。

3.2.3.2 對土地質量的影響

一是可能導致土地鹽漬化。全世界大約 30% 的潛在可耕地受鹽化影響，每年有 1.5 萬平方千米的農田因鹽漬化降低了生產力。二是可能導致土壤質量下降。有機肥投入不足，化肥使用不平衡，造成耕地退化，使土壤有機質含量低、嚴重缺磷、少氮的狀況進一步惡化，保水保肥的能力下降。三是可能導致水位下降。過分開採地下水，使有些村鎮井水干涸，部分地區地下水位下降。數據顯示，目前中國單位面積的化肥施用量是俄羅斯的 9 倍、加拿大的 4.4 倍和美國的 2.4 倍。而化肥吸收率只有 30% ~ 40%。改革開放以來，中國 DDT 使用量為 40 多萬噸，占全球用量的 20%；農膜年使用量為 110 萬噸，殘留量為 35 萬噸，每年產生的農作物秸秆為 7 億噸。[①]《全國土壤污染狀況調查公報》顯示，全國土壤總的超標率為 16.1%，其中，耕地的超標率為 19.4%，主要污染物是鎘、鎳、銅、砷、汞、鉛、

---

① 吳鈾生. 農業生態環境建設是實現農業發展方式轉變的基礎 [J]. 農村經濟, 2011 (2): 104 – 107.

DDT 和多環芳烴。[①]

3.2.3.3 對地貌的影響

對土地資源的開發，還可能會破壞土壤結構，使土層變薄，質地變粗，基岩裸露，從而影響地形地貌，進而影響自然景觀。

3.2.3.4 對生態環境的影響

過量採伐、亂砍濫伐、毀林開荒等使多種以森林為棲息地的動物瀕臨滅絕，天然林和生態林數量不斷減少。由人類活動造成的酸雨、臭氧等污染物會使得森林質量下降。同時，超載過牧使得草場產草量逐年下降，草場退化面積不斷擴大。例如，四川草原面積達 20.87 萬平方千米，占全省面積的 43%，可利用天然草原為 17.67 萬平方千米，占全省草原面積的 84.7%，其中的 16.33 萬平方千米集中連片分布於三州，屬於全國五大牧區之一。全省草原平均超載 35.9%，平均人為破壞率為 6.83%，其中，三州平均超載 41.4%，人為破壞率為 6.97%，人為破壞損失為 373.78 億元，占 2010 年全省地區生產總值的 2.14%，其中的水土流失損失占 34.23%。[②]

3.3 資源開發對經濟增長的約束效應

3.3.1 資源對經濟增長的約束機理

傳統資源約束觀認為自然資源對經濟增長的約束是由資源的稀缺性引起的，資源的可耗竭性、資源質量的差異性和資源

[①] 中國環境保護部，國土資源部. 全國土壤污染狀況調查公報 [R]. 北京：環境保護部，2014.

[②] 邱凌，王麗娟，趙磊，等. 四川省草地生態系統破壞損失價值評估 [J]. 四川環境，2012 (6)：70-74.

分布的非均衡性使得資源的供給不能滿足經濟社會發展的需要。但從約束理論的內涵看，過與不及均為約束現象。資源短缺使得資源供不應求，會對經濟社會發展造成制約；同時，資源富集導致對經濟增長要素的過度吸引和控製，形成對經濟結構的約束，從而也會對經濟社會發展造成制約。資源對經濟增長的約束表現為短期經濟增長速度較快，但長期增長將可能停滯或後退；或者經濟增長速度較快，但經濟發展質量較低，影響經濟可持續發展。

一般而言，地區經濟增長可以擺脫自然資源分布的空間制約，資源貧乏國家可以通過科技、貿易甚至暴力的手段實現自然資源的跨區域流動，滿足國內經濟發展對資源的需求。但從代際角度和更廣的區域考慮，人類的經濟增長並沒有擺脫對自然資源的依賴，經濟發展在任何時候都會受到資源條件的約束。

3.3.2 可耗竭資源約束下的經濟增長

作為重要的生產要素，自然資源對經濟發展既有支撐作用，也有約束作用。隨著資源短缺現象越來越嚴重，許多學者通過分析不可再生資源與經濟增長的關係，來探討如何實現資源可持續利用和經濟增長的可持續性。如 Stiglitz 的單部門最優增長模型[1]，Aghion 和 Howitt 建立了一個加入資源的 CD 單部門 AK 模型[2]，王海建將耗竭性資源納入生產函數[3]，劉鳳良等討論了資源可耗竭性、知識累積與內生增長之間的關係[4]，彭水軍建立

---

[1] STIGLIZ J. Growth with Exhaustible Natural Resources: Efficient and Optimal Growth Paths [J]. Review of Economic Studies, 1974 (41): 123 – 137.

[2] AGINON P, HOWITT P. Endogenous Growth Theory [M]. Cambridge: The MIT Press, 1998.

[3] 王海建. 耗竭性資源管理與人力資本累積內生經濟增長 [J]. 管理工程學報, 2000, 14 (3): 11 – 13.

[4] 劉鳳良, 郭杰. 資源可耗竭、知識累積與內生經濟增長 [J]. 中央財經大學學報, 2002 (11): 64 – 67.

了一個四部門內生增長模型①等對可耗竭資源與經濟增長的關係進行分析。

3.3.2.1 可耗竭自然資源約束下的新古典經濟增長模型

本書借鑑餘江等②的新古典經濟增長模型進行分析。為考察自然資源與經濟增長的關係，本書將可耗竭資源作為生產要素引入羅默模型，假定勞動力資源是外生的，其增長率為0，初始規模為1，設 Y 為產出，K 為年度資本存量，S 為總可耗竭資源存量，R 為年度投入生產的可耗竭自然資源量。則有：

$$Y = F(K, R) = AK^{\alpha}R^{\beta}$$

其中，A 是生產技術係數，α 和 β 分別為資本和可耗竭資源的產出彈性，$0 < \alpha < 1$，$0 < \beta < 1$，$0 < \alpha + \beta < 1$。進一步假設可耗竭自然資源投入對經濟產出是必需的，即若 $E = 0$，則 $Y = 0$；若 $Y > 0$，則 $E > 0$。可耗竭資源與經濟產出之間滿足經濟學關於生產要素的基本假設，即資本和資源均滿足報酬遞減特徵。為保證經濟可持續增長，需保證可耗竭資源的可持續增長，即長期發展過程中，可耗竭資源存量 S 具有非負增長率，可耗竭資源存量隨時間保持不變或隨時間而增加，各年度投入生產的可耗竭資源量 R 不超過可耗竭資源的再生量 δR，即 $R \leqslant \delta R$。

現代經濟增長理論研究發現，多數國家經濟增長在長期過程中具有穩態的特點，即在長期增長中所有的人均變量的增長率均為常數。在長期穩態增長情況下，構建 Hamilton 函數為：

$$J = \ln C + \omega_1 (AK^{\alpha}R^{\beta} - C - \theta K) + \omega_2 (\delta S - R)$$

其中，ω_1 和 ω_2 分別為資本和可耗竭資源的影子價格。

實現經濟可持續發展的必要條件是經濟可持續增長，因此，

---

① 彭水軍. 自然資源耗竭與經濟可持續增長：基於四部門內生增長模型分析 [J]. 管理工程學報，2007 (4)：119 - 124.

② 餘江，葉林. 經濟增長中的資源約束和技術進步——一個基於新古典經濟增長模型的分析 [J]. 中國人口、資源與環境，2006 (9)：7 - 10.

在長期發展中，$vk>0$ 和 $vc>0$，即資本和消費應正增長。從而，$vr>0$，即實現經濟可持續增長要以可耗竭資源投入量的增加來支撐。但在經濟發展過程中，需考慮可耗竭資源存量 R 的變化趨勢：

$$vs = \delta - R/S$$

其中，R/S 為 t 期投入生產的可耗竭資源的比例，由於 $vs>0$，即可耗竭資源投入量具有正的增長趨勢，必然導致可耗竭資源存量的負增長，這與前文所定義的可耗竭資源可持續利用的要求相悖。產生這一矛盾的根源是在上述模型中，沒有考慮技術進步。從經濟學角度來看，如果不依賴技術進步，為了實現經濟的可持續增長，必然以可耗竭資源的大量消耗為代價，或者說，沒有技術進步，經濟增長和發展必然屬於粗放型。

3.3.2.2 可耗竭資源約束的羅默經濟增長模型

Baumol 和 Oates（1998）在對可耗竭資源最優定價進行研究時，認為資源耗竭有三種情況，即純資源耗竭型、自動再生型（資源可以再生，但再生率低於耗竭率，在考察期內是可以耗盡的）和供給成本增加型。純資源耗竭是自動再生型的一個特例。

考慮一個存在可耗竭自然資源的經濟體系，假設其為 CD 形式，則生產函數形式為：

$$Y(t) = K(t)^{\alpha} R(t)^{\beta} [A(t) L(t)]^{1-\alpha-\beta}$$

其中，$0<\alpha<1$，$0<\beta<1$，$0<\alpha+\beta<1$。

根據 $Solow$ 經濟增長模型基本假設，有：

$$K(t) = sY(t) - \delta K(t)$$
$$L(t) = nL(t), \quad A(t) = gA(t)$$

其中，s 和 δ 分別為儲蓄率和資本折舊率，n 和 g 分別為勞動和技術的增長率。

假設資源再生率為 ε，本時期資源消耗率為 b，$0<\varepsilon<b$，則資源實際消耗率為 $b-\varepsilon$。

根據公式，資本增長率為：
$$\frac{K(t)}{K(t)} = s\frac{Y(t)}{K(t)} - \delta$$

根據假設，如果要保證 K 的增長率不變，則 Y/K 不變，即 Y 和 K 的增長率相等。

基於這個條件，對公式兩邊取對數：
$$LnY(t) = \alpha LnK(t) + \beta LnR(t) + (1-\alpha-\beta)[LnA(t) + LnL(t)]$$

對兩邊取對時間 t 的導數：
$$g_Y(t) = \alpha g_K(t) + \beta g_R(t) + (1-\alpha-\beta)[g_L(t)]$$

根據上面的假設，可變為：
$$g_Y(t) = \alpha g_K(t) - \beta(b-\varepsilon) + (1-\alpha-\beta)[g+n]$$

而 $g_y(t) = g_k(t)$，則：
$$g_y = \frac{(1-\alpha-\beta)(g+n) + \beta\varepsilon - \beta b}{1-\alpha}$$

對經濟增長總量而言，自然資源對經濟增長存在阻礙，其中，自然資源對經濟增長的阻礙作用大小為 $\frac{\beta b}{1-\alpha}$；技術進步、人口增長和該資源再生率同時對經濟增長起推動作用，其推動作用分別為 $\frac{(1-\alpha-\beta)g}{1-\alpha}$、$\frac{(1-\alpha-\beta)n}{1-\alpha}$ 和 $\frac{\beta\varepsilon}{1-\alpha}$，增長的狀況取決於兩種力量的大小對比。

除經濟總量外，考察經濟增長更具意義的變量是人均產出增長率。

$$g_{y/L} = g_y - g_L = \frac{(1-\alpha-\beta)(g+n) - \beta(b-\varepsilon)}{1-\alpha}$$
$$= \frac{(1-\alpha-\beta)g + \beta\varepsilon - \beta(b+n)}{1-\alpha}$$

從上式可以看出，人均產出可以為正也可以為負。其中，

自然資源和人口增長對經濟增長存在阻礙，自然資源對經濟增長的阻礙力量大小為 $\frac{\beta b}{1-\alpha}$，人口增長對經濟增長的阻礙作用大小為 $\frac{\beta n}{1-\alpha}$；技術進步和資源再生能力對經濟增長起到推動作用，其推動作用分別為 $\frac{(1-\alpha-\beta)}{1-\alpha}g$ 和 $\frac{\beta\varepsilon}{1-\alpha}$，增長的狀況取決於兩者的力量大小。

3.3.3 資源依賴對經濟增長的約束

豐裕的自然資源本身可以促進經濟增長，但對自然資源和資源型產業的過度依賴會產生不利影響。對豐裕資源的過度依賴，最直接的表現就是主導產業單一化、經濟結構重型化和產品初級化。本書嘗試運用投入產出模型對資源依賴型產業結構對經濟增長的約束作用進行分析。

3.3.3.1 基於投入產出的分析

國家統計局印發的《國民經濟行業分類》（GB/T 4754—2011）將產業部門劃分為三次產業，其中第一產業為農林牧漁業，第二產業為工業和建築業，第三產業為服務業。本書要考察資源型產業對國民經濟的影響，為此，將工業劃分為資源型工業和非資源型工業，從而將原有的三次產業轉化為五個產業部門，即農林牧漁業、資源型工業、非資源型工業、建築業和服務業，見表 3-1。

表 3-1　　　　　　　　　　五部門投入產出表

<table>
<tr><th colspan="2" rowspan="2"></th><th colspan="5">中間產品</th><th rowspan="2">最終產品</th><th rowspan="2">總產出</th></tr>
<tr><th>農林牧漁業</th><th>資源型工業</th><th>非資源型工業</th><th>建築業</th><th>服務業</th></tr>
<tr><td rowspan="5">中間消耗</td><td>農林牧漁業</td><td>x_{11}</td><td>x_{12}</td><td>x_{13}</td><td>x_{14}</td><td>x_{15}</td><td>f_1</td><td>q_1</td></tr>
<tr><td>資源型工業</td><td>x_{21}</td><td>x_{22}</td><td>x_{23}</td><td>x_{24}</td><td>x_{25}</td><td>f_2</td><td>q_2</td></tr>
<tr><td>非資源型工業</td><td>x_{31}</td><td>x_{32}</td><td>x_{33}</td><td>x_{34}</td><td>x_{35}</td><td>f_3</td><td>q_3</td></tr>
<tr><td>建築業</td><td>x_{41}</td><td>x_{42}</td><td>x_{43}</td><td>x_{44}</td><td>x_{45}</td><td>f_4</td><td>q_4</td></tr>
<tr><td>服務業</td><td>x_{51}</td><td>x_{52}</td><td>x_{53}</td><td>x_{54}</td><td>x_{55}</td><td>f_5</td><td>q_5</td></tr>
<tr><td colspan="2">增加值</td><td>y_1</td><td>y_2</td><td>y_3</td><td>y_4</td><td>y_5</td><td></td><td></td></tr>
<tr><td colspan="2">總收入</td><td>q_1</td><td>q_2</td><td>q_3</td><td>q_4</td><td>q_5</td><td></td><td></td></tr>
</table>

　　投入產出模型通過分類將國民經濟的所有行業劃分為若干不同部門，根據某一時期每個部門產品在各個部門的流動和最終去向，編制該時期的投入產出表。利用投入產出表可以研究國民經濟各部門之間的比例關係、依賴程度以及某一部門生產變動對其他部門乃至整個經濟產生的影響。

　　在投入產出表中，行表示各部門產品的使用去向，包括中間產品和最終產品，兩者之和為總產出，即 $\sum_{j=1}^{n} x_{ij} + f_i = q_i$，($i=1, 2, \cdots, 5$)。列表示各部門生產過程的投入結構，包括中間消耗和增加值，兩者之和為總投入，即 $\sum_{i=1}^{n} x_{ij} + y_j = q_j$，($j=1, 2, \cdots, 5$)。各部門的總產出等於相應部門的總投入，即當 $i_0 = j_0$ 時，$\sum_{j=1}^{n} x_{i_n j} + f_{i_n} = \sum_{i=1}^{n} x_{ij_n} + y_{j_n}$。

　　根據投入產出結構，可計算各部門的直接消耗系數、完全消耗系數和完全需求系數。其中，直接消耗系數 a_{ij} 是在生產經營過程中第 j 部門單位總產出所直接消耗的第 i 部門貨物或服務的價值量，$a_{ij} = x_{ij}/q_j$，直接消耗系數矩陣 $A = X \cdot \hat{q}^{-1}$。完全消耗系數 b_{ij} 是第 j 部門每提供一個單位最終產品時，對第 i 部門貨

物或服務的直接消耗和間接消耗之和，則有完全消耗系數矩陣 $B = (I-A)^{-1} - I$。完全需求系數 $\overline{b_{ij}}$ 反應生產單位最終產品所需要的總產品，當 $i \neq j$ 時，$\overline{b_{ij}} = b_{ij}$，當 $i=j$ 時，$\overline{b_{ij}} = 1 - b_{ij}$，則有完全需求系數矩陣 $\overline{B} = (I-A)^{-1} = I + B$。

根據完全需求系數矩陣，可進行產業關聯分析。在完全需求系數矩陣中，將某產業列之和除以各列之和的平均值即為該產業的影響力系數 λ_j，又稱為產業的前向牽引強度。影響力系數 λ_j 反應某部門每增加或減少一個單位最終需求時，對國民經濟其他部門生產需求的影響程度。$\lambda_j > 1$，表示該部門影響力超過各部門平均水平。λ_j 越大，說明該產業對其他產業的影響作用越大。影響力系數 λ_j 用公式表示為：

$$\lambda_j = \sum_{i=1}^{n} \overline{b_{ij}} \bigg/ \frac{1}{n} \sum_{j=1}^{n} \sum_{i=1}^{n} \overline{b_{ij}}$$

其中，$i = 1, 2, \cdots, n$，$j = 1, 2, \cdots, n$，n 表示產業的個數。

在完全需求系數矩陣中，將某產業行之和除以各行之和的平均值即為該產業的感應度系數 δ_i，又稱為產業的後向感應強度。感應度系數 δ_i 表示各產業部門對某一產業部門的依賴程度，是指當國民經濟各部門增加一個單位最終需求時，某一產業由此受到的需求感應程度，即需要該行業為其他行業生產而提供的產出量。$\delta_i > 1$，表明該部門感應度超過各部門平均水平。δ_i 越大，反應該產業受到其他產業需求的影響越大，換言之，也就是其他產業對該產業的依賴程度越大。感應度系數 δ_i 用公式表示為：

$$\delta_j = \sum_{j=1}^{n} \overline{b_{ij}} \bigg/ \frac{1}{n} \sum_{i=1}^{n} \sum_{j=1}^{n} \overline{b_{ij}}$$

其中，$i = 1, 2, \cdots, n$，$j = 1, 2, \cdots, n$，n 表示產業的個數。

若在某個地區五部門投入產出表（見表3-1）中，資源型工業特別是採掘業和初級資源產品增加值和產值比重均較高，

而其他四個部門經濟發展不足，根據影響力和感應度系數計算公式，資源型工業影響力系數會畸高，而感應度系數會較低。也就是說，資源型產業占據了較多可以配置到其他部門的生產資源，對整個地區經濟的影響較大；同時，由於初級產品與製造業關聯度較高，若製造業發展不足，則表明初級產品已轉移到其他地區，致使該地區資源型產業與其他部門關聯度較小，相互依賴程度較低。

通過以上分析可以看出，對資源過於依賴會對經濟產生約束作用：一是經濟結構初級化。對資源型產業的依賴，使得地區生產資源配置不合理，產業層次低，產業鏈條短，產業間關聯度小，對資源進行開發的後向感應效果差；同時，資源型初級產品附加值低，而資源產品定價製度不完善，更使得資源型產業對地方經濟貢獻度較小。二是經濟的不可持續性。由於資源的有限性以及部分資源的不可再生性，隨著資源被不斷開採利用，可開發利用的資源將逐漸減少並最終將耗盡，資源型產業形成的初級產業鏈條就會斷裂，從而造成地區經濟的崩潰。

3.3.3.2 資源依賴的擠出效應

在形成資源依賴的過程中，產業結構的初級化和單一化，將會對人力資本、技術、資金資本等產生重要影響。這主要表現在：

一是資源依賴對人力資本的擠出效應。資源的大規模開發，將會使生產要素從農業、製造業和第三產業向採掘業流動，從而使得採掘業就業人員大幅增加。相對製造業而言，採掘業技術含量較低，製造業就業人員的轉移將使得整個經濟中人力資本下降，資源依賴的不斷強化還將影響長期的人力資本累積。人力資本是影響經濟長期穩定增長的重要因素，而資源型地區的資源依賴會影響人力資本的提高，長期以來必然導致經濟增長緩慢。

二是資源依賴對物質資本的擠出效應。資源產業技術含量不高，對機器設備要求也相對較低，資源產業所需要投入的資金相對較少，會造成社會資金投資渠道狹窄。同時，人力資本較高時，其所支配的物質資本也較高，對資源產業的長期依賴，會擠出人力資本，也會減少物質資本。多種因素使得物質資本得不到有效利用，閒置的物質資本就會流失。

三是資源依賴對科技創新的擠出效應。人力資本具有較高的文化素質和創新意識，是科技創新的主體，是經濟增長的原動力。而物質資本是科技創新的基本保障，通過物質資本累積，可購買先進的機器設備用於科技研發。資源型地區對資源產業的過度依賴，就對人力資本、物質資本產生了擠出效應，進而對科技創新也產生了擠出效應。

3.3.3.3　資源依賴的社會問題

一是影響就業。隨著可供開採資源的減少和開採難度的增大，資源型企業效益較差，員工分流、失業現象突出。由於資源型地區產業單一，失業人員分流渠道有限，社會就業形勢嚴峻。

二是影響社會穩定。長期以來資源型地區對人力資本、物質資本和科技創新的擠出，使得資源型地區貧富差距大、人口素質較低、經濟發展後勁不足等問題也日趨嚴重。此外，對資源型產業的過度依賴和資源開發相關製度的不規範，還可能產生產業發展決策中的「尋租」問題，滋生腐敗，從而進一步加大社會矛盾，影響社會穩定。

3.4 資源富集、經濟貧困與可持續發展困境的形成機制

從上文的分析可以看出，在資源富集型貧困地區，其可持續發展困境的形成並非某一個因素造成的，而是由多個因素相互交織、相互影響、相互作用形成的。將資源富集型貧困地區可持續發展困境形成的脈絡進行梳理，最根本的原因在於指導資源開發、經濟社會發展的思想基礎不科學、不合理，即存在錯誤的資源觀，而在部分資源富集型貧困地區，由於長期的發展滯後，還形成了一種貧困亞文化。在不科學的資源觀和貧困亞文化下，資源開發和經濟社會發展的相關製度制定不合理、不健全，並由此對資源富集型貧困地區的可持續發展產生了以下影響：一是在資源富集型貧困地區形成了初級的、單一的、低附加值的、不可持續的資源依賴型經濟，長期影響人力資本、物資資本和科技創新的累積和發展，造成經濟的貧困和不可持續發展；二是資源的過度、低效、粗放式開發，使得資源數量不斷減少，質量不斷下降，資源開發難度逐漸加大，嚴重破壞生態環境，引發地質災害，造成生態的貧困和不可持續發展；三是資源開發影響居民生產生活環境，而同時，經濟的貧困和不可持續發展也同樣會產生眾多社會問題，造成社會的不穩定和不可持續發展。經濟、社會、資源、環境和生態的不可持續發展相互影響、相互作用，並在更高程度上交織，使得資源富集型貧困地區的不可持續發展進一步加劇，形成了一個惡性循環和發展怪圈，見圖3-1。

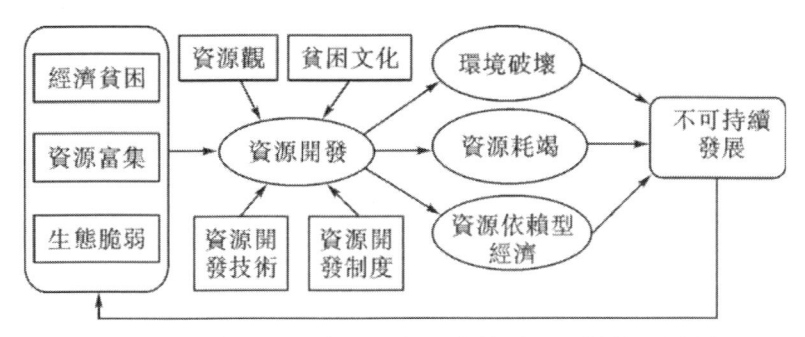

圖 3-1　資源富集、經濟貧困與可持續發展困境的惡性循環圖

4

資源富集型貧困地區發展困境的表徵及檢驗

4.1 資源富集型貧困地區的識別和界定

本書通過資源豐裕度、資源依賴度與貧困水平的對比來確定資源型貧困地區。現有文獻常把資源豐裕度和資源依賴度混為一談,本書將對兩個指標進行區分。

4.1.1 基於資源豐裕度的識別

4.1.1.1 資源豐裕度的計算

資源豐裕度是衡量一個國家或地區自然資源富集程度的重要指標。由於自然資源種類繁多,分布不均衡,目前學術界沒有統一的計算資源豐裕度的方法。自然資源主要包括能源資源(石油、天然氣、煤炭、水等)、礦產資源(黑色金屬、有色金屬和非金屬礦)、耕地資源和森林資源四類。由於不同種類的資源屬性不同,資源儲量計量單位不同,不能將不同種類的資源絕對量相加。本書主要是研究中國的資源富集型貧困地區,地區的資源豐裕度可採用地區資源絕對量占全國資源總量的比重來表示。資源豐裕度既包括分類資源的豐裕度,也包括地區資源綜合豐裕度。本書通過計算各類資源的豐裕度和地區資源豐裕度綜合指數來分析地區的資源富集程度。計算公式如下:

資源豐裕度:

$$RA = r_i / R$$

其中,r_i為某地區某類資源的絕對量,R為該資源全國總量。

地區資源豐裕度綜合指數的計算採用綜合指數法。其計算步驟如下:

第一,對各類資源豐裕度進行標準化處理。

第二，運用總和合成法計算地區資源豐裕度綜合指數。公式如下：

$$\int(x) = \sum_i w_i \times z_i$$

其中，z_i為指標x_i的標準化值，w_i為指標x_i的權數。各類資源豐裕度均為等權。

通過上述公式分別計算2012年31個省（市、自治區）煤炭、石油、天然氣、水資源、礦產資源、耕地資源、森林資源豐裕度以及地區資源豐裕度綜合指數，其中，全國煤炭、石油、天然氣、水資源、礦產資源、耕地資源、森林資源的平均豐裕度為3.23%，經計算，2012年全國資源豐裕度綜合指數為19.05%。如表4-1、表4-2、表4-3所示。

表4-1　　　　2012年全國各省份分類資源儲量

	石油儲量（萬噸）	天然氣儲量（億立方米）	煤炭儲量（億噸）	鐵礦儲量（億噸）	錳礦儲量（萬噸）	鉻礦儲量（萬噸）	釩礦儲量（萬噸）	原生鈦鐵礦儲量（萬噸）	銅礦儲量（萬噸）	鉛礦儲量（萬噸）
北京			3.7	1.2						
天津	3,034.5	278.8	3.0							
河北	26,934.5	315.4	39.5	24.2	7.1	4.6	10.5	290.1	13.2	20.7
山西			908.4	12.8	12.9				160.1	0.6
內蒙古	8,517.1	8,344.3	401.7	15.6	567.9	56.3	0.8		370.5	391.1
遼寧	16,946.8	178.5	31.9	55.0	1,386.5				32.6	9.5
吉林	18,304.1	776.2	9.8	3.8	0.4				20.2	12.0
黑龍江	50,137.5	1,381.5	61.6	0.4					112.1	6.4
上海										
江蘇	3,061.0	24.4	10.8	1.8			4.8		3.9	10.5
浙江				0.4	0.3		3.8		6.1	8.5
安徽	260.1	0.3	80.4	8.4	7.8		6.1		175.6	10.8
福建			4.4	3.6	133.4				55.8	32.3
江西			4.1	1.5			6.5		662.1	55.1
山東	34,302.4	345.9	79.7	8.9				645.8	15.4	0.3
河南	5,160.2	75.1	99.1	1.6	0.8			0.5	9.5	47.3
湖北	1,328.7	49.7	3.3	5.8	721.3		25.2	1,053.2	108.7	5.2
湖南			6.6	1.3	1,958.4		2.9		7.6	56.0
廣東	7.9	0.3	0.2	1.1	75.2				30.9	138.2

表4-1(續)

	石油儲量（萬噸）	天然氣儲量（億立方米）	煤炭儲量（億噸）	鐵礦儲量（億噸）	錳礦儲量（萬噸）	鉻礦儲量（萬噸）	釩礦儲量（萬噸）	原生鈦鐵礦儲量（萬噸）	銅礦儲量（萬噸）	鉛礦儲量（萬噸）
廣西	139.0	1.2	2.1	0.3	8,590.4		171.5		3.3	25.3
海南	297.5	-1.3	1.2	0.8				2.7	3.6	6.6
重慶	158.6	1,928.3	19.9	0.2	1,678.5					5.6
四川	804.6	9,351.1	54.5	29.7	97.7		547.0	19,049.9	70.7	85.1
貴州		5.4	69.4	0.1	3,559.8				0.3	4.4
雲南	12.2	2.2	59.1	4.3	1,029.5		0.1		300.8	213.1
西藏			0.1	0.2		173.7			274.4	46.9
陝西	31,397.9	6,376.3	109.0	3.9	281.8		8.4		20.0	31.1
甘肅	19,184.3	224.6	34.1	3.8	259.0	124.8	89.9		159.5	79.8
青海	6,499.4	1,281.6	16.0	0.1		1.4			35.7	73.4
寧夏	2,299.5	295.0	32.3							
新疆	56,464.7	9,324.4	152.5	4.3	569.9	44.2	0.2	46.1	82.1	78.9

表4-2　　2012年全國各省份分類資源儲量（二）

	鋅礦儲量（萬噸）	鋁土礦儲量（萬噸）	菱鎂礦儲量（萬噸）	硫鐵礦儲量（萬噸）	磷礦儲量（億噸）	高嶺土儲量（萬噸）	水資源總量（億立方米）	森林面積（萬公頃）	耕地面積（千公頃）
北京							39.5	52.1	231.7
天津							32.9	9.3	441.1
河北	78.2	2.6	882.3	1,136.6	2.0	58.3	235.5	418.3	6,317.3
山西	0.3	13,263.7		1,058.1	0.8	160.2	106.3	221.1	4,055.8
內蒙古	735.2			16,325.1	0.0	1,085.4	510.3	2,366.4	7,147.2
遼寧	44.3		140,584.0	1,879.1	0.8	525.0	547.3	512.0	4,085.3
吉林	18.0		1.1	730.7		49.1	460.5	736.6	5,534.6
黑龍江	32.8			48.2			841.4	1,927.0	11,830.1
上海							33.9	6.0	244.0
江蘇	18.2			336.0	0.1	700.5	373.3	107.5	4,763.8
浙江	19.6			519.9		803.4	1,444.8	584.4	1,920.9
安徽	13.5			14,925.8	0.2	155.8	701.0	360.1	5,730.2
福建	77.5			1,120.4		5,528.7	1,511.4	766.7	1,330.1
江西	78.8			15,280.4	0.6	3,127.8	2,174.4	973.6	2,827.1
山東	0.3	158.9	14,793.3	3.2		366.5	274.3	254.5	7,515.3
河南	45.9	15,080.2	2.1	6,021.1	0.0	22.3	265.5	336.6	7,926.4
湖北	20.5	502.9		3,933.8	8.3	460.4	813.9	578.8	4,664.1
湖南	77.3	311.4		805.2	0.2	2,021.2	1,988.9	948.2	3,789.4

表4-2(續)

	鋅礦儲量（萬噸）	鋁土礦儲量（萬噸）	菱鎂礦儲量（萬噸）	硫鐵礦儲量（萬噸）	磷礦儲量（億噸）	高嶺土儲量（萬噸）	水資源總量（億立方米）	森林面積（萬公頃）	耕地面積（千公頃）
廣東	244.0			16,226.4		5,455.9	2,026.6	874.0	2,830.7
廣西	101.1	41,529.4		837.1		15,123.2	2,087.4	1,252.5	4,217.5
海南	17.0					1,923.2	364.3	176.3	727.5
重慶	18.4	5,611.5		1,453.1		9.0	476.9	286.9	2,235.9
四川	218.6	14.4	186.5	40,991.0	3.6	56.1	2,892.4	1,659.5	5,947.4
貴州	69.0	12,628.9		5,532.7	6.9	16.1	974.0	556.9	4,485.3

表4-3　　2012年全國各省份分類資源豐裕度與地區資源豐裕度綜合指數

	石油資源豐裕度（%）	天然氣資源豐裕度（%）	煤炭資源豐裕度（%）	礦產資源豐裕度（%）	水資源豐裕度（%）	耕地資源豐裕度（%）	森林資源豐裕度（%）	地區資源豐裕度綜合指數（%）
北京	0.00	0.00	0.16	0.45	0.13	0.19	0.24	0.69
天津	1.06	0.69	0.13	0.00	0.11	0.36	0.04	1.59
河北	9.44	0.78	1.72	9.70	0.80	5.19	1.94	24.06
山西	0.00	0.00	39.52	5.54	0.36	3.33	1.03	23.69
內蒙古	2.99	20.57	17.47	6.44	1.73	5.87	10.99	49.30
遼寧	5.94	0.44	1.39	25.77	1.85	3.36	2.38	28.99
吉林	6.42	1.91	0.43	1.43	1.56	4.55	3.42	19.25
黑龍江	17.58	3.41	2.68	0.14	2.85	9.72	8.95	44.59
上海	0.00	0.00	0.00	0.00	0.11	0.20	0.03	0.09
江蘇	1.07	0.06	0.47	0.74	1.26	3.91	0.50	8.83
浙江	0.00	0.00	0.02	0.16	4.89	1.58	2.72	10.57
安徽	0.09	0.00	3.50	3.71	2.37	4.71	1.67	14.66
福建	0.00	0.00	0.19	1.56	5.12	1.09	3.56	12.01
江西	0.00	0.00	0.18	1.46	7.36	2.32	4.52	17.31
山東	12.03	0.85	3.47	3.85	0.93	6.17	1.18	23.97
河南	1.81	0.19	4.31	1.36	0.90	6.51	1.56	16.08
湖北	0.47	0.12	0.14	5.43	2.76	3.83	2.69	15.14
湖南	0.00	0.00	0.29	0.75	6.74	3.11	4.41	17.36
廣東	0.00	0.00	0.01	1.21	6.86	2.33	4.06	16.01
廣西	0.05	0.00	0.09	2.54	7.07	3.47	5.82	21.02
海南	0.10	0.00	0.05	0.37	1.23	0.60	0.82	3.15
重慶	0.06	4.75	0.86	0.40	1.62	1.84	1.33	9.28

表4－3(續)

	石油資源豐裕度(%)	天然氣資源豐裕度(%)	煤炭資源豐裕度(%)	礦產資源豐裕度(%)	水資源豐裕度(%)	耕地資源豐裕度(%)	森林資源豐裕度(%)	地區資源豐裕度綜合指數(%)
四川	0.28	23.06	2.37	14.45	9.80	4.89	7.71	50.24
貴州	0.00	0.01	3.02	3.37	3.30	3.69	2.59	14.83
雲南	0.00	0.01	2.57	4.30	5.72	4.99	8.45	27.21
西藏	0.00	0.00	0.01	0.08	14.21	0.30	6.80	23.31
陝西	11.01	15.72	4.74	1.45	1.32	3.33	3.57	30.81
甘肅	6.73	0.55	1.48	1.45	0.90	3.83	2.18	15.66
青海	2.28	3.16	0.69	0.26	3.03	0.45	1.53	9.35
寧夏	0.81	0.73	1.41	0.00	0.04	0.91	0.24	2.89
新疆	19.79	22.99	6.63	1.60	3.05	3.39	3.07	43.62

數據來源：根據國家統計局數據庫資料計算。

4.1.1.2 貧困水平的測度

對於貧困水平的測度，本書運用國家確定貧困縣的指標，即人均地區生產總值、人均財政收入和居民人均收入，其中，人均地區生產總值主要反應一個地區的綜合經濟實力，居民人均收入主要反應一個地區居民的平均收入水平，人均財政收入主要反應一個地區財政實力和財政收入質量。由於三個指標涵義不同，直接相加後的數值經濟涵義不明確，為此，本書運用綜合指數法計算收入綜合指數，用以表示貧困水平。

計算步驟：

第一，對指標進行標準化處理。

第二，運用總和合成法計算收入綜合指數。公式如下：

$$\int(x) = \sum_i w_i \times z_i$$

其中，z_i 為指標 x_i 的標準化值，w_i 為指標 x_i 的權數。本書根據國家確定貧困縣數量的方法，居民收入權重為3/4，人均地區生產總值和人均財政收入權重為1/4。把計算出的收入綜合指數與全國平均水平比較，若高於全國平均水平，則地區收入綜合指數越高，表明地區富裕程度越高；若低於全國平均水平，則地區收入綜合指數越

低，表明地區貧困程度越高。經計算，2012年，全國收入綜合指數為30%，其他各省份收入綜合指數的計算結果見表4-4。

表4-4　　　　2012年全國各省份收入綜合指數

	人均地區生產總值（元）	人均財政收入（元）	居民人均收入（元）	收入綜合指數（%）
北京	87,475	16,217.9	33,709.7	88.6
天津	93,173	12,716.9	26,748.0	68.6
河北	36,584	2,869.1	13,913.6	17.4
山西	33,628	4,209.8	13,561.3	17.2
內蒙古	63,886	6,246.0	16,583.5	31.9
遼寧	56,649	7,080.2	18,469.0	36.2
吉林	43,415	3,787.1	14,832.7	21.8
黑龍江	35,711	3,033.8	13,813.6	17.2
上海	85,373	15,839.7	37,793.2	98.3
江蘇	68,347	7,409.7	23,211.2	50.7
浙江	63,374	6,291.1	27,190.9	59.0
安徽	28,792	2,998.9	13,607.1	15.4
福建	52,763	4,756.8	20,747.7	39.4
江西	28,800	3,051.6	13,545.3	15.3
山東	51,768	4,201.9	17,997.2	31.7
河南	31,499	2,171.3	13,005.9	13.6
湖北	38,572	3,160.4	14,800.2	20.3
湖南	33,480	2,693.1	13,914.5	16.8
廣東	54,095	5,904.7	23,809.8	48.4
廣西	27,952	2,500.4	12,639.5	12.4
海南	32,377	4,642.1	14,379.0	19.5
重慶	38,914	5,810.0	16,263.5	26.4
四川	29,608	3,002.9	12,793.3	13.5

表4-4(續)

	人均地區生產總值（元）	人均財政收入（元）	居民人均收入（元）	收入綜合指數（%）
貴州	19,710	2,916.9	9,831.3	4.1
雲南	22,195	2,880.8	11,571.7	9.0
西藏	22,936	2,834.1	8,519.7	1.3
陝西	38,564	4,270.8	13,251.3	17.3
甘肅	21,978	2,024.1	9,408.6	2.7
青海	33,181	3,267.6	11,153.0	10.1
寧夏	36,394	4,105.1	13,097.3	16.4
新疆	33,796	4,092.6	11,463.3	11.8

數據來源：《2013年中國統計年鑒》

4.1.1.3 資源富集型貧困地區的識別

運用資源豐裕度和收入綜合指數繪製散點圖，可對資源富集型貧困地區進行識別。對於橫軸，各類資源豐裕度取31個截面單位的平均點3.23%，地區資源豐裕度綜合指數取全國資源豐裕度指數19.05%處；縱軸取全國收入綜合指數即30%。由此構造出「資源豐裕度－收入綜合指數」坐標系，並得到Ⅰ、Ⅱ、Ⅲ、Ⅳ四個象限（見圖4-1）。四個象限代表四類地區，其中，處於第Ⅰ象限的地區，其資源豐裕度、收入綜合指數在平均水平之上，資源豐裕度與收入水平正相關，可以認為是資源富集型相對發達地區；而處於第Ⅳ象限的地區，其資源豐裕度在平均水平之上，但收入綜合指數在平均水平之下，資源豐裕度與收入水平負相關，可以認為是資源富集型相對貧困地區；處於第Ⅱ象限的地區，其資源豐裕度較低，但收入綜合指數較高，可以認為是資源貧乏型相對發達地區；處於第Ⅲ象限的地區，其資源豐裕度、收入綜合指數較低，可以認為是資源貧乏型相對貧困地區。

(a) 石油資源豐裕度（%）

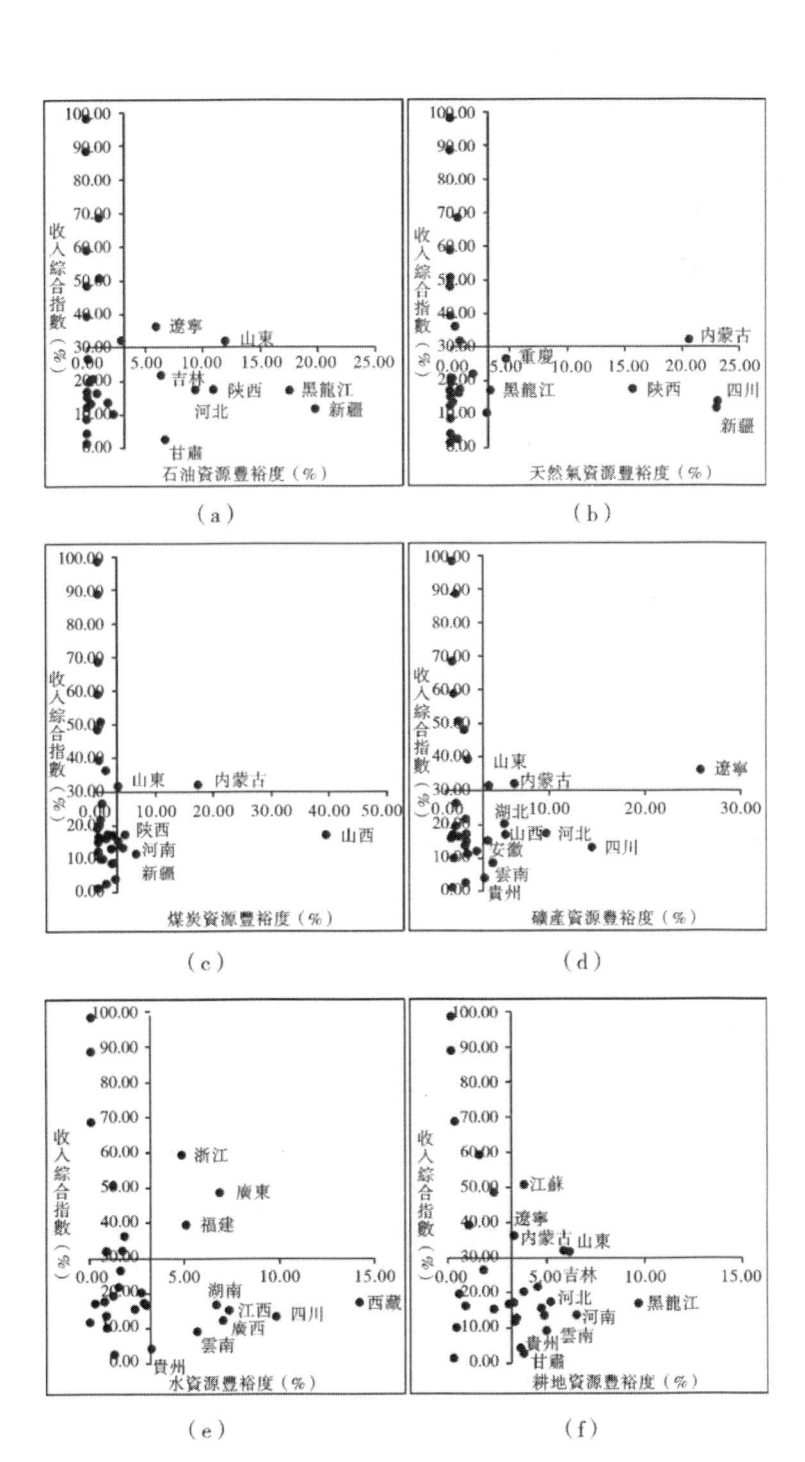

(b) 天然氣資源豐裕度（%）

(c) 煤炭資源豐裕度（%）

(d) 礦產資源豐裕度（%）

(e) 水資源豐裕度（%）

(f) 耕地資源豐裕度（%）

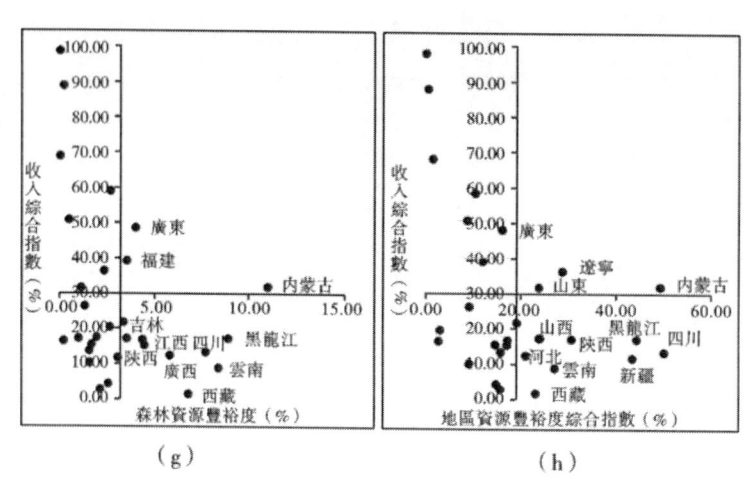

图 4-1　2012 年各省份資源豐裕度與收入綜合指數的象限圖

根據資源豐裕度－收入綜合指數的坐標圖，可以將 31 個省份劃分為資源富集型相對貧困地區、資源富集型相對發達地區、資源貧乏型相對貧困地區和資源貧乏型相對發達地區四類，見表 4-5。

表 4-5　基於資源豐裕度的資源富集型貧困地區和發達地區分布情況

資源類型	經濟相對落後地區	經濟相對發達地區
石油資源	河北、吉林、黑龍江、陝西、甘肅、新疆	遼寧、山東
天然氣資源	黑龍江、重慶、四川、陝西、新疆	內蒙古
煤炭資源	山西、河南、安徽、貴州、陝西、新疆	山東、內蒙古
礦產資源	河北、山西、安徽、湖北、四川、貴州、雲南	遼寧、山東、內蒙古

表4-5(續)

資源類型	經濟相對落後地區	經濟相對發達地區
水資源	江西、湖南、廣西、四川、貴州、雲南、西藏	浙江、福建、廣東
森林資源	吉林、黑龍江、江西、湖南、廣西、四川、雲南、西藏、陝西	內蒙古、福建、廣東
耕地資源	河北、山西、吉林、黑龍江、安徽、河南、湖北、廣西、四川、貴州、雲南、陝西、甘肅、新疆	遼寧、內蒙古、江蘇、山東
資源豐裕度綜合指數	河北、山西、吉林、黑龍江、廣西、四川、雲南、西藏、陝西、新疆	內蒙古、遼寧、山東

註：此表不含海洋資源，天津、廣東等海洋石油資源較為豐裕。

4.1.2 基於資源依賴度的識別

資源的開發利用情況是影響地區發展的主要因素，而資源的開發利用建立在資源的數量、質量基礎上。對於資源的開發利用，本書採用資源依賴度進行測度。資源依賴度在一定程度上表現了一個地區的資源豐裕程度。資源依賴度指標，現有文獻主要從資源產業的投入和產出兩個角度進行選擇，投入角度主要是資金、勞動力投入等，產出角度主要是資源產業產值、產品產量等，見表4-6。

表4-6　　現有文獻中資源依賴度的指標選取情況

分析角度	指標	文獻
投入角度	初級部門就業人數占總就業人數的比例	Gylfason①
	採礦業從業人數占全部從業人數的比重	邵帥②、劉學謙③
	能源工業固定資產投資額占固定資產總投資額的比重	韓健④
	能源部門就業人口占工業就業人口的比重	袁凱華、劉潤東⑤
產出角度	資源型產品出口占GDP的比重	Sachs和Warner⑥
	初級部門占GDP的比重	Papyrakis和Gerlagh⑦
	能源產品產量	徐康寧、王劍⑧
	能源工業產值占工業總產值的比重	鄭猛⑨

① GYLFASON. Resources, Agriculture and Economic Growth in Economics in Transition [J]. Kyklos, 2000, 53 (4): 545-580.

② 邵帥. 煤炭資源開發對中國煤炭城市經濟增長的影響——基於「資源詛咒」學說的經驗研究 [J]. 財經研究, 2010 (3): 30-101.

③ 劉學謙, 張公嵬, 等. 「資源詛咒」的傳導機制及其文化審視 [J]. 城市問題, 2013 (1): 2-8.

④ 韓建. 中國西部地區經濟增長是否存在「資源詛咒」的實證研究——基於索羅模型的分析 [J]. 探索, 2013 (5): 90-95.

⑤ 袁凱華, 劉潤東. 「資源詛咒」假說的再檢驗——基於資源豐裕與資源依賴的差異性分析 [J]. 商業時代, 2012 (35): 14-15.

⑥ SACHS JEFFREY D, ANDREW M WARNER. Natural Resources Abundance and Economic Growth [J]. NBER Working Paper, 1995.

⑦ PAPYRAKIS E, R GERLAGH. The Resource Curse Hypothesis and its Transmission Channels [J]. Journal of Comparative Economics, 2004 (32): 181-193.

⑧ 徐康寧, 王劍. 自然資源豐裕程度與經濟發展水平關係的研究 [J]. 經濟研究, 2006 (1): 78-89.

⑨ 鄭猛, 羅淳. 論能源開發對雲南經濟增長的影響——基於「資源詛咒」系數的考量 [J]. 資源科學, 2013 (5): 991-1000.

在國民經濟行業中，與資源開發直接相關的產業有第一產業和第二產業，其中，第一產業的農林牧漁業產品直接取自自然界，第二產業中的採掘業也是從自然界直接開採各種原料、燃料，並為其他各部門提供豐富的原材料的基礎性產業。因此，對應自然資源種類，基礎性的資源行業應該包括第一產業和第二產業中的採掘業，以及電力、燃氣及水的生產和供應業中的水電開發業。目前，中國的水電開發主要集中在西部地區，其他地區的電力開發多為火電開發，電力、燃氣及水的生產和供應業中分類電力開發的統計數據無法獲得，同時，第一、第二產業核算方式不同，直接將兩者統計數據相加不合理。而 R. M. Auty 也指出礦產資源豐富的國家比耕地資源豐裕的國家「資源詛咒」現象更突出，程度也更大。① 為保證統計口徑的一致性和統計數據的可獲取性，本書採用採掘業產值占工業總產值的比重來表示一個地區的資源依賴度。由於採掘業對應的主要是石油資源、天然氣資源、煤炭資源和礦產資源，因此，本書所計算的資源依賴度主要衡量某個地區對這四種資源的依賴程度。

2000 年以來，中國區域經濟政策從區域不均衡發展向區域協調均衡發展轉變，經濟發展和扶貧開發均進入一個新的發展階段，為此，本書的分析時間設定在 2000—2012 年。除 2004 年採掘業和工業總產值數據取自《中國經濟普查年鑒 2004》外，其他數據主要來源於《中國工業經濟統計年鑒》，由此計算 2000—2012 年各地區資源平均依賴度，見表 4-7。

---

① AUTY R M. Sustaining development in mineral Economics: The Resource Curse [M]. London: New York Routledge, 1993: 46-72.

表4-7　　　　　　全國31個省份資源平均依賴度

地區	資源平均依賴度（%）	地區	資源平均依賴度（%）
北京	3.48	湖北	3.12
天津	8.43	湖南	5.88
河北	8.50	廣東	1.64
山西	30.98	廣西	3.54
內蒙古	18.89	海南	3.57
遼寧	7.00	重慶	3.47
吉林	6.77	四川	7.65
黑龍江	31.75	貴州	10.73
上海	0.15	雲南	6.44
江蘇	0.80	西藏	19.19
浙江	0.36	陝西	23.76
安徽	6.71	甘肅	11.72
福建	1.73	青海	28.18
江西	5.71	寧夏	14.02
山東	7.03	新疆	33.35
河南	11.24		

數據來源：經《中國工業經濟統計年鑒》（2000—2012）和《中國經濟普查年鑒2004》數據計算所得。

利用資源依賴度和收入綜合指數繪製散點圖。資源平均依賴度橫軸取全國平均水平6.12%；縱軸取全國收入綜合指數即30%，構造出「資源平均依賴度－收入綜合指數」坐標系，並得到Ⅰ、Ⅱ、Ⅲ、Ⅳ四個象限。其中，處於第Ⅰ象限的地區，其資源平均依賴度、收入綜合指數在全國平均水平之上，可以認為是資源富集發達地區；處於第Ⅳ象限的地區，其資源豐裕

度在全國平均水平之上，但收入綜合指數在全國平均水平之下，可以認為是資源富集型貧困地區；處於第Ⅱ象限的地區，其資源依賴度較低，但收入綜合指數較高，可以認為是資源貧乏型發達地區；處於第Ⅲ象限的地區，其資源依賴度、收入綜合指數均較低，可以認為是資源貧乏型貧困地區。如圖4-2所示。

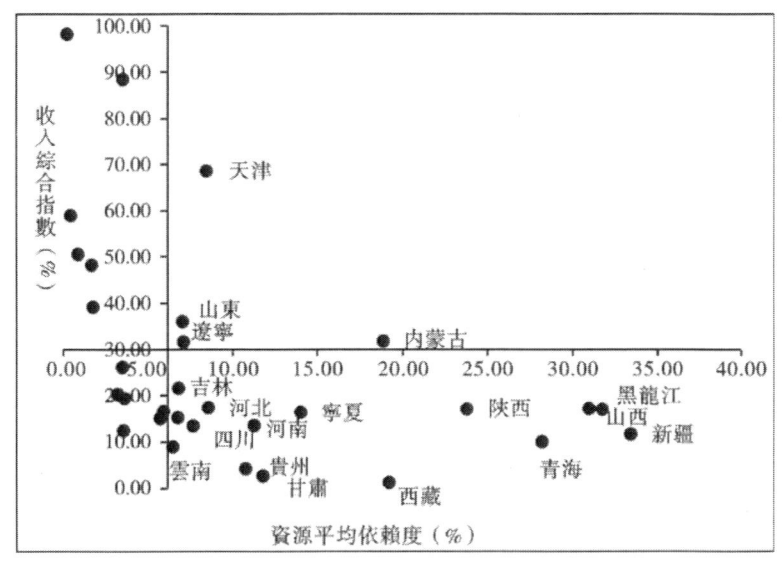

圖4-2 各省份資源依賴度與收入綜合指數的象限圖

根據「資源依賴度-收入綜合指數」的坐標圖，可以劃分資源富集型貧困地區、資源富集型發達地區，見表4-8。

表4-8 基於資源依賴度的資源富集型貧困地區和
　　　　發達地區分布情況

經濟相對落後地區	經濟相對發達地區
河北、山西、吉林、黑龍江、安徽、河南、四川、貴州、雲南、西藏、陝西、甘肅、青海、寧夏、新疆	天津、內蒙古、遼寧、山東

綜合表4-5和表4-8可以看出，資源豐裕度較高的地區資

源依賴度也較高，而個別省市石油、天然氣、煤炭和礦產資源豐裕度不高，但資源依賴度較高，這些地區仍然受「資源詛咒」的影響，因此，基於資源依賴度劃分資源富集型貧困地區和發達地區基本合理。從地區分布看，上述 15 個資源富集型貧困地區主要集中在西部、中部和東北部地區。在 2012 年國家公布的國家扶貧開發重點縣中，上述 15 個省市有貧困縣 448 個，占總數的 75.7%。在 2013 年國家公布的全國資源型城市中，上述 15 個省市有資源型城市 149 個，占總數的 56.9%。

4.2 資源富集型貧困地區的基本表徵

4.2.1 貧困人口多

國家扶貧辦的資料顯示，截至 2013 年年底，按照中國扶貧標準，中國農村貧困人口有 8,249 萬，其中，河南、四川、貴州、雲南等 6 個省份的貧困人口達 500 萬以上，安徽、陝西、甘肅等省的貧困人口也都在 400 萬以上。從貧困發生率看，貴州、西藏、甘肅貧困發生率超過 20%，山西、雲南、陝西、青海、寧夏、新疆等地貧困發生率也超過 10%，遠高於全國平均水平。

4.2.2 經濟發展水平較低

資源富集型貧困地區經濟發展水平較低，主要表現在人均地區生產總值較低。2013 年，除吉林人均地區生產總值達 47,191 元，陝西人均地區生產總值為 42,692 元，基本達到全國平均水平外，其餘 14 個省份人均地區生產總值均不足全國平均水平，其中，貴州、雲南、西藏、甘肅不足 30,000 元。而相對應的，天津人均地區生產總值高達 99,607 元，內蒙古、遼寧、

山東人均地區生產總值也分別達67,498元、61,686元和56,323元。

4.2.3 居民收入低

資源富集型貧困地區居民收入較低，差距較大。2013年，貴州、甘肅農村居民人均純收入不足6,000元，雲南、西藏、陝西、青海和寧夏5省不足7,000元，山西、四川、新疆3省不足8,000元，而天津、遼寧、山東已分別達15,841元、10,523元和10,620元。2013年，黑龍江、甘肅、青海和新疆4省份城鎮居民人均可支配收入不足20,000元，而天津已達30,000元。同時，2013年，山西、貴州、雲南、西藏、陝西、甘肅、青海、寧夏8省城鄉居民收入比大於全國3.0的平均水平，城鄉收入差距有進一步拉大的趨勢。

4.2.4 財政收入低

資源富集型貧困地區地方財政一般預算收入和人均地方財政一般預算收入均較低。2013年年底，西藏地方公共財政收入僅為95億元，甘肅、青海、寧夏不足1,000億元，而山東、遼寧已分別突破4,000億元和3,000億元。2013年，河南、甘肅等省（區）人均地方財政一般預算收入不足3,000元，而天津已達14,124.1元，內蒙古、遼寧也分別達6,889.4元和7,616.9元。

2013年資源富集型貧困地區的基本表徵如表4-9所示。

表4-9　2013年資源富集型貧困地區的基本表徵

地區	人均地區生產總值（元）	農民人均純收入（元）	城鎮居民人均可支配收入（元）	貧困人口（萬人）	貧困發生率（％）
全國	41,908	8,896	26,955	8,249	8.5

表4-9(續)

地區	人均地區生產總值（元）	農民人均純收入（元）	城鎮居民人均可支配收入（元）	貧困人口（萬人）	貧困發生率（％）
北京	93,213	18,338	40,321	—	—
天津	99,607	15,841	32,294	—	—
河北	38,716	9,102	22,580	366	6.5
山西	34,813	7,154	22,456	299	12.4
內蒙古	67,498	8,596	25,497	114	8.5
遼寧	61,686	10,523	25,578	126	5.4
吉林	47,191	9,621	22,275	89	5.9
黑龍江	37,509	9,634	19,597	111	5.9
上海	90,092	19,595	43,851	—	—
江蘇	74,607	13,598	32,538	95	2
浙江	68,462	16,106	37,851	72	1.9
安徽	31,684	8,098	23,114	440	8.2
福建	57,856	11,184	30,816	73	2.6
江西	31,771	8,782	21,873	328	9.2
山東	56,323	10,620	28,264	264	3.7
河南	34,174	8,475	22,398	639	7.9
湖北	42,613	8,867	22,906	323	8.0
湖南	36,763	8,372	23,414	640	11.2
廣東	58,540	11,669	33,090	115	1.7
廣西	30,588	6,791	23,305	634	14.9
海南	35,317	8,343	22,929	60	10.3
重慶	42,795	8,332	25,216	139	6.0
四川	32,454	7,895	22,368	602	8.6
貴州	22,922	5,434	20,667	745	21.3

表4-9(續)

地區	人均地區生產總值（元）	農民人均純收入（元）	城鎮居民人均可支配收入（元）	貧困人口（萬人）	貧困發生率（%）
雲南	25,083	6,141	23,236	661	17.8
西藏	26,068	6,578	20,023	72	28.8
陝西	42,692	6,503	22,858	410	15.1
甘肅	24,297	5,108	18,965	496	23.8
青海	36,510	6,196	19,499	63	16.4
寧夏	39,420	6,931	21,833	51	12.5
新疆	37,181	7,297	19,874	222	19.8

數據來源：《2014年中國統計年鑒》；貧困人口和貧困發生率數據來源於《國務院扶貧辦關於印發＜扶貧開發建檔立卡工作方案＞的通知》（國開辦發〔2014〕24號）

4.3 省級層面資源富集型貧困地區資源富集與經濟發展的關係檢驗

4.3.1 模型設定

當前對於「資源詛咒」的研究主要基於對資源與經濟增長的相互關係的分析，其中，對經濟增長的度量常選用的指標是地區生產總值或地區生產總值增長率。但事實上，有些地區經濟總量大、經濟增速快，但經濟質量不高，人均地區生產總值、居民收入等較低，這同樣也是「資源詛咒」的重要表現。為此，本書對資源與經濟發展的關係檢驗模型進行了修正，用衡量一個地區經濟發展水平的指標來替換過去表現經濟增長的地區生產總值指標。目前，在中國現行統計指標體系中，最常用的衡量地區經濟發展質量的指標主要是人均地區生產總值。此外，

聯合國開發計劃署（UNDP）創立了聯合國人類發展指數（human development index，簡稱 HDI），用以衡量聯合國各成員國經濟社會發展水平。HDI 主要包括三個指標：預期壽命、成人識字率和實際人均 GDP。中國統計學會根據科學發展觀的內涵和要求創立了地區綜合發展指數（comprehensive development index，簡稱 CDI），包括經濟發展、民生改善、社會發展、生態建設、科技創新和公眾評價在內的 45 個指標。指標較為全面，但可獲取性較差。同時，在「唯 GDP」幹部政績考核製度下，各地區經濟增長速度差異不大，用經濟增長速度指標進行檢驗不能表現地區經濟發展的真實情況。經考量，本書選取較容易獲取的人均地區生產總值指標衡量地區經濟發展情況。

為了對資源富集型貧困地區資源與經濟發展的關係進行驗證，本書構建省級層面計量模型，如下所示：

$$Y_t^i = \alpha_0 + \alpha_1 R_t^i + \alpha_2 Z_t^i + \varepsilon_t^i$$

其中，上標 i 表示各省級截面單位，下標 t 表示年份，α_0 為常數項，Y 表示經濟發展質量，R 表示資源依賴度，α_0、α_1、α_2 表示各變量的系數，ε 為隨機擾動項。Z 為影響經濟發展的其他解釋變量。本書從生產要素和市場要素的角度假設影響經濟發展的其他解釋變量主要包括資金資本投入（K）、人力資本投入（H）、技術投入（RD）以及市場化程度（Ma）和對外開放程度（Op）。

迴歸方程為：

$$Y_t^i = \alpha_0 + \alpha_1 R_t^i + \beta_1 K_t^i + \beta_2 H_t^i + \beta_3 RD_t^i + \beta_4 Ma_t^i + \beta_5 Op_t^i + \varepsilon_t^i$$

若 $\alpha_1 < 1$，則說明豐裕的自然資源阻礙了經濟增長，存在「資源詛咒」現象。β_1、β_2、β_3、β_4、β_5 分別表示資金資本投入、人力資本投入、技術投入、市場化程度和對外開放水平對經濟發展水平的影響程度。

4.3.2 參數選擇

將全國 31 個省市、15 個資源富集型貧困地區和 4 個資源富集型發達地區分別作為研究對象進行對比分析，檢驗資源富集型貧困地區資源與經濟發展的關係。鑒於分析對象的完整性、統計口徑的統一性，本書計量模型的時間區間確定為 2000—2012 年。

具體指標設定如下：

Y 表示經濟發展質量，用人均地區生產總值衡量。人均地區生產總值是目前統計指標體系中衡量經濟發展質量最基本的指標，且資料可獲取性較好。

R 表示資源依賴度。採掘業包括煤炭開採和洗選業、石油和天然氣開採業、黑色金屬礦採選業、有色金屬礦採選業、非金屬礦採選業、其他採礦業。這些行業均是與石油、天然氣、金屬和非金屬礦等不可再生資源聯繫最為緊密的行業，其開採完全取決於資源的儲量和可得性，因此資源依賴度即採掘業產值占工業總產值的比重，既能很好地表現資源豐裕情況，也能表現資源依賴情況。

K 表示資金資本投入，用人均全社會固定資產投資表示。

H 表示人力資本投入，用平均受教育年限表示。

RD 表示技術投入，用 $R\&D$ 經費支出表示。

Ma 表示市場化程度，用非公有制經濟占比表示。

Op 表示對外開放水平，用外貿依存度表示。外貿依存度為一個地區進出口總額占地區生產總值的比重。

4.3.3 結果分析

4.3.3.1 對 31 個省份的檢驗

第一步：單位根檢驗。

為了確保估計結果的有效性，避免偽迴歸，需要檢驗各面板序列數據的平穩性。運用 Eviews 軟件進行單位根檢驗，本書所用面板數據的所有序列均為一階差分平穩。

第二步：協整檢驗。

協整檢驗是為了考察變量間長期均衡關係。若變量序列通過了協整檢驗，則變量間存在長期穩定的均衡關係，在此基礎上對原方程進行迴歸，迴歸結果較為精確。運用 Eviews 軟件進行檢驗，本書變量序列通過了協整檢驗。

第三步：確定迴歸模型。

本書通過 F 檢驗確定面板模型。

F 檢驗統計量：

$$F_1 = \frac{(S_2 - S_1) / [(N-1)K]}{S_1 / [NT - N(K+1)]}$$
$$\sim F[N-1]K, N(T-K-1)$$

$$F_2 = \frac{(S_3 - S_1) / [(N-1)(K+1)]}{S_1 / [NT - N(K+1)]}$$
$$\sim F[(N-1)(K+1), N(T-K-1)]$$

用 F 統計量來檢驗一下兩個假設：

$H_1: \beta_1 = \beta_2 = \cdots = \beta_N$，$H_2: \alpha_1 = \alpha_2 = \cdots a_N, \beta_1 = \beta_2 = \cdots \beta_N$

其中，$S1$、$S2$、$S3$ 分別為變系數模型、變截距模型和混合模型的殘差平方和，K 為解釋變量的個數，N 為截面個體數量，α 為常數項，β 為系數向量。若 F_2 < 顯著性水平下的相應臨界值，則用混合模型擬合樣本，反之，則需用 F_1 檢驗假設 H_1；若 F_1 < 顯著性水平下的相應臨界值，則認為接受假設 H_1，用變截距模型擬合，否則用變系數模型擬合。

運用 Eviews 軟件分別對面板數據進行 3 種類型模型的迴歸，經 F 檢驗，最終確定使用混合模型迴歸。

迴歸結果見表 4-10。

表 4 - 10　　　　對 31 個省份檢驗的迴歸結果

Dependent Variable: Y?

Method: Pooled Least Squares

Date: 12/13/14　Time: 14: 43

Sample: 2000, 2012

Included observations: 13

Cross - sections included: 31

Total pool (balanced) observations: 403

Variable	Coefficient	Std. Error	t - Statistic	Prob.
C	3.605,170	0.170,951	21.088,88	0.000,0
R?	-0.232,839	0.084,095	-2.768,740	0.005,9
K?	0.554,389	0.015,924	34.815,43	0.000,0
H?	-0.281,182	0.074,461	-3.776,222	0.000,2
MA?	1.030,817	0.112,207	9.186,705	0.000,0
OP?	0.254,311	0.040,282	6.313,241	0.000,0
RD?	0.168,073	0.011,830	14.207,42	0.000,0
R - squared	0.967,368	Mean dependent var		9.708,337
Adjusted R - squared	0.966,874	S. D. dependent var		0.745,488
S. E. of regression	0.135,683	Akaike info criterion		-1.139,772
Sum squared resid	7.290,322	Schwarz criterion		-1.070,312
Log likelihood	236.664,1	Hannan - Quinn criter.		-1.112,273
F - statistic	1,956.576	Durbin - Watson stat		0.222,685
Prob (F - statistic)	0.000,000			

　　從結果看，資源依賴度 R 的系數 α_1 = -0.232,839 < 0，R^2 = 0.967,368，各變量系數的 t 值均大於 2，結果顯著，表明在中國省級層面上資源依賴度與經濟發展水平負相關。

4.3.3.2 對15個資源富集型貧困地區的檢驗

計算方法和步驟同4.3.3.1。

迴歸結果見表4-11。

表4-11 對15個資源富集型貧困地區檢驗的迴歸結果

Dependent Variable：Y?
Method：Pooled Least Squares
Date：12/13/14　Time：15：02
Sample：2000，2012
Included observations：13
Cross-sections included：15
Total pool (balanced) observations：195

Variable	Coefficient	Std. Error	t-Statistic	Prob.
C	3.675,562	0.247,556	14.847,39	0.000,0
R?	-0.009,278	0.115,766	-0.080,146	0.936,2
K?	0.552,354	0.022,622	24.416,96	0.000,0
H?	-0.334,995	0.104,632	-3.201,644	0.001,6
MA?	0.900,313	0.182,338	4.937,613	0.000,0
OP?	0.362,558	0.252,722	1.434,615	0.153,1
RD?	0.176,181	0.020,068	8.779,171	0.000,0

R-squared	0.952,017	Mean dependent var	9.407,795
Adjusted R-squared	0.950,486	S. D. dependent var	0.624,883
S. E. of regression	0.139,048	Akaike info criterion	-1.072,756
Sum squared resid	3.634,863	Schwarz criterion	-0.955,264
Log likelihood	111.593,7	Hannan-Quinn criter.	-1.025,185
F-statistic	621.674,1	Durbin-Watson stat	0.243,159
Prob (F-statistic)	0.000,000		

從結果看，資源依賴度 R 的系數 $\alpha_1 = -0.009,278 < 0$，

$R^2 = 0.952,017$，結果顯著，表明 15 個資源富集型相對貧困地區資源富集與經濟發展水平負相關。

4.3.3.3 對 4 個資源富集型發達地區的檢驗

計算方法和步驟同 4.3.3.1。

迴歸結果見表 4-12。

表 4-12 對 4 個資源富集型發達地區檢驗的迴歸結果

Dependent Variable: Y?
Method: Pooled Least Squares
Date: 12/13/14   Time: 15: 06
Sample: 2000, 2012
Included observations: 13
Cross - sections included: 4
Total pool (balanced) observations: 52

Variable	Coefficient	Std. Error	t - Statistic	Prob.
C	5.063,155	0.579,495	8.737,187	0.000,0
R?	0.806,918	0.407,454	1.980,391	0.053,8
K?	0.469,549	0.053,163	8.832,245	0.000,0
H?	-0.724,810	0.381,611	-1.899,341	0.063,9
MA?	0.393,323	0.238,892	1.646,447	0.106,6
OP?	-0.265,612	0.108,494	-2.448,171	0.018,3
RD?	0.297,098	0.026,479	11.220,36	0.000,0
R - squared	0.988,045	Mean dependent var		10.153,65
Adjusted R - squared	0.986,451	S. D. dependent var		0.682,708
S. E. of regression	0.079,466	Akaike info criterion		-2.102,326
Sum squared resid	0.284,168	Schwarz criterion		-1.839,659
Log likelihood	61.660,49	Hannan - Quinn criter.		-2.001,626
F - statistic	619.874,3	Durbin - Watson stat		0.468,138
Prob (F - statistic)	0.000,000			

從結果看，資源依賴度 R 的系數 $\alpha_1 = 0.806,918 > 0$，$R^2 = 0.988,045$，結果顯著，表明在資源富集型相對發達地區，資源對經濟為促進作用。

4.4 市縣級層面資源富集型貧困地區識別和檢驗——以四川為例

資源分布和「資源詛咒」的地區差異，不僅在各省（市、區）之間存在，也在省（市、區）內各市（州）、市（州）內各縣（市、區）廣泛存在，即使是上述省級層面的資源富集型發達地區，也可能存在資源富集型貧困市或資源富集型貧困縣。目前，中國對於貧困地區的劃分已瞄準於縣，資源富集型貧困地區的劃分也應以縣為單位。但由於中國統計製度還不夠完善，縣級單位的指標收集較為困難，本書以四川為例進行簡要分析。

4.4.1 四川省市級層面資源富集型貧困地區的檢驗

4.4.1.1 四川省資源富集型貧困地區的識別

前文已分析得出，從省級層面看，四川屬於資源富集型貧困地區。從省內看，四川區域發展不平衡，成都市作為西部重要的經濟、文化、金融中心，已率先進入工業化後期發展階段，經濟較為發達，顯然不屬於貧困地區；但四川區域性貧困特徵顯著，巴中、甘孜等 7 個市州仍處於工業化前期發展階段，發展相對滯後，攀西大小涼山彝區、川西北高原藏區、川北秦巴山區、川南烏蒙山四大連片貧困區，是四川貧困人口相對集中、貧困程度最深的地區。為此，有必要對四川省的 21 個市（州）進行識別。

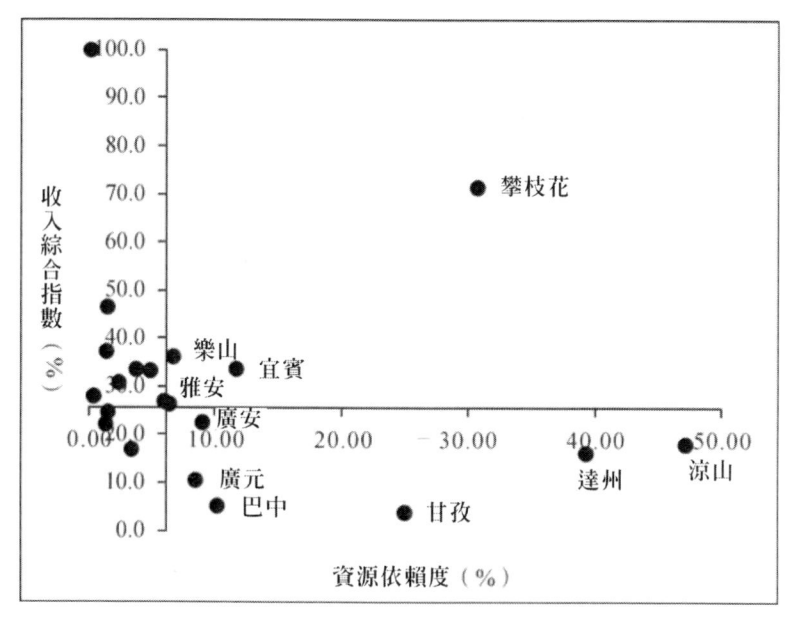

从指标的获取性看，各市（州）的资源储量数据不易获得，无法计算各市（州）各种资源的丰裕度。从上文的分析看，资源丰裕度较高的地区资源依赖度也往往较高，用资源依赖度划分资源富集型发达地区和贫困地区基本合理。为此，鉴于数据的可获取性，本书通过计算 2000—2013 年四川省 21 个市（州）的收入综合指数和资源依赖度，建立「收入综合指数 - 资源依赖度」坐标轴，见图 4-3。

图 4-3　四川省资源富集型贫困地区的识别

根据图 4-3，可以划分出四川的资源富集型贫困地区和资源富集型发达地区，见表 4-13。

表4-13　四川省資源富集型貧困地區和發達地區分布情況

經濟相對落後地區	經濟相對發達地區
涼山、達州、甘孜、廣安、巴中、廣元	攀枝花、宜賓、樂山、雅安

4.4.1.2　四川資源富集型貧困地區資源與經濟發展的關係檢驗

為了驗證四川資源富集型貧困地區資源與經濟發展的關係，本書構建市級層面的面板計量模型，時間區間確定為2000—2013年。如下所示：

$$Y_t^i = \alpha_0 + \alpha_1 R_t^i + \beta_1 K_t^i + \beta_2 H_t^i + \beta_3 RD_t^i + \beta_4 Ma_t^i + \beta_5 Op_t^i + \varepsilon_t^i$$

其中，α_1、β_1、β_2、β_3、β_4、β_5分別表示資源依賴度、資金資本投入、人力資本投入、技術投入、市場化程度、對外依存度對經濟發展的影響程度。若$\alpha_1 < 0$，則說明資源與經濟發展水平負相關，對豐裕的自然資源的依賴阻礙了經濟發展。由於部分年份的技術投入、市場化程度和對外依存度指標缺失，為保證數據的可靠性，在進行驗證分析時，做了刪減。

具體指標設定如下：

Y表示經濟發展水平，用人均地區生產總值衡量。

R表示資源依賴度，用採掘業產值占工業總產值的比重表示。

K表示資金資本投入，用人均全社會固定資產投資表示。

H表示人力資本投入，用平均受教育年限表示。

（1）6個資源富集型貧困地區的迴歸結果如表4-14所示。

表 4-14　　6 個資源富集型貧困地區的迴歸結果

Dependent Variable: Y?

Method: Pooled Least Squares

Date: 12/08/14　Time: 15: 18

Sample: 2000, 2013

Included observations: 14

Cross - sections included: 6

Total pool (balanced) observations: 84

Variable	Coefficient	Std. Error	t - Statistic	Prob.
C	2.635,138	0.394,712	6.676,098	0.000,0
R?	-0.121,394	0.061,064	-1.987,992	0.050,2
K?	0.512,709	0.026,187	19.578,99	0.000,0
H?	0.835,192	0.177,768	4.698,205	0.000,0
R - squared	0.897,155	Mean dependent var		8.921,992
Adjusted R - squared	0.893,298	S. D. dependent var		0.673,907
S. E. of regression	0.220,133	Akaike info criterion		-0.142,719
Sum squared resid	3.876,694	Schwarz criterion		-0.026,966
Log likelihood	9.994,189	Hannan - Quinn criter.		-0.096,187
F - statistic	232.622,8	Durbin - Watson stat		0.181,843
Prob (F - statistic)	0.000,000			

　　從 6 個資源富集型貧困地區看，資源依賴度 R 的系數 $\alpha_1 = -0.121,394 < 0$，$R^2 = 0.897,155$，結果基本顯著，表明資源依賴度與經濟發展水平負相關。

　　（2）4 個資源富集型發達地區的迴歸結果如表 4-15 所示。

表 4-15　　4 個資源富集型發達地區的迴歸結果

Dependent Variable: Y?

Method: Pooled Least Squares

Date: 12/08/14　Time: 15: 03

Sample: 2000, 2013

Included observations: 14

Cross - sections included: 4

Total pool (balanced) observations: 56

Variable	Coefficient	Std. Error	t - Statistic	Prob.
C	-0.026,239	2.129,388	-0.012,322	0.990,2
R?	0.205,694	0.089,083	2.309,020	0.024,9
K?	0.499,373	0.090,722	5.504,427	0.000,0
H?	2.243,087	1.331,459	1.684,683	0.098,0
R - squared	0.903,420	Mean dependent var		9.543,640
Adjusted R - squared	0.897,849	S. D. dependent var		0.760,066
S. E. of regression	0.242,926	Akaike info criterion		0.076,628
Sum squared resid	3.068,675	Schwarz criterion		0.221,296
Log likelihood	1.854,406	Hannan - Quinn criter.		0.132,716
F - statistic	162.138,8	Durbin - Watson stat		0.150,490
Prob (F - statistic)	0.000,000			

　　從 4 個資源富集型發達地區看，資源依賴度 R 的系數 α_1 = 0.205,505 > 0，R^2 = 0.903,420，結果基本顯著，表明資源對經濟發展有促進作用。

4.4.2　四川省縣級層面資源富集型貧困地區的初步識別

　　由於縣級層面資源指標收集較為困難，無法對四川 183 個

區縣一一進行分析。從四川省市級層面的驗證來看，涼山、達州、甘孜、廣安、巴中、廣元6個市（州）為四川省的資源富集型貧困市（州）。其中，涼山州是四川省資源較為富集的地區，水能資源可開發總量達6,387萬千瓦，占全國水能資源可開發量的15%；礦產資源中現已發現的礦產種類達103種，釩鈦磁鐵礦（包括釩、鈦）、銅礦、鉛鋅礦等在四川省乃至西部和全國均佔有重要地位。但同時，涼山州所轄17個縣（市、區），國家級貧困縣（市、區）有11個，約占全省國家級貧困縣總數的1/3，是四川貧困面積最大、貧困程度最深、扶貧攻堅難度最大的特困地區之一。近年來，涼山州強力推進工業強州戰略，2011年地區生產總值突破千億大關，位居全省第7，地區生產總值年均增速居全省第2位，財政收入總量居全省第2位。然而，與資源富集和經濟高速增長相對應的是涼山州資源高依賴度、深度貧困和經濟低質量，涼山州經濟發展明顯偏向初級化，資源型產業工業產值占全州工業總產值的80%以上；2013年，農村居民人均純收入為7,359元，居全省第17位；城鎮人均可支配收入為21,699.5元，居全省第13位，「資源詛咒」現象突出。

為此，本書以涼山州為例，對縣級層面的資源富集型貧困地區進行識別，計算涼山州17個縣（市、區）的收入綜合指數和資源依賴度，建立「收入綜合指數－資源依賴度」坐標軸。

涼山州資源富集型貧困地區的識別如圖4-4所示。

從圖4-4中可以看出，在涼山州11個國家扶貧開發重點縣中，金陽、布拖、木里等9個縣為資源富集型貧困縣，普格、美姑為資源貧乏型貧困縣。

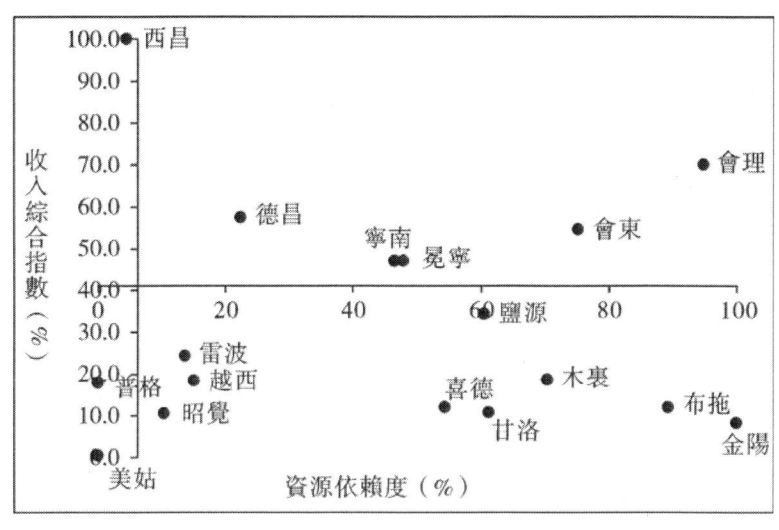

圖 4-4　涼山州資源富集型貧困地區的識別

4.5　小結

　　對資源富集型貧困地區的識別，首先需要對資源富集程度和貧困程度進行度量。對於資源富集程度的度量主要有資源豐裕度和資源依賴度兩個指標，目前，學術界對這兩個指標還沒有統一的計算公式和計算方法。本書是在全國範圍內識別資源富集型貧困地區，因此，可採用地區資源量占全國資源總量的比重、地區資源產業產值占全國資源產業產值的比重來分別度量地區的資源豐裕度和資源依賴度。對於貧困程度的度量，本書採用國家確定貧困縣的指標，即人均地區生產總值、人均財政收入和居民人均收入，計算收入綜合指數，用以表示貧困水平。對於資源富集程度和貧困程度的計算，運用不同的計算方法、不同的指標可能會得出不同的結論，但在現行統計製度下，

本書的計算方法是比較理想的方法。

　　資源富集型貧困地區的形成，實際就是受到「資源詛咒」的重要表現。本書對省級層面和市級層面的資源富集型貧困地區資源與經濟發展的關係進行了計量分析，並對過去的「資源詛咒」存在性檢驗模型進行了修正，用衡量一個地區經濟發展水平的指標來替換過去表現經濟增長的地區生產總值指標或地區生產總值增長速度指標。計算結果表明，2000—2012年，資源富集型貧困地區的資源依賴度與經濟發展水平負相關，對富集資源的依賴沒有促進經濟社會的發展。

　　縣域經濟是一種縣級行政區劃型的區域經濟，是具有完整的經濟結構、功能相對完備的區域經濟形態，是國民經濟極其重要的微觀組成部分。由於資源分布的差異性和資源的可獲得性不同，不同縣級單位發展基礎不同，發展現狀不同，對於貧困地區的扶貧開發工作不能做統一安排，而是應該考慮不同貧困縣的資源稟賦和發展基礎，制定不同的扶貧開發戰略，實施不同的扶貧開發政策。由於市、縣兩級數據收集較為困難，本書只嘗試對四川省及涼山州進行分析，在劃分標準上可能會存在一定的偏差。例如，本書在對市級層面進行識別時，收入綜合指數以全省平均水平為標準，對縣級層面進行識別時，收入綜合指數以全州平均水平為標準。從省級層面和市級層面的分析來看，四川省在省級層面屬於貧困地區，涼山州在市級層面屬於貧困地區，其收入均低於全國平均水平。若以四川省和涼山州的收入綜合指數為標準來劃分資源富集型貧困地區，則有可能造成識別誤差。要保證分析結果的可靠性，縣域經濟應為資源富集型貧困問題的分析主體，劃分全國資源富集型貧困縣應以全國2,853個縣級單位為基礎，並以全國收入綜合指數為標準進行分析。

5 資源富集型貧困地區發展困境的形成機制與實證檢驗

要擺脫資源富集型貧困地區的發展困境，需要對形成發展困境的根源進行深層次分析。學術界對於某些國家和地區遭受「資源詛咒」的原因更多是從宏觀經濟層面進行分析，認為「資源詛咒」的主要原因在於對資源產業的過分依賴及其後續影響、國際貿易中處於不利地位，而對為何出現資源依賴和處於國際貿易弱勢則沒有進行深入分析。中國資源富集型貧困地區的形成和某些國家有一些共性，但也有區別於其他國家的因素，為此，本章力求對中國資源富集型貧困地區發展困境形成的影響因素及其影響機理做系統分析。

5.1 資源富集型貧困地區發展困境形成的製度因素

部分專家學者將製度經濟學理論應用到了「資源詛咒」假說中，認為不是資源對地區經濟發展產生了詛咒，而是製度阻礙了一個地區的發展。從中國資源富集型貧困地區的形成來看，製度因素是影響資源富集型貧困地區發展的一個重要原因。

5.1.1 缺乏正確的資源觀

5.1.1.1 對資源的保護意識不強

對於資源特別是戰略資源的重要性的認識不足，對資源問題同國家安全的關係認識不足。長期以來，基於唯 GDP 政績考核觀，多數地方政府領導缺乏對資源進行保護的觀念，對自然資源重開發、輕保護，導致資源開發中以採代探、過度開採的現象比較普遍。

5.1.1.2 對資源的價值認識不足

長期以來對勞動價值論的片面理解，對自然資源價值的忽

視，形成了自然資源無價論，自然資源被視作取之不盡用之不竭的東西，被認為是沒有價值和價格的。自然資源無價論及其在理論、政策上的表現，導致資源的無償佔有、掠奪性開發和浪費，造成資源枯竭、生態破壞和環境惡化。

5.1.1.3 對資源的系統性認識不足

人、資源、環境在生態系統中相互影響、緊密關聯，從而達到系統的動態平衡。缺乏對資源系統性的認識，可能會造成系統的失衡，如上游的資源開發，不僅會影響上游的生態環境，也會影響下游的生態環境。

5.1.1.4 對資源開發的管理認識不足

資源開發者、使用者對資源開發管理的法律意識較為淡薄，而中國資源開發管理如資源定價機制、資源開發稅費製度等製度建設起步也較晚，資源綜合利用、節約使用等方面長期無法可依，產生了較為突出的資源環境問題。

5.1.2 缺乏科學的政績考評製度

由於缺乏正確的資源觀，中國長期存在片面追求經濟增長速度的政績觀和偏重於經濟指標的政績考評體系。如四川省有3套縣域經濟評價考核辦法，即縣域經濟發展獎勵考核辦法、擴權強縣試點考核辦法和縣域經濟發展綜合評價辦法，評價指標均為經濟指標。其中，縣域經濟發展獎勵考核辦法的評價指標有4個，地區生產總值增速、稅收收入增速、城鎮居民人均可支配收入增速和農民人均收入增速；擴權強縣試點考核辦法的評價指標為規模以上工業增加值、民營經濟增加值、地方財政收入、地區生產總值增速、城鎮居民人均可支配收入增速和農民人均純收入增速；縣域經濟發展綜合評價辦法已實施了20年，影響最大，其評價指標為反應經濟規模、發展水平、經濟結構、發展速度和經濟效益的指標，共計30個，見表5-1。由

於評價指標偏重於經濟指標，且偏重於規模和增速，使得各地不考慮其發展基礎、生態環境，均提出了工業強市、工業強縣等發展目標，造成了資源的過度開發、嚴重浪費和生態的嚴重破壞，使得貧困地區處於長期貧困之中，與發達地區的差距越來越大。

表5-1　　　　　　　　四川縣域經濟考核體系

考核製度名稱	考核指標體系
縣域經濟發展獎勵考核辦法	地區生產總值增速、稅收收入增速、城鎮居民人均可支配收入增速和農民人均收入增速
擴權強縣試點考核辦法	規模以上工業增加值、民營經濟增加值、地方財政收入、地區生產總值增速、城鎮居民人均可支配收入增速和農民人均純收入增速
縣域經濟發展綜合評價辦法	經濟規模：地區生產總值、第一產業增加值、全部工業增加值、第三產業增加值、規模以上工業企業利稅總額、全省固定資產投資、社會消費品零售總額、地方公共財政收入 發展水平：人均地區生產總值、人均消費品零售額、人均地方公共財政收入、城鎮居民人均可支配收入、農民人均純收入、城鄉居民人均儲蓄存款餘額 經濟結構：第二產業增加值占地區生產總值的比重、第三產業增加值占地區生產總值的比重、地方公共財政收入占地區生產總值的比重 發展速度：地區生產總值增速、第一產業增加值增速、全部工業增加值增速、第三產業增加值增速、社會消費品零售總額增速、地方公共財政收入增速、城鎮居民人均可支配收入增速、農民人均純收入增速 經濟效益：社會勞動生產率、第一產業每一從業人員創造的增加值、工業企業百元產值提供利稅

資料來源：四川省統計局網站。

5.1.3　區域經濟發展政策失衡

從資源的地區分布來看，中西部地區地質構造較為複雜，容易形成重要的成礦帶，自然資源較為豐富。豐富的資源是經

濟增長的主要優勢所在,必然會成為開發的對象。因此,資源富集型貧困地區的形成,從根本上說,是由於資源的稀缺性和資源空間分布的不平衡性造成的。中西部地區以資源比較優勢為基礎,生產資源型初級產品和勞動密集型產品,與東部較為發達的工業相比,綜合競爭力較弱,陷入「比較優勢陷阱」。而中國實行的區域發展戰略,則更進一步加深了陷阱的程度。

從區域政策看,在改革開放前,中國「一五」「二五」計劃提出了發展內地和重點加快重工業發展的區域政策;「三五」「四五」計劃則提出了大三線建設,將中西部作為重點發展地區,並將大量人力、物力、財力投向內地及較不發達地區,形成了中西部工業化發展的基礎,沿海和內地不發達地區之間的差距明顯縮小。改革開放後,中國政府實行區域非均衡發展戰略,對東部地區實行特殊優惠的財政、稅收和信貸等政策,同時,在此期間,中國實行工業生產資料價格雙軌制,對部分工業產品實行市場價格,而對主要工業生產資料仍實行計劃價格和計劃調撥。這些優惠政策使東部地區的經濟發展可以免受上游原材料產業的衝擊,可以充分運用市場手段配置資源。在中西部地區,資源開發多為當地的主導產業,但不是優勢產業,增加值率較低,對地方經濟發展的帶動力、對就業的拉動力都不強,使得原材料、勞動力等生產要素大量流入東部發達地區,中西部被動成為國內產業鏈分工中上游行業的要素提供者。20世紀90年代末至今,中國開始實施區域協調發展政策,資金、技術和人才出現向中西部流動的趨勢,但在全國產業格局中,中西部地區長期從事高污染、低技術、低利潤的上游產業,能源和原材料工業比重大,大多數企業生產理念較為傳統、技術落後、設備陳舊,缺乏足夠的資本累積、技術累積以及必要的基礎設施建設,使得東西部差距仍然較大,見表5-2。

表 5-2　　各省（市、區）主要年份經濟發展水平

地區	人均地區生產總值（元）				
	1952 年	1978 年	1990 年	2000 年	2013 年
北京	170	1,290	4,881	24,127	94,648
天津	299	1,160	3,621	17,353	100,105
河北	125	364	1,465	7,592	38,909
山西	116	365	1,493	5,722	34,984
內蒙古	173	317	1,478	6,502	67,836
遼寧	218	680	2,698	11,177	61,996
吉林	153	381	1,746	7,351	47,428
黑龍江	234	564	2,028	8,294	37,697
上海	436	2,498	5,910	30,047	90,993
江蘇	131	430	2,016	11,765	75,354
浙江	112	331	2,122	13,415	68,805
安徽	78	244	1,182	4,779	32,001
福建	102	273	1,767	11,194	58,145
江西	114	276	1,110	4,851	31,930
山東	91	316	1,815	9,326	56,885
河南	83	232	1,091	5,450	34,211
湖北	90	332	1,556	6,293	42,826
湖南	86	286	1,228	5,425	36,943
廣東	101	367	2,395	12,736	58,833
廣西	67	225	1,066	4,652	30,741
海南	—	314	1,598	6,798	35,663
重慶	—	—	—	6,274	43,223
四川	67	253	1,105	4,956	32,617
貴州	58	175	810	2,759	23,151

表5-2(續)

地區	人均地區生產總值（元）				
	1952年	1978年	1990年	2000年	2013年
雲南	70	226	1,224	4,770	25,322
西藏	—	375	1,276	4,572	26,326
陝西	85	294	1,241	4,968	43,118
甘肅	125	348	1,099	4,129	24,539
青海	101	428	1,558	5,138	36,875
寧夏	126	370	1,393	5,376	39,613
新疆	166	313	1,799	7,372	37,553

數據來源：《新中國五十年統計資料匯編（1949—1999）》《中國統計年鑒2001》《中國統計年鑒2014》。

5.1.4 資源管理製度困境

5.1.4.1 資源產權製度不健全

自然資源產權製度是由資源環境產權界定製度、自然資源定價製度、資源環境市場製度、自然資源用途管制、自然資源監管製度等一系列製度組成的製度體系。中國資源產權製度的基本特徵是產權分離、以公有產權為主。隨著經濟社會的發展，自然資源的配置效率較低的問題日益凸顯，這種產權製度與市場經濟、資源可持續利用不協調的問題日益加劇，資源閒置與資源過度使用的現象並存。具體存在以下主要問題：

一是產權界定不明確且限制較多。中國資源產權製度最顯著的特點就是產權分離，所有權、使用權和轉讓權分離，使用權主體擁有使用權、經營權、收益權，但不一定同時擁有轉讓權，同時，公有產權、私有產權混合，公有產權占主體。產權界定不清晰，使得資源的所有權與行政權、經營權相混淆。對使用權的限制，加大了有關權力機關設租尋租的可能。轉讓權

只涉及部分資源，資源評估工作和技術發展緩慢，資源出讓、轉讓價格的確定也較為困難。另外，在資源富集型貧困地區，地方財力不足，沒有自主開發能力，某些資源使用權被中央企業、國有企業壟斷，破壞了資源產業的良性發展和宏觀經濟的正常運行。

二是資源管理和監管職能不明確。首先是對自然資源的多頭管理。在中國，關於自然資源產權的規定分散在《中華人民共和國土地管理法》《中華人民共和國草原法》《中華人民共和國森林法》等法律及行政法規和部門規章中，對自然資源實行分類管理。與自然資源管理和開發相關的部門包括水利、國土資源、農業、林業、環保等十幾個相關部委、局和公司，多頭管理，缺乏統一規劃和協調，導致沒有一個部門對特定區域的自然資源問題負責，造成管理資源的浪費、低效乃至破壞。其次是資源管理和監管職能沒有分離。在現行自然資源體制中，各部門既是自然資源行政監管者，也是自然資源產權管理者，存在一定的尋租空間，造成資源管理不當、消耗過度、資源配置效率低等問題。

三是資源定價和市場化機制不健全。由於國家對資源性產品進行價格管制，中國一直存在資源性產品價格較低的問題。油氣、礦產和水電資源以較低價格外調，有利支持了東部地區的經濟發展。但不平等的交換和扭曲的資源產品價格使企業使用國有資源的私人成本遠小於社會成本，既助長了國有資源的掠奪性開發，也導致了中西部資源開發地區較大的經濟損失和生態損失。「西氣東輸」「西電東送」「西煤東運」、南水北調工程等，都成為中西部資源開發的利益輸送管道，資源所在地面臨巨大的隱形利益損失。

5.1.4.2　資源稅費製度不健全

一是資源稅稅率較低。由於資源稅稅率不高，資源稅所能

貢獻的稅收收入也較低。1994年,全國資源稅收入為45.5億元,僅占全國稅收收入總量的0.9%;至2012年,資源稅收入為904.4億元,占全國稅收收入總量的比重仍然只有0.9%。在全國31個省份中,資源稅占稅收收入的比重達1%以上的省份有20個,其中,甘肅資源稅比重達12.1%,新疆資源稅比重為9.9%,其他省份資源稅比重都較低,與資源型地區的地位極不相稱,見表5-3。由於資源稅稅率較低,企業進入門檻也較低,無序開發、過度開發現象廣泛存在,未能起到促進資源保護和合理利用的作用。

表5-3　　　　　2012年各地區資源稅收入情況

地區	地方資源稅（億元）	地方資源稅占地方財政收入的比重（%）	地方增值稅、營業稅和企業所得稅占地方財政收入的比重（%）
北京	0.8	0	71.0
天津	2.8	0.2	66.8
河北	54.3	3.5	64.7
山西	43.8	4.2	73.8
內蒙古	68.1	6.1	60.9
遼寧	109.3	4.7	46.0
吉林	15.3	2.0	56.8
黑龍江	68.5	8.2	58.1
上海	0.0	0.0	69.2
江蘇	21.9	0.5	65.1
浙江	8.4	0.3	65.3
安徽	17.9	1.4	62.2
福建	9.3	0.6	64.7
江西	29.7	3.0	60.8

表5-3(續)

地區	地方資源稅（億元）	地方資源稅占地方財政收入的比重（％）	地方增值稅、營業稅和企業所得稅占地方財政收入的比重（％）
山東	91.1	3.0	58.2
河南	34.1	2.3	59.8
湖北	12.4	0.9	62.8
湖南	8.5	0.8	59.4
廣東	12.1	0.2	63.9
廣西	10.2	1.3	56.8
海南	2.9	0.8	56.9
重慶	8.7	0.9	59.2
四川	25.0	1.4	64.5
貴州	12.7	1.9	60.7
雲南	17.7	1.7	58.7
西藏	1.0	1.4	56.2
陝西	61.6	5.4	65.7
甘肅	16.6	4.8	67.2
青海	17.8	12.1	69.3
寧夏	4.1	2.0	69.6
新疆	69.4	9.9	62.9

數據來源：《2013年中國統計年鑒》。

二是資源稅徵稅範圍太窄。現行《中華人民共和國資源稅暫行條例》規定的徵收對象主要是原油、天然氣、煤炭、非金屬礦、黑色金屬礦、有色金屬礦以及鹽等稅目，這些應稅產品均屬於礦產資源，見表5-4。因此，資源稅實質上是一個礦產資源稅，範圍也僅限於採掘業。而土地、水、森林、草場等自

然資源，同樣具有較高的生態環境價值，卻長期沒有徵收資源稅，甚至部分緊缺的、特殊的戰略性自然資源也不在徵收範圍內，資源稅的普遍調節作用未能得到充分發揮。

三是資源稅計徵方式存在紕漏。現行的《中華人民共和國資源稅暫行條例》規定，原油、天然氣和煤炭資源稅採用從價計徵的方式，而其他資源的資源稅採取的是從量計徵方法，對計稅資源分別以噸或立方米為單位，徵收固定的稅額。根據條例，對於從量計徵的資源，用以銷售的，以銷售數量為計稅依據，但同時也規定，用於自身連續生產的，不繳納資源稅。這就使得企業不需要對自用的或開採後沒有銷售出去的資源支付資源稅，從而導致很多企業只顧眼前利益，盲目投資和開採礦產資源，造成較大的資源浪費，不利於資源的可持續利用。

四是資源稅沒有解決開採補償問題。資源稅只在生產環節進行單環節計徵，而資源開採後的環境治理則無完善的稅費徵收機制，沒有考慮生態補償問題。除資源稅外，對於採礦企業還要徵收礦產資源補償費，但礦產資源補償費為專款專用，並非用於生態補償。雖然國家已開始實行排污收費機制，但收費標準較低，且只是針對企業超標排放的污染物，而對生態環境造成的破壞，沒有明確規定企業賠償。目前，各級地方特別是資源富集型貧困地區地方財政資金不足，沒有足夠的資金用於資源環境保護，更無法解決因歷史原因造成的資源枯竭問題，資源稅保護資源環境的重要作用未能得到充分發揮。

5.1.4.3 資源開發利益分配機制不健全

一是中央和地方的利益分配問題。①水資源開發方面。在水電投資建設期，稅收貢獻主要是資源稅費、營業稅及各項附加稅費，這些稅費屬於地方稅種。而在水電站投產營運後，發電企業所需要繳納的所得稅及增值稅均屬於國稅。根據中國現行稅制，企業所得稅的40%、增值稅的25%屬於地方財政。同

時，水電站運行中還需要按發電量繳納水資源費，水資源費的分配按1：9的比例上繳中央和地方國庫。目前，中國從事水電開發的電力企業，除部分企業在資源開發地的省會城市註冊了子公司外，大部分企業的註冊地與開發地分離。按照《中華人民共和國企業所得稅法》，以企業登記註冊地為納稅地點，因此，如果企業沒有在資源開發地進行工商註冊，資源開發地政府將無法得到企業所繳納稅收的地方分成部分。②礦產資源開發方面。礦產資源開發企業需要繳納的稅收主要有資源稅、礦產資源補償費、增值稅和企業所得稅等。對於資源稅，除海洋石油資源稅由中央徵收外，其他資源的資源稅均由地方徵收；礦產資源補償費的分成比例是，國家和省、市的比例為5：5，國家和區的比例為4：6；企業所得稅的40%、增值稅的25%留歸省級及以下地方財政。由於資源稅存在稅率低、範圍小的問題，資源稅收入對地方財力的影響有限，例如四川省涼山州採礦業占工業總產值的比重達47.1%，但其資源稅占稅收收入的比重僅為5.6%。與資源開發相關稅費的繳納及分配情況，見表5-4。

　　二是企業與地方政府的利益分配問題。相對而言，國企、央企和軍企在資源開發中具有絕對優勢，如中石油、中石化免費獲得油氣田的使用權，各大發電集團在西部地區大型水電站建設中無償取得開發權，除繳納資源稅費外，相當於無償使用自然資源。從各稅收製度來看，幾乎每一種稅收都設有減免稅條例，同時，地方政府為引進大企業也會制定一些稅收優惠政策，因此，不少資源開發企業可以採取各種方法申請到減免稅的優惠政策，在一定程度上大大影響了地方的財政收入。此外，雖然資源稅對地方財力有限，但對GDP有一定貢獻。在過去GDP政績考核機制下，資源稅基本都留作地方財政收入的分配格局，在一定程度上也容易使得部分地方政府為了當前的利益

大力支持資源開發項目，對資源進行過度開發，造成了資源的嚴重浪費，加劇了生態環境破壞。

三是不同地方政府間的利益分配問題。資源開發往往涉及跨省、跨市州的稅收分配問題。例如，水資源開發中，水電建設施工區域、電站生產廠區往往與水庫淹沒區範圍不一致，很容易造成不同行政區域的稅收利益不對等。

表 5-4　　　　　　　資源開發相關稅費的繳納及分配

稅費名稱	徵稅對象	稅基	稅率	繳納地	分配 中央	分配 省、區、市
資源稅	原油、天然氣	銷售額	5%~10%	開採或生產地		100%
	煤炭	銷售額	2%~10%			
	普通非金屬礦原礦	銷售量	0.5~20元/噸（立方米）			
	貴重非金屬礦原礦	銷售量	0.5~20元/千克（克拉）			
	黑色金屬礦原礦	銷售量	2~30元/噸			
	稀土礦	銷售量	0.4~60元/噸			
	其他有色金屬礦原礦	銷售量	0.4~30元/噸			
	固體鹽	銷售量	10~60元/噸			
	液體鹽	銷售量	2~10元/噸			
礦產資源補償費	湖鹽、岩鹽、天然鹵水	銷售收入	0.5%	礦區所在地	50%（區：40%）	50%（區：60%）
	石油、天然氣、煤炭等	銷售收入	1%			
	鐵、釩、鈦等黑色金屬礦；銅、鉛、鋅等有色金屬礦；石墨、硫鐵礦等非金屬礦	銷售收入	2%			
	鈾、釷；地熱；鈮鉭、鈹、鋰等稀有金屬；二氧化碳氣、硫化氫氣等	銷售收入	3%			
	金、銀等貴重金屬礦；稀土、寶石、玉石等貴重非金屬礦；礦泉水	銷售收入	4%			
水資源費	水	取水量或發電量	地表水：0.1~1.6元/平方米 地下水：0.2~4元/平方米	取水口	10%	90%

表5-4(續)

稅費名稱	徵稅對象	稅基	稅率	繳納地	分配 中央	分配 省、區、市
土地有償使用費	土地	新增建設用地	10~140元/平方米	土地所在地	30%	70%
城鎮土地使用稅	土地	開徵範圍的土地面積	0.6~30元/平方米	土地所在地		100%
耕地占用稅	耕地	實際占用的耕地面積	5~50元/平方米	耕地所在地		100%
增值稅		銷售額	3%~17%	機構所在地	75%	25%
企業所得稅		利潤	基本稅率25%；低稅率20%；優惠稅率10%~15%	機構所在地	60%	40%
營業稅		營業額	3%~20%	勞務發生地機構所在地		100%
石油特別收益金		超額收入	20%~40%	財政部	100%	
成品油消費稅		消費量	0.12~0.14元/升	機構所在地	100%	

資料來源：《中華人民共和國資源稅暫行條例》（2011年11月1日開始實施）；財政部、國家稅務總局《關於實施煤炭資源稅改革的通知》（2014年12月1日開始實施）；《礦產資源補償費徵收管理規定》《礦產資源補償費費率表》；財政部、國家發展改革委、水利部《關於印發、水資源費徵收使用管理辦法的通知》；財政部、國土資源部、中國人民銀行《關於調整新增建設用地土地使用費政策等問題的通知》；《中華人民共和國城鎮土地使用稅暫行條例》（2013年12月7日修訂）；《中華人民共和國耕地占用稅暫行條例》（2008年1月1日開始實施）；《中華人民共和國增值稅暫行條例》（2008年11月5日修訂）；《中華人民共和國企業所得稅法實施條例》（2008年1月1日開始實施）；《石油特別收益金徵收管理辦法》（2006年3月26日開始實施）；《關於成品油消費稅有關問題的公告》。

5.1.5 扶貧開發製度困境

一是開發式扶貧過多強調以工業為中心的產業扶貧。在工業化、城鎮化發展大背景下，大部分地區提出「工業強省」「工業強市」「工業強縣」等發展戰略，許多貧困縣也選擇了以縣辦工業企業、鄉鎮企業為主要支持對象，以工業發展為核心的扶

貧模式，並將大部分的扶貧資金用於資源開發和工業發展，使得扶貧開發的資金變成了國家對貧困縣工業化的資金支持，使得扶貧工作的效率低下。

二是相關機制體制不健全。貧困地區扶貧項目往往滯後於發達地區發展項目。同時，當前領導幹部績效考核機制也決定了扶貧工作的短期性。不同領導，工作目標不同，扶貧項目不同。一旦領導換屆，扶貧項目也就跟著變動，造成了資源的極大浪費。此外，資源開發性扶貧中，存在利益機制不健全的問題，資源開發未能為當地帶來應有的收益。

三是扶貧工作沒有針對性。各地的貧困具有較強的地域性，貧困成因不完全一致，政策上難以有一個統一模式。中國西部貧困地區生態環境大多脆弱，如大西北地區，由於歷史的原因，土壤沙化、石化現象廣泛存在，形成了生態貧困與經濟貧困的惡性循環。許多學者提出了從生態環境的改善來進行反貧困。[①] 事實上，有些地區也開始實施生態扶貧，但效果卻並不好。主要原因在於生態建設不是一個短期行為，生態扶貧要取得效果需要一個較長週期，不能有效解決貧困人口的溫飽問題。例如經濟林耕種，需要較長的週期才能獲得收益，許多尚未脫貧的農民無法承受經濟壓力，進而影響到對林地的資金投入，使得造林及生態扶貧效果不太理想。[②]

---

① 郭懷成，張振興，陳冰. 西部地區反貧困與生態環境可持續性研究——以新疆和墨洛地區為例 [J]. 北京大學學報：自然科學版，2008（3）：144-153.

② 王思鐵. 扶貧亟待調整思路 [J]. 山區開發，1999（3）：10-11.

5.2 資源富集型貧困地區發展困境形成的環境因素

從地理條件看，東部地區平原面積占比較大，降水豐富，氣候溫暖，擁有利於農耕和貿易的自然條件，同時，東部地區臨近海港，與海外國家貿易較容易。良好的地理區位條件使東部地區擁有較為顯著的成本優勢，特別是生產成本和運輸成本，同時，也為東部地區享受率先開放的製度改革紅利提供了客觀前提。與此相反，中西部地區氣候干燥少雨，山區、高原、丘陵面積占比較大，土地貧瘠，生態環境脆弱，基礎設施不完善，雖擁有豐富的礦產資源，但採掘成本和運輸成本均較為高昂。

從市場規模看，東部地區人口密度相對大，而中西部地區人口密度相對較小，見表5-5。一般而言，人口密度大的地區往往會因其市場規模大和有利於專業化分工而取得製造業發展的規模優勢和數量優勢。因此，東部地區通過人口規模的歷史集聚和中西部地區人口的轉移，既為參與世界分工提供了勞動力資源優勢，也為製造業發展提供了較大的市場容量。在歷史上，中西部地區的古絲綢之路、唐蕃古道、茶馬古道等成為中國與亞歐經濟貿易和文化交流的重要通道，但由於中西部地區地域廣闊、交通不便、人口相對稀少、人口分布較為分散，形成了地域性的相對封閉與分割。

表5-5　　各省（市、區）地形結構和人口密度

地區	地形結構	人口密度（人/平方千米）
北京	山區（62%），平原（38%）	1,195.1

表5-5(續)

地區	地形結構	人口密度（人/平方千米）
天津	平原＋窪地＋灘涂（93%），低山＋丘陵（7%）	1,085.4
河北	山地（37.4%），平原（30.5%），高原（13%），盆地（12.1%），丘陵（4.8%）	381.3
山西	山地＋丘陵（71%），平原＋其他（29%）	227.9
內蒙古	高原（53.4%），山地（20.9%），丘陵（16.4%），平原（8.5%）	21.6
遼寧	山地（58.1%），平地（33.1%）	295.5
吉林	山地（36%）：平原（30%），丘陵（5.8%），臺地＋其他（28.2%）	143.7
黑龍江	平原（37%），丘陵（35.8%），山地（24.7%），水域（2.5%）	84.6
上海	平原（主體）	2,793.6
江蘇	平原（68.8%），水域（16.9%），低山＋丘陵（14.3%）	736.9
浙江	山區（70.4%），平原（23.2%），水域（6.4%）	516.4
安徽	山區（29.5%），丘陵（29%），平原（24.8%），窪地等（16.7%）	424.6
福建	山地＋丘陵（80%），平原＋水域（20%）	297.5
江西	山地（36%），丘陵（42%），平原＋水域等（22%）	267.0
山東	平原（52.7%），山地（15.5%），丘陵（13.2%），谷地（5.7%）	609.6
河南	平原（55.7%），山地（26.6%），丘陵（17.7%）	568.0
湖北	山地（55.5%），丘陵＋崗地（24.5%），平原＋水域（20%）	307.9

表5-5(續)

地區	地形結構	人口密度（人/平方千米）
湖南	山地（51.2%），丘陵（15.4%），盆地（13.9%），平原（13.1%）	310.0
廣東	山地（39.7%），丘陵（28.5%），平原（23.7%），臺地（16.1%）	580.1
廣西	山地（39.7%），平原（20.6%），石山（19.7%），丘陵（10.3%），臺地（6.3%），水域（3.4%）	193.7
海南	臺地（32.6%），山地（25.4%），丘陵（13.3%），平原等（28.7%）	245.3
重慶	丘陵（50%），山地（41.1%），平壩+臺地（6.7%）	350.6
四川	山地（46.7%），高原（31.9%），丘陵（18.7%），平原（2.5%）	166.1
貴州	山地（61.7%），丘陵（31.1%），平壩+盆地（7.5%）	197.3
雲南	山地（84%），高原（10%），盆地（6%），水域（0.7%）	120.0
西藏	山原（主體）	2.5
陝西	山地（36%），高原（45%），平原（19%）	181.4
甘肅	山地（56%），丘陵（22.2%），平原（21.8%）	63.3
青海	山原（主體）	7.8
寧夏	丘陵（38%），平原（26.8%），臺地（17.6%），山地（15.8%），沙漠（1.8%）	121.3
新疆	山地+丘陵（55.7%），平地+盆地（44.3%）	13.1

資料來源：百度文庫《中國各省市地形、山脈、水系一覽表》；人口密度數據根據第六次人口普查資料數據計算得到。

5.3 資源富集型貧困地區發展困境形成的技術因素

近年來，中國主要礦產資源開發利用水平不斷提升，但與發達國家相比還有一定差距。在礦產資源綜合利用方面，至2013年，全國礦產資源總回收率不足40%，比國際先進水平低20%左右，原油採收率基本保持在26.5%~27.5%，煤氣層採收率保持在46%~50%。由於有色金屬和非金屬礦產採出品位大幅下降，部分有色金屬礦種和非金屬礦的選礦回收率較低，且回收率不穩定，均與發達國家有一定差距。在固體廢棄物方面，煤矸石綜合利用率為62%，粉煤灰利用率為68%，鐵礦石廢石利用率僅為19.8%，河北、四川等主要鐵礦石大省廢石利用水平不高。2012年，新增銅礦廢石利用率僅為3.7%，新增磷礦廢石利用率僅為2.6%。在水資源利用方面，中國只有約40%的工業用水被循環使用，循環使用率僅為歐洲的一半。

5.4 資源富集型貧困地區發展困境形成的資金因素

美國經濟學家皮埃爾·納爾遜（P. R. Nelson，1956）指出發展中國家存在難以逾越的「低水平均衡陷阱」。雖然在中國資源富集型貧困地區不一定存在低水平均衡陷阱，但低水平的資金累積和資金投入現象確實較為突出。從財政收入看，各地區稅收占財政收入的比例較大，而在稅收收入中，增值稅、營業稅和所得稅占60%左右。資源富集型貧困地區主要依靠資源型

產業，由於資源稅稅率較低，部分地區資源稅占地方稅收收入的比重僅為1%左右，資源富集型貧困地區依靠資源產業所獲得的財政收入較低，資金累積潛力較弱，見表5-3。由於資源富集型貧困地區財政收入低，地方財力不足，無法滿足地區經濟社會發展的需要，貧困地區的一般公共服務支出、教育、科技、衛生等支出都遠低於較發達地區，見表5-6，使得貧困地區經濟發展後勁不足，與發達地區的差距不斷拉大。因此，在資源富集型貧困地區普遍存在「經濟貧困—低水平收入增長—低水平資金累積—低水平投資—低水平發展—經濟貧困」的發展困境。

表5-6　　　2013年各地區地方財政收支情況　　　單位：億元

地區	地方公共財政收入	地方財政公共支出	一般公共服務支出	教育支出	科學技術支出	醫療衛生支出
北京	3,661.11	4,173.66	297.12	681.18	234.67	276.13
天津	2,079.07	2,549.21	144.73	461.36	92.81	128.94
河北	2,295.62	4,409.58	524.14	837.63	49.76	380.75
山西	1,701.62	3,030.13	284.13	542.44	62.06	201.63
內蒙古	1,720.98	3,686.52	338.10	456.87	31.64	196.03
遼寧	3,343.81	5,197.42	501.34	669.48	118.99	229.50
吉林	1,156.96	2,744.81	267.31	422.09	37.22	181.51
黑龍江	1,277.40	3,369.18	278.80	501.28	38.61	190.50
上海	4,109.51	4,528.61	260.10	679.54	257.66	214.92
江蘇	6,568.46	7,798.47	859.41	1,434.99	302.59	475.86
浙江	3,796.92	4,730.47	538.88	950.07	191.87	350.73
安徽	2,075.08	4,349.69	469.15	736.59	109.67	361.80
福建	2,119.45	3,068.80	327.06	574.91	60.62	224.23
江西	1,621.24	3,470.30	337.01	664.53	46.32	262.14

表5-6(續)

地區	地方公共財政收入	地方財政公共支出	一般公共服務支出	教育支出	科學技術支出	醫療衛生支出
山東	4,559.95	6,688.80	749.96	1,399.67	149.14	485.86
河南	2,415.45	5,582.31	733.21	1,171.52	80.00	492.48
湖北	2,191.22	4,371.65	546.49	690.63	77.21	322.08
湖南	2,030.88	4,690.89	628.45	809.45	55.46	342.47
廣東	7,081.47	8,411.00	996.45	1,744.59	344.94	569.32
廣西	1,317.60	3,208.67	413.20	609.93	54.36	285.61
海南	481.01	1,011.17	115.40	174.57	13.83	69.59
重慶	1,693.24	3,062.28	276.40	437.28	38.65	198.05
四川	2,784.10	6,220.91	610.86	1,036.41	69.51	487.20
貴州	1,206.41	3,082.66	488.78	560.67	34.27	228.71
雲南	1,611.30	4,096.51	394.77	685.97	42.59	300.57
西藏	95.02	1,014.31	180.53	107.18	4.17	40.29
陝西	1,748.33	3,665.07	414.29	710.11	38.02	257.14
甘肅	607.27	2,309.62	278.60	377.06	19.76	165.86
青海	223.86	1,228.05	97.50	121.51	8.39	68.64
寧夏	308.34	922.48	64.15	112.95	10.69	53.77
新疆	1,128.49	3,067.12	337.37	532.67	39.85	160.91

數據來源：《2014年中國統計年鑒》。

5.5 資源富集型貧困地區發展困境形成的文化因素

　　資源富集型貧困區多為少數民族聚居區或偏遠山區，遠離大城市和政治、經濟、文化中心。少數民族地區實行的經濟社

會發展政策既有優惠性，也存在特殊性，如人口生育優惠政策、民族類幹部扶持政策等。由於民族地區幹部隊伍對民族類幹部有支持，本地幹部多，外地幹部少，導致幹部隊伍活力不足，發展觀念相對封閉和陳舊，不利於地方經濟社會發展。而在非民族自治的貧困地區，由於經濟發展水平、交通、工作環境、公共服務等因素的影響，大多人才不願意到貧困地區工作，或者即使工作也不會長期留在當地，無法吸引和留住人才，使得貧困地區發展的思維、觀念、基本素質等整體相對落後，進一步加劇了貧困地區的貧困。

信息不暢是貧困地區的另一個特徵。由於山高路遠，地形複雜，貧困地區基礎設施建設嚴重滯後，長期處於與外界相對隔絕、較為封閉的狀態。廣播、電視、電腦等現代媒體設備普及率較低，由於成本太高，大多數貧困家庭也無力支付。郵電通信等也非常落後，書報刊在山區的發行量少，人們獲取知識的渠道比較有限，導致人流、物流、信息流不暢，阻礙了各類信息的傳播。同時，居民文化素質較低，造成心理上的自卑，具有與外界進行交流的心理障礙，其交往的範圍基本上局限於親屬和社區內。這種交往阻斷了居民接受現代信息、外界信息的渠道，造成信息閉塞。

教育落後也是貧困地區的主要特徵。貧困地區經濟落後，教育經費不足，教學質量不高，貧困人口接受教育的機會和條件非常有限。此外，人們對教育也沒有正確的認識，特別是在較為封閉的地區，普遍認為上學並非生活所需，沒有主動接受教育的意識，加之經濟上比較貧困，輟學現象十分突出，是中國文盲、半文盲的高集聚區。

5.6 資源富集型貧困地區影響因素的實證分析

國外對「資源詛咒」現象的形成進行了大量的實證分析,國內對於「資源詛咒」的存在性也已經有不少研究成果,但對於「資源詛咒」形成的研究還停留在定性的理論或案例分析上,對於資源富集型貧困地區形成的定量分析則較少。事實上,資源富集型貧困地區的發展困境其實就是受到了「資源詛咒」的影響,資源優勢沒有較好地轉化為經濟發展優勢。因此,對於資源富集型貧困地區的影響因素分析,可以轉化為對「資源詛咒」影響因素的分析。

5.6.1 「資源詛咒」度的初步測算

不同地區,受「資源詛咒」程度存在差異。為了描述不同地區「資源詛咒」的程度,本書利用「資源詛咒」度來描述各個地區「資源詛咒」的強弱。目前,對於「資源詛咒」度的相關文獻較少。蘇迅(2007)提出用礦產資源貧困指數來衡量資源優勢與經濟社會發展反差的程度,其計算公式為:$\dfrac{一個地區礦業產值/全國礦業產值}{該地區生產總值/全國國內生產總值}$[1]。姚予龍等人(2011)提出了「資源詛咒」係數,但他們認為中國的「資源詛咒」主要是能源「資源詛咒」,因此,「資源詛咒」係數的計算公式為:$\dfrac{一個地區一次能源生產量/全國一次能源生產量}{該地區第二產業產值/全國第二產業產值}$[2]。韋結餘(2013)

---

[1] 蘇迅. 資源貧困:現象、原因與補償 [J]. 中國礦業, 2007 (10):11-14.
[2] 姚予龍,周洪,等. 中國「資源詛咒」的區域差異及其驅動力剖析 [J]. 資源科學, 2011 (1):18-24.

對「資源詛咒」系數進行了修正，其計算公式為：$\frac{一個地區一次能源生產量/全國一次能源生產量}{該地區工業增加值/全國工業增加值}$[①]。從以上三個公式來看，「資源詛咒」系數僅考慮了能源資源，低估了其他資源對經濟發展的影響；同時，由於不同地區發展階段不同，主導產業不同，礦產資源貧困系數又高估了礦產資源對經濟發展的影響，因而指標需要進行改進。

「資源詛咒」度主要衡量一個地區資源稟賦與經濟發展的偏離程度，在一定程度上反應了一個地區資源遭受詛咒的程度，指數值越大，這個地區遭受「資源詛咒」的程度越高。前文已論述，採掘業包括石油、天然氣、煤炭和礦產資源開採，採掘業產值可表示一個地區的資源相對豐裕程度。而工業化發展是衡量經濟發展階段的重要指標，由於石油、天然氣、煤炭和礦產資源大部分是工業生產的原材料，採掘業對工業發展的貢獻情況可以在一定程度上表示資源優勢轉化為經濟發展優勢的情況。為此，本書的「資源詛咒」度可採用資源相對豐裕度與工業總產值比重的比值來表示。因此，「資源詛咒」度可以具體表示為：某個地區採掘業產值占全部採掘業產值的比重與這個地區工業產值占全部工業總產值的比重的比值。用公式表示為：

$$\rho = \frac{E_i / \sum_{i=1}^{n} E_i}{I_i / \sum_{i=1}^{n} I_i}$$

從「資源詛咒」度的計算公式可以看出，「資源詛咒」度能夠反應出一個地區的資源優勢與其經濟發展的偏離程度；還能夠反應出一個地區對資源型產業的依賴程度和產業的後向關聯度，「資源詛咒」度越大，表明該地區對資源型產業的依賴程度越高，同時，對後向製造業的擠占越嚴重。本書對2000—

[①] 韋結餘. 中國西部地區「資源詛咒」傳導機制研究 [D]. 北京：北京郵電大學，2013.

2012年全國31個省份的平均「資源詛咒」度進行測算，其結果見表5-7。

表5-7 2000—2012年資源富集型地區的平均「資源詛咒」度

排序	省份	平均資源詛咒度	排序	省份	平均資源詛咒度
1	新疆	5.60	17	安徽	1.13
2	黑龍江	5.35	18	吉林	1.12
3	山西	5.11	19	雲南	1.05
4	青海	4.75	20	湖南	0.98
5	陝西	3.96	21	江西	0.95
6	西藏	3.13	22	海南	0.59
7	內蒙古	3.08	23	廣西	0.59
8	寧夏	2.35	24	重慶	0.57
9	甘肅	1.97	25	北京	0.56
10	河南	1.89	26	湖北	0.52
11	貴州	1.74	27	福建	0.28
12	河北	1.41	28	廣東	0.28
13	天津	1.38	29	江蘇	0.14
14	四川	1.26	30	浙江	0.06
15	山東	1.19	31	上海	0.03
16	遼寧	1.17			

從計算結果可以看出：

一是不同地區「資源詛咒」程度不同。中西部、東北部地區「資源詛咒」程度相對較高，其中，新疆「資源詛咒」度最高，其次是黑龍江和山西。新疆的石油和天然氣資源、黑龍江的石油資源、山西的煤炭資源較為富集，均為資源開發強度較大的地區。而東部沿海地區「資源詛咒」度相對較低，福建、

廣東、江蘇、浙江和上海5省份「資源詛咒」度最低。

二是資源富集型地區均存在不同程度的「資源詛咒」現象。除15個資源富集型貧困地區「資源詛咒」度均大於1外，第四部分所劃分出的資源富集型相對發達地區天津、遼寧、山東和內蒙古的「資源詛咒」度也大於1。可見，在這些地區雖然資源開發對經濟發展有一定促進作用，但資源優勢還未能完全轉化為經濟發展優勢，仍然存在「資源詛咒」現象。以內蒙古為例，內蒙古「資源詛咒」度達3.08，表明「資源詛咒」程度較深。內蒙古原也為西部欠發達地區，近年來，內蒙古憑藉煤炭開採業和乳業的大力發展，經濟快速增長，2000—2013年，內蒙古地區生產總值年均增速達16%，居全國首位；2013年，內蒙古人均地區生產總值達67,498元，居全國第6位，僅次於天津、北京、上海、江蘇和浙江；人均財政收入達6,246元，居全國第7位，與浙江基本持平；居民人均可支配收入達16,583.5元，居全國第10位，資源開發對內蒙古經濟發展起到較大的促進作用。但同時也要看到，內蒙古經濟發展仍以資源型產業為主，主導產業相對單一，且產業後向關聯度較低，資源優勢沒有較好地轉化為經濟發展優勢，仍存在資源富集型貧困地區同樣的「資源詛咒」問題。若不能盡快轉變經濟發展方式和調整經濟結構，一旦資源過度開發、資源耗竭，內蒙古將喪失經濟發展後勁。

5.6.2 模型設定和參數選擇

對資源富集型貧困地區形成的原因或者「資源詛咒」因素進行歸納，主要有以下幾個方面：

一是製度因素。產權製度、資源稅費製度、資源收益分配機制等是影響資源與發展的重要因素。國外研究通常用法治程度和政府競爭力表示製度變量。而中國區域法治程度高度同質，

除市場化程度（MA）常用非公有經濟增加值占 GDP 比重代替外，產權製度、資源稅費製度等製度變量沒有系統的指標來進行度量，對這部分內容本書將在 5.7 節另作分析。

二是產業關聯度。資源富集型貧困地區最顯著的特徵就是，對資源型產業的過度依賴，產業後向關聯度不強，產業鏈較短，以資源初級產品為原材料的製造業發展不足。因此，需要分析製造業發展水平對資源富集型貧困地區的影響。製造業發展水平（I）用製造業產值占工業總產值的比重來表示。

三是資金因素。投資是帶動當前中國經濟增長的主要動力，資源富集型貧困地區資源型經濟的資本回報率低、資本累積能力較弱，會影響其他部門的資金投入和累積。因此，需要分析投資對貧困地區的影響。資本投入（K）用全社會固定資產投資表示。

四是文化因素。資源富集型貧困地區普遍存在人口文化素質相對較低的現象，有必要對人力資本情況進行分析。目前，人力資本（H）多用平均受教育年限表示。

五是技術因素。資源富集型貧困地區資源型經濟技術含量不高，對技術的投入也不足。目前，常用的技術因素指標主要有，表現投入的 R&D 經費支出、R&D 經費支出人員，表現產出的科技成果登記數、專利申請受理數、專利申請授權數、高技術產業產值等，以及技術進步貢獻率等指標。資源富集型貧困地區首先表現在技術投入不足，因此本書的技術因素（RD）用 R&D 經費支出表示。

前文分析環境因素也是影響資源富集型貧困地區形成的一個因素，但由於量化環境因素的指標較少，且無序列統計數據，本書無法將環境因素納入計量模型進行實證分析。

以「資源詛咒」度 ρ 為被解釋變量，以製造業水平 I、資本投入 K、人力資本 H、技術水平 RD、市場化程度 MA 表示影響

「資源詛咒」度的解釋變量，逐一進行迴歸，建立迴歸模型如下：

$$\rho_t^i = \alpha_0 + \alpha_1 Z_t^i + \varepsilon_t^i$$

5.6.3 結果分析

運用 Eviews 軟件分別對 31 個省份和 15 個資源富集型貧困地區 2000—2012 年的面板數據進行檢驗，結果如表 5-8 所示。

表 5-8　資源富集型貧困地區影響因素的檢驗結果

變量	31 個省份 系數	31 個省份 T 值	15 個資源富集型貧困地區 系數	15 個資源富集型貧困地區 T 值
製造業水平 I	-12.814,91	-50.282,19	-14.004,37	-27.894,42
資本投入 K	-0.390,195	-5.784,100	-0.297,280	-2.932,633
人力資本 H	-1.818,851	-3.471,490	1.101,338	1.573,526
技術水平 RD	-0.363,827	-7.888,284	-0.235,592	-3.021,141
市場化程度 MA	-4.091,264	-5.050,889	-1.645,858	-1.387,376

從檢驗結果可以看出：

（1）「資源詛咒」度與製造業水平呈負相關關係，表明製造業水平越低，「資源詛咒」程度越大，也表明對資源型產業的過度依賴會在一定程度上阻礙製造業的發展，這也是資源型貧困地區發展困境形成的主要原因。

（2）「資源詛咒」度與資本投入呈負相關關係，表明資本投入越少，「資源詛咒」程度越大。在資源型貧困地區資源型產業資本累積能力弱，需要的和實際投入的資本量也相對較少，是一種低水平發展。

（3）從 31 個省份的檢驗結果看，「資源詛咒」度與人力資本呈負相關關係，表明人力資本越低，「資源詛咒」程度越大；

而在資源富集型貧困地區「資源詛咒」度與人力資本呈正相關關係，主要是由於資源富集型貧困地區人力資本差異較大，對「資源詛咒」的影響不顯著。

（4）「資源詛咒」度與技術水平呈負相關關係，表明技術水平越低，「資源詛咒」程度越大。在資源富集型貧困地區資源型產業技術含量不高，對技術創新的需求和投入都不足。

（5）「資源詛咒」度與市場化程度呈負相關關係，表明市場化程度越低，「資源詛咒」程度越大。資源產權製度中公有產權占比較大，資源型產業中中央企業、國有企業占比也較大，因此在資源富集型貧困地區表現出民營經濟發展不足。

5.7 資源富集型貧困地區「資源詛咒」中製度因素的初步檢驗

從上文的分析來看，對資源富集型貧困地區地方財力影響最為直接的是資源有償使用製度和資源開發利益分配機制。本書以水電開發的相關製度為例進行分析。

在資源稅費製度中，資源稅不包括水資源，而對水電開發企業按發電規模徵收的水資源費，可以視為水能資源費的一部分。在2009年以前，由於水資源稅費製度的缺失，水電開發企業沒有繳納任何與水資源相關的稅費，相當於是完全免費使用水能資源。[①] 2009年7月，國家規定水力發電的水資源費徵收標準為0.003～0.008元/千瓦時。但在實際工作中，為吸引大企業開發，許多地區制定了優惠政策，水資源費的徵收標準基本都

---

① 勞承玉. 自然資源開發與區域經濟發展 [M]. 北京：中國經濟出版社，2010.

低於該標準的下限值。如 2010 年前四川省實際徵收的水資源費率只有 0.002,5 元/千瓦時，2010 年 1 月，提高至 0.003,5 元/千瓦時，使水電企業的水資源費提高了 40%。2014 年 8 月，國家規定：現行徵收標準低於 0.005 元/千瓦時的，自 2015 年 1 月 1 日起調整為 0.005 元/千瓦時，現行徵收標準高於 0.005 元/千瓦時的，維持現行徵收標準不變，最高不超過 0.008 元/千瓦時。

以四川省發電量進行測算，2012 年四川省發電量為 2,002.43 億千瓦時，若以現有標準 0.003,5 元/千瓦時計算，水資源費為 7.01 億元，按 1：9 的分成比例，6.31 億元留歸省級財政，僅占 2012 年四川財政收入的 0.26%；若調整為 0.005 元/千瓦時，水資源費為 10.01 億元，比原有標準提高 42.8%，按 1：9 的分成比例，9 億元留歸省級財政，占 2012 年四川財政收入的 0.37%；若調整為 0.008 元/千瓦時，則水資源費為 16.02 億元，比原有標準提高 128.5%，按 1：9 的分成比例，14.42 億元留歸省級財政，占 2012 年四川財政收入的 0.60 %。從此處的測算可以看出，資源稅率、資源稅收益分成比例對地方財政影響較大，資源相關製度的建立和完善是資源富集型貧困地區擺脫發展困境需要盡快解決的問題。

5.8 小結

（1）從本節的分析來看，資源富集型貧困地區的形成最根本的原因是缺乏正確的資源觀。正是由於缺乏科學的資源觀，影響資源管理製度的制定和完善，同時輔以低水平的資金投入、較低的資源開發技術和文化素質，使得資源富集型貧困地區陷

入了一個「貧困陷阱」。而對資源富集型貧困地區地方財力影響最為直接的因素是以資源有償使用製度、資源產權製度和資源利益分配製度為核心的資源管理製度不夠健全。資源稅稅率較低、資源稅分配顯失公平、生態補償過低等原因，使得資源開發地資源價值被忽視或被低估，並長期在國家產業格局中處於最上游，處於低投入、低產出的發展困境，經濟社會可持續發展的製度環境亟待解決。為此，要促進資源富集型貧困地區可持續發展，首先必須找到資源富集型貧困地區形成的根本原因，對症下藥，找準問題關鍵，針對製度不健全、資金投入不足、技術水平不高和文化素質較低等問題思考具體的對策措施。

（2）不同地區所擁有的資源種類不同、資源富集程度不同、對資源的依賴程度不同，受「資源詛咒」影響的程度存在較大差異。本書對「資源詛咒」度指標的概念和計算方法進行了修正，並對全國 31 個省份的「資源詛咒」度進行了測算。測算結果表明，資源富集型貧困地區均存在不同程度的「資源詛咒」現象，同時，經濟發展水平相對較高的資源富集型地區同樣也存在「資源詛咒」現象。可見，「資源詛咒」現象並非貧困地區獨有的問題，在發展水平相對較高的地區也存在「資源詛咒」。在這些地區，資源開發在一定程度上促進了經濟的快速發展，但資源利用不充分，資源優勢同樣沒有較好地轉化為經濟發展優勢。由於本書主要研究的是資源富集型貧困地區，所以沒有對相對發達地區的「資源詛咒」現象進行深入分析，這也將作為後續研究的課題。

6 資源富集型貧困地區「資源詛咒」效應及影響

資源富集型貧困地區的發展困境不僅僅體現在經濟貧困方面，其「資源詛咒」向經濟社會發展的方方面面滲透，並陷入了一個「貧困—資源開發—再貧困」的發展怪圈。這部分主要通過資源富集型貧困地區與全國的統計指標比較，對資源富集型貧困地區所受到的「資源詛咒」效應做全面的梳理。

6.1 資源富集型貧困地區「資源詛咒」的經濟效應

6.1.1 經濟發展問題

6.1.1.1 經濟發展緩慢

資源富集型貧困地區經濟發展相對緩慢。1978—2013年，四川、貴州、雲南等省地區生產總值年均增速不足11%，甘肅和青海等省年均地區生產總值增速不足10%，黑龍江地區生產總值年均增速只有8.85%。其中，1979—2000年，在區域不均衡發展戰略下，資源富集型貧困地區地區生產總值年均增速均不足10%，黑龍江、青海等地年均增速只有7%左右。2000年以來，國家相繼實施西部大開發、中部崛起和東北老工業地區振興戰略。在大規模的投資下，中西部和東北地區經濟理應快速發展，特別是資源富集型貧困地區經濟總量相對較小，實現高增速應比經濟總量大的省份更容易。然而2000—2013年，資源富集型貧困地區地區生產總值年均增速與其他地區相比並無較大優勢，除陝西地區生產總值年均增速達13.2%以及吉林、四川等部分省區達12%外，其餘省份增速在10%～11%，而天津、遼寧、山東和內蒙古分別為14.9%、12%、12.4%和16%。具體見表6-1。

6.1.1.2　人均發展水平低

人均 GDP 是現行統計指標體系中衡量地區宏觀經濟運行質量最常用的指標。在西部大開發以前，資源富集型貧困地區人均地區生產總值均較低，2000 年，貴州人均地區生產總值僅為 2,662 元，甘肅為 3,838 元，四川、雲南、西藏、安徽等中西部欠發達地區均不足 5,000 元。西部大開發以後，貧困地區經濟發展水平有所提升，但與東部發達地區的差距仍較大。2013 年，貴州、雲南、西藏、甘肅 4 省（區）人均地區生產總值還不足 30,000 元，僅相當於上海、北京等東部發達地區 15 年前的水平。具體見表 6-1。

6.1.1.3　發展階段滯後

2013 年各省統計數據顯示，在 15 個資源富集型貧困地區中，河北、吉林、黑龍江、安徽、河南、四川、貴州、雲南、西藏、甘肅和新疆 11 個省份第一產業比重大於 10%，且第二產業比重大於第三產業比重。根據產業結構劃分經濟發展階段的方法，這些地區還處於工業化前期發展階段。而在國內，北京、上海已率先進入後工業化、現代化發展階段，其他地區也相繼進入工業化後期發展階段，北京、上海第三產業比重分別達 76.9% 和 62.2%。具體見表 6-3。

6.1.1.4　區域內發展差距大

泰爾指數常常用於反應多個國家或地區之間的發展差距。泰爾指數越大，表明各地區之間發展差距越大。其計算公式為：

$$T = \sum_{i=1}^{n} \left(\frac{Y_i}{Y}\right) \log\left(\frac{Y_i/Y}{P_i/P}\right)$$

其中，T 為泰爾指數，Y_i 和 P_i 分別是 i 地區的地區生產總值和人口，Y 和 P 是全國總 GDP 和人口，n 是地區數量，Y_i/Y 和 P_i/P 分別是 i 地區的地區生產總值比重和人口比重。

通過計算 2012 年各地區泰爾指數可以看出，資源富集型貧

困地區區域內發展差距較大，其中，青海、新疆等省（區）泰爾指數達 0.2，其他地區也在 0.1 左右，而全國泰爾指數為 0.06。具體見表 6-1。

此外，部分地區單極化發展較為顯著，區域間發展極不平衡。如四川省成都市地區生產總值占全省的 1/3，已接近 10,000 億元，而甘孜、阿壩等地區生產總值不足 300 億元，四川省各市州地區生產總值極差高達 9,000 億元，為全國區域間不平衡程度較大的地區之一。

表 6-1　　全國 31 個省份主要經濟指標

地區	1979—2000 年地區生產總值年均增速（%）	2001—2013 年地區生產總值年均增速（%）	2000 年人均地區生產總值（元）	2013 年人均地區生產總值（元）	2012 年泰爾指數
北京	10.0	10.8	22,460	93,213	0.18
天津	9.4	14.9	17,993	99,607	0.31
河北	10.4	11.0	7,663	38,716	0.08
山西	8.9	11.9	5,137	34,813	0.06
內蒙古	9.9	16.0	5,872	67,498	0.18
遼寧	8.7	12.0	11,226	61,686	0.08
吉林	9.6	12.4	6,847	47,191	0.03
黑龍江	7.5	11.0	8,562	37,509	0.20
上海	9.6	10.7	34,547	90,092	—
江蘇	12.4	12.5	11,773	74,607	0.08
浙江	13.2	11.5	13,461	68,462	0.04
安徽	10.6	11.9	4,867	31,684	0.14
福建	13.3	12.1	11,601	57,856	0.02

表6-1(續)

地區	1979—2000年地區生產總值年均增速（%）	2001—2013年地區生產總值年均增速（%）	2000年人均地區生產總值（元）	2013年人均地區生產總值（元）	2012年泰爾指數
江西	10.2	12.1	4,851	31,771	0.16
山東	11.7	12.4	9,555	56,323	0.09
河南	10.7	11.7	5,444	34,174	0.08
湖北	10.5	12.0	7,188	42,613	0.14
湖南	9.0	12.0	5,639	36,763	0.16
廣東	13.7	11.9	12,885	58,540	0.19
廣西	9.2	12.1	4,319	30,588	0.06
海南	11.2	11.4	6,894	35,317	0.00
重慶	—	13.3	5,157	42,795	0.07
四川	9.1	12.5	4,784	32,454	0.09
貴州	9.0	12.0	2,662	22,922	0.07
雲南	9.6	10.9	4,637	25,083	0.12
西藏	9.0	12.3	4,559	26,068	0.12
陝西	9.5	13.2	4,549	42,692	0.11
甘肅	8.8	11.2	3,838	24,297	0.23
青海	7.2	12.5	5,087	36,510	0.20
寧夏	9.0	11.7	4,839	39,420	0.14
新疆	10.3	10.6	7,470	37,181	0.26

數據來源：《新中國五十年統計資料匯編》《中國國內生產總值核算歷史資料1952—2004（G）》《中國統計年鑒》(2005—2014年)、《中國區域經濟年鑒2013》。

6.1.2 收入問題

6.1.2.1 居民收入增長慢

居民收入增長較慢是資源富集型貧困地區的一個重要特徵，資源富集型貧困地區城鎮和農村居民收入實際增速均低於地區生產總值實際增速。2000—2013 年，資源富集型貧困地區城鎮和農村居民收入實際增速均不足 9%，其中，新疆、西藏等地城鎮居民人均可支配收入年均增速不足 6%，雲南、甘肅等地城鎮居民人均可支配收入年均增速也只有 7% 左右。至 2013 年，在 15 個資源富集型貧困地區中仍有 12 個省（區）農民人均純收入低於全國平均水平，且貴州、甘肅等地農民人均純收入不足 6,000 元；15 個資源富集型貧困地區城鎮居民人均可支配收入均低於全國平均水平，甘肅、青海、新疆等地不足 20,000 元。具體見表 6-2。

6.1.2.2 地方財政收入不高，財政依存度也較低

財政收入和財政依存度是表現一個地區經濟實力和經濟運行質量的重要指標。資源富集型貧困地區財政一般預算收入均較低，2013 年，甘肅、青海等省（區）還未達到 1,000 億元。財政依存度為財政收入占地區生產總值的比重，一般而言，經濟運行質量高、第一產業比重低、高附加值行業比重大的地區，財政收入占地區生產總值比重也較高。2013 年，河北、吉林、黑龍江和甘肅等地財政依存度均不足 10%，表現出經濟運行質量較低。具體見表 6-2。

表6-2　　　　　　全國31個省份主要收入指標

地區	2001—2013年城鎮居民人均可支配收入年均增速(%)	2001—2013年農村居民人均純收入年均增速(%)	2013年城鎮居民人均可支配收入(元)	2013年農村居民人均純收入(元)	2013年地方財政稅收收入(億元)	2013年財政依存度(%)
北京	8.9	9.1	40,321	18,338	3,514.5	18.8
天津	8.7	9.5	32,294	15,841	1,310.7	14.5
河北	7.9	7.2	22,580	9,102	1,724.9	8.1
山西	9.2	7.3	22,456	7,154	1,136.9	13.5
內蒙古	9.7	8.3	25,497	8,596	1,215.2	10.2
遼寧	9.3	8.7	25,578	10,523	2,521.6	12.3
吉林	9.3	9.5	22,275	9,621	856.4	8.9
黑龍江	7.8	8.7	19,597	9,634	912.8	8.9
上海	8.5	7.9	43,851	19,595	3,797.2	19.0
江蘇	9.7	7.7	32,538	13,598	5,419.5	11.1
浙江	8.9	8.2	37,851	16,106	3,545.7	10.1
安徽	9.1	8.8	23,114	8,098	1,520.2	10.9
福建	9.2	7.7	30,816	11,184	1,723.3	9.7
江西	9.1	8.8	21,873	8,782	1,178.7	11.3
山東	8.9	8.2	28,264	10,620	3,533.5	8.3
河南	9.2	8.4	22,398	8,475	1,764.7	7.5
湖北	8.2	7.7	22,906	8,867	1,604.9	8.9
湖南	7.5	7.6	23,414	8,372	1,299.2	8.3
廣東	7.6	7.1	33,090	11,669	5,767.9	11.4
廣西	8.3	7.5	23,305	6,791	875.7	9.2

表6-2(續)

地區	2001—2013年城鎮居民人均可支配收入年均增速(%)	2001—2013年農村居民人均純收入年均增速(%)	2013年城鎮居民人均可支配收入(元)	2013年農村居民人均純收入(元)	2013年地方財政稅收收入(億元)	2013年財政依存度(%)
海南	8.3	7.3	22,929	8,343	411.6	15.3
重慶	8.7	9.5	25,216	8,332	1,112.6	13.4
四川	7.6	8.3	22,368	7,895	2,103.5	10.6
貴州	8.1	8.0	20,667	5,434	839.7	15.1
雲南	7.5	8.6	23,236	6,141	1,215.7	13.7
西藏	5.2	10.3	20,023	6,578	71.5	11.8
陝西	8.6	8.7	22,858	6,503	1,256.2	10.9
甘肅	7.0	6.4	18,965	5,108	417.7	9.7
青海	6.2	7.0	19,499	6,196	175.1	10.7
寧夏	8.3	7.5	21,833	6,931	237.5	12.0
新疆	5.9	7.9	19,874	7,297	826.3	13.5

數據來源：《新中國五十年統計資料匯編》《中國國內生產總值核算歷史資料1952—2004（G）》《中國統計年鑒》（2005—2014）。

6.1.3 結構問題

6.1.3.1 產業結構待優化

從三次產業結構看，除貴州、西藏為「三二一」產業結構外，其他13個資源富集型貧困地區均為「二三一」產業結構。值得注意的是，雖然「三二一」產業結構是結構優化調整的方向，但貴州和西藏第一產業比重較高，第二、第三產業發展均不足，是一種低水平的結構優化，見表6-3。

6.1.3.2 工業中資源型行業占比大

資源富集型貧困地區重工業、資源型行業畸高。2012年，山西重工業和資源型行業產值占工業總產值的比重分別達94.3%和82.3%；貴州、陝西、甘肅、青海、寧夏、新疆6省重工業占工業總產值的比重超過80%；甘肅、青海、寧夏、新疆4省資源型行業產值占工業總產值的比重超過70%，見表6-3。

表6-3　全國31個省份主要結構指標

地區	第一產業比重(%)	第二產業比重(%)	第三產業比重(%)	重工業產值比重(%)	資源型產業產值比重(%)	採掘業產值比重(%)
北京	0.8	22.3	76.9	84.9	43.5	8.0
天津	1.3	50.6	48.1	80.3	50.4	11.7
河北	12.4	52.2	35.5	79.6	64.9	10.3
山西	6.1	53.9	40.0	94.3	86.2	42.7
內蒙古	9.5	54.0	36.5	82.0	76.4	30.8
遼寧	8.6	52.7	38.7	79.2	49.7	6.9
吉林	11.6	52.8	35.5	71.5	32.8	7.0
黑龍江	17.5	41.1	41.4	69.6	56.6	23.8
上海	0.6	37.2	62.2	78.2	29.8	0.0
江蘇	6.2	49.2	44.7	71.4	34.7	0.6
浙江	4.8	49.1	46.1	60.8	33.6	0.3
安徽	12.3	54.6	33.0	67.5	41.0	5.4
福建	8.9	52.0	39.1	53.5	31.1	1.8
江西	11.4	53.5	35.1	69.3	52.3	4.2
山東	8.7	50.1	41.2	67.8	42.9	5.4
河南	12.6	55.4	32.0	69.2	49.6	9.1

表6-3(續)

地區	第一產業比重(%)	第二產業比重(%)	第三產業比重(%)	重工業產值比重(%)	資源型產業產值比重(%)	採掘業產值比重(%)
湖北	12.6	49.3	38.1	67.4	41.5	3.7
湖南	12.6	47.0	40.3	69.4	45.7	6.6
廣東	4.9	47.3	47.8	62.4	28.9	1.2
廣西	16.3	47.7	36.0	71.7	48.4	3.9
海南	24.0	27.7	48.3	77.3	61.7	3.2
重慶	8.0	50.5	41.4	71.6	31.2	3.5
四川	13.0	51.7	35.2	67.6	43.3	9.8
貴州	12.9	40.5	46.6	79.3	70.7	21.0
雲南	16.2	42.0	41.8	71.0	65.4	10.5
西藏	10.7	36.3	53.0	67.5	68.1	31.4
陝西	9.5	55.5	34.9	85.0	66.2	26.5
甘肅	14.0	45.0	41.0	87.3	81.0	13.3
青海	9.9	57.3	32.8	90.5	87.8	22.0
寧夏	8.7	49.3	42.0	86.1	80.9	14.8
新疆	17.6	45.0	37.4	88.5	83.5	27.0

數據來源：三次產業比重數據來源於《2014年中國統計年鑒》；重工業產值比重和資源型產業產值比重根據《2013年中國工業經濟統計年鑒》統計數據整理得利。

註：表中的資源型產業主要指工業中的煤炭開採和洗選業、石油和天然氣開採業，黑色金屬礦採選業、有色金屬礦採選業、非金屬礦採選業、其他採礦業、石油加工、煉焦和核燃料加工業、非金屬礦物製品業、黑色金屬冶煉和壓延加工業、有色金屬冶煉和壓延加工業，以及電力、燃氣和水的供應業。

6.2 資源富集型貧困地區「資源詛咒」的社會效應

6.2.1 人口問題

6.2.1.1 資源富集型貧困地區人口出生率和人口自然增長率相對較高

資源富集型貧困地區多為少數民族聚居區和人口大省，農業人口占比較大，在人口生育方面享有優惠政策。2013年統計數據顯示，15個資源富集型貧困地區中有13個省（區）人口出生率超過10‰，其中，西藏和新疆人口出生率均為15.8‰，而並非少數民族聚集的河北、山西人口出生率也分別達13.0‰和10.8‰。由於人口出生率較高，這些地區人口自然增長率也相對較高，15個資源富集型貧困地區中有11個省（區）人口自然增長率超過5‰，其中，西藏和新疆人口自然增長率分別達10.4‰和10.9‰，見表6-4。

6.2.1.2 資源富集型貧困地區人口文化素質相對較低

2013年全國人口變動情況抽樣調查數據顯示，資源富集型貧困地區特別是西部貧困地區受教育程度較低（見表6-4），西藏平均受教育年限僅為4.4年，貴州、雲南等地平均受教育年限不足8年，西藏、貴州、甘肅文盲率在10%以上。由於資金投入不足，資源富集型貧困地區文化教育發展也較為滯後。從教育經費投入來看，除西藏、青海、寧夏和新疆4個少數民族地區人均教育經費超過2,000元外，其餘地區教育投入均不足。特別是農村地區，基礎教育條件落後，教學環境差，教學質量不高，師資存在較大缺口。

6.2.1.3 部分資源富集型貧困地區城鎮化發展較為滯後

2013 年統計數據顯示，15 個資源富集型貧困地區除吉林、黑龍江城鎮化率基本達到全國平均水平外，其餘 13 個地區均遠低於全國平均水平。其中，西藏城鎮化率僅為 23.7%，貴州城鎮化率也不足 40%，見表 6-4。

表 6-4　　2013 年全國 31 個省份主要人口指標

地區	城鎮化率（%）	平均受教育年限（年）	15 歲及以上文盲人口占比（%）	出生率（‰）	死亡率（‰）	自然增長率（‰）
北京	86.3	12.0	1.5	8.9	4.5	4.4
天津	82.0	10.5	2.1	8.3	6.0	2.3
河北	48.1	8.9	3.1	13.0	6.9	6.2
山西	52.6	9.4	2.1	10.8	5.6	5.2
內蒙古	58.7	9.0	4.3	9.0	5.6	3.4
遼寧	66.4	10.1	1.8	6.1	6.1	0.0
吉林	54.2	9.4	2.3	5.4	5.0	0.3
黑龍江	57.4	9.5	2.2	6.9	6.1	0.8
上海	89.6	10.6	3.6	8.2	5.2	2.9
江蘇	64.1	9.4	3.8	9.4	7.0	2.4
浙江	64.0	9.4	5.4	10.0	5.5	4.6
安徽	47.9	8.5	7.4	12.9	6.1	6.8
福建	60.8	8.6	5.1	12.2	6.0	6.2
江西	48.9	9.2	2.8	13.2	6.3	6.9
山東	53.8	8.9	5.3	11.4	6.4	5.0
河南	43.8	8.8	4.9	12.3	6.8	5.5
湖北	54.5	9.3	5.3	11.1	6.2	4.9
湖南	48.0	9.0	3.1	13.5	7.0	6.5

表6-4(續)

地區	城鎮化率（%）	平均受教育年限（年）	15歲及以上文盲人口占比（%）	出生率（‰）	死亡率（‰）	自然增長率（‰）
廣東	67.8	9.2	2.8	10.7	4.7	6.0
廣西	44.8	8.6	3.4	14.3	6.4	7.9
海南	52.7	9.2	4.8	14.6	5.9	8.7
重慶	58.4	8.7	4.8	10.4	6.8	3.6
四川	44.9	8.4	6.7	9.9	6.9	3.0
貴州	37.8	8.0	10.4	13.1	7.2	5.9
雲南	40.5	7.8	8.5	12.6	6.4	6.2
西藏	23.7	4.4	41.2	15.8	5.4	10.4
陝西	51.3	9.3	4.3	10.0	6.2	3.9
甘肅	40.1	8.3	7.4	12.2	6.1	6.1
青海	48.4	8.0	13.5	14.2	6.1	8.0
寧夏	52.0	8.7	7.9	13.1	4.5	8.6
新疆	44.5	15.4	4.0	15.8	4.9	10.9

數據來源：國家統計局數據庫。

6.2.2　衛生問題

資源富集型貧困地區除人口文化素質較低外，健康素質也較低。首先表現在平均預期壽命相對較低，第六次人口普查數據顯示，雲南、西藏和青海3省（區）平均預期壽命均不足70歲，河南、四川、貴州、甘肅、寧夏、新疆等地平均預期壽命也低於全國平均水平。2012年西部地區甲乙類傳染病發病率較高，其中新疆發病率為624.48人/萬人，而發達地區僅為100人/萬人左右；資源富集型貧困地區地方病也較重，大骨節病、

地方性氟中毒（水型、燃煤污染型）、地方性砷中毒（燃煤污染型）、愛滋病等病人數占比較大，疾病與貧困相互交織，因病致貧、因病返貧現象較為突出。由於資源富集型貧困地區地方財力弱，對衛生服務的投入也不足，更進一步阻礙了健康服務的發展。衛生服務機構環境差，醫療機械設備和醫療機構床位陳舊、量少，衛生技術人員不足，衛生服務水平不高，特別是部分人口密度較低的基層醫療衛生機構，醫療基礎設施建設和衛生服務水平更差，更加劇了疾病對致貧的影響。此外，在部分資源富集型貧困地區，愛滋病疫情較為嚴重。由於愛滋病隱蔽性強、傳播途徑多樣、病死率高，既無能治愈的藥物，又無有效的疫苗，而愛滋病患者流動性較大，給防治和管理工作帶來較大挑戰，也給全國人口安全造成極大的威脅。

6.2.3　社會服務問題

資源富集型貧困地區孤兒數、居民最低生活保障人數均較多，對社會服務的需求較高，但社區服務和福利機構發展不足。截至2013年，資源富集型貧困地區社會福利企業機構數合計有5,119個，占全國總數的28.1%，其中西藏僅有3個，貴州、甘肅、青海、寧夏等省（區）不足100個；社區服務機構數合計有74,642個，占全國總數的29.6%，其中，西藏僅有社會服務機構34個，社區服務機構覆蓋率僅為0.5%，吉林、河南、雲南和青海等省（區）社區服務機構覆蓋率也不足10%。

6.3 資源富集型貧困地區「資源詛咒」的資源環境效應

6.3.1 土地破壞問題

資源開發過程中會大量破壞土地、林地，加劇水土流失與沙漠化。截至 2012 年，全國累計礦山占用破壞土地 281.27 萬公頃（1 公頃 = 10,000 平方米），其中，黑龍江礦山占用破壞土地達 90 萬公頃，內蒙古、青海、山西、雲南等地礦山占用破壞土地面積也較大。2012 年，全國沙化土地面積為 17,310.77 萬公頃，其中，新疆、內蒙古、西藏沙化土地面積分別達 7,466.97 萬公頃、4,146.83 萬公頃和 2,161.86 萬公頃，甘肅和青海沙化土地面積也達 1,000 萬公頃。2012 年，全國耕地面積減少 27.8 萬公頃，其中，建設占用耕地達 19.16 萬公頃。2013 年 12 月 30 日，國務院新聞辦公布的第 2 次全國土地調查結果顯示，截至 2012 年年底，中國耕地總面積為 1.351 億公頃，人均耕地面積為 0.099,8 公頃，不足世界人均耕地的 1/2。具體見表 6-5。

表 6-5　　　2012 年各地區土地資源破壞情況

地區	累計礦山占用破壞土地（公頃）	沙化土地面積（萬公頃）	本年減少耕地面積（公頃）
全國	2,812,735	17,310.77	278,012
北京	21,950	5.24	2,484
天津	1,646	1.54	6,375
河北	70,570	212.53	13,654

表6-5(續)

地區	累計礦山占用破壞土地（公頃）	沙化土地面積（萬公頃）	本年減少耕地面積（公頃）
山西	125,630	61.78	3,054
內蒙古	496,182	4,146.83	415
遼寧	127,978	54.95	4,980
吉林	20,355	70.8	4,861
黑龍江	904,047	49.57	14,979
上海	31	—	18,817
江蘇	25,235	58.44	22,310
浙江	13,198	0.01	21,060
安徽	80,299	12.05	9,905
福建	5,957	4.15	7,019
江西	61,986	7.25	5,747
山東	32,428	76.76	14,837
河南	48,687	62.86	10,084
湖北	34,897	18.99	8,092
湖南	28,313	5.88	6,135
廣東	12,744	10.03	22,319
廣西	59,985	19.49	4,986
海南	7,669	5.99	1,592
重慶	11,936	0.25	10,333
四川	9,960	91.38	22,337
貴州	14,231	0.62	7,629

表6-5(續)

地區	累計礦山占用破壞土地（公頃）	沙化土地面積（萬公頃）	本年減少耕地面積（公頃）
雲南	100,401	4.42	11,955
西藏	11,924	2,161.86	325
陝西	54,874	141.32	8,531
甘肅	50,910	1,192.24	4,348
青海	244,005	1,250.35	761
寧夏	79,387	116.23	1,961
新疆	55,320	7,466.97	2,190

數據來源：《中國環境統計年鑒2013》。

6.3.2 地質災害問題

資源開發利用過程中會改變地形地貌，進而誘發地質災害，主要包括地震、滑坡、泥石流等。據統計，2008—2013年，中國發生地質災害113,683起，其中，發生滑坡災害67,914起，發生崩塌災害30,575起，發生泥石流災害8,123起，發生地面塌陷災害2,393起，地質災害人員傷亡人數接近8,000人，地質災害造成直接經濟損失達300餘億元，江西、湖南、安徽、四川、貴州、甘肅等資源富集地區是主要發生地。2008—2013年，中國共發生地震災害79起，地震傷亡人數接近50萬人，地震災害造成直接經濟損失10,000餘億元，山西、四川、雲南、新疆、青海、甘肅等資源富集地區是主要發生地。具體見表6-6。

表6-6　　　　2008—2013年各地區地質災害情況

地區	地質災害數（起）	地質災害造成直接經濟損失（萬元）	地震災害數（起）	地震災害造成直接經濟損失（萬元）
全國	113,683	3,237,496	79	103,716,466
北京	96	68	0	0
天津	16	0	0	0
河北	145	3,264	0	0
山西	112	5,246	3	1,770
內蒙古	107	7,522	2	67,938
遼寧	3,608	306,091	0	0
吉林	607	78,120	1	202,300
黑龍江	24	805	0	0
上海	1	0	0	0
江蘇	135	8,574	1	1,543
浙江	3,217	34,953	0	0
安徽	2,029	21,888	1	232,351
福建	5,305	43,637	0	0
江西	11,598	65,954	1	5,380
山東	187	2,528	0	0
河南	736	26,337	2	3,341
湖北	4,185	93,547	3	8,134
湖南	29,683	233,243	0	0
廣東	3,877	69,886	0	0
廣西	3,947	29,023	0	0
海南	522	4,930	0	0
重慶	2,965	101,610	2	4,082
四川	17,204	645,243	7	92,601,717

表6-6(續)

地區	地質災害數（起）	地質災害造成直接經濟損失（萬元）	地震災害數（起）	地震災害造成直接經濟損失（萬元）
貴州	1,868	50,171	1	0
雲南	3,630	262,076	16	4,035,146
西藏	1,363	72,049	3	315,910
陝西	3,010	142,287	0	0
甘肅	12,822	805,407	5	2,450,414
青海	171	3,142	4	2,387,461
寧夏	61	3,183	0	0
新疆	452	116,712	27	1,398,979

數據來源：《中國環境統計年鑒2013》、國家統計局網站。

6.3.3 水環境問題

資源開發活動還會產生各種水環境問題。礦產資源開採和洗選過程中所產生的廢水會污染地表水和地下水、植被和土壤等，同時，也會破壞礦區水均衡系統，影響礦山地區的生態環境。截至2012年，中國每年因採礦業產生的廢水約占全國工業廢水排放總量的10%左右。

6.3.4 空氣污染問題

礦產資源開發過程中的廢氣、粉塵、廢渣排放，會產生大氣污染和酸雨。2012年，採礦業廢氣排放量占工業廢氣排放總量的2%左右，工業菸（粉）塵排放量占菸（粉）塵排放總量的5.3%。2012年，採礦業工業固體廢物排放量占工業固體廢物產生總量的50%，採礦業危險廢物產生量占工業危險廢物產生總量的23%。

6.3.5 生物多樣性破壞問題

生物多樣性減少是中國最嚴重的生態問題之一。2010 年發布的《中國生物多樣性保護戰略與行動計劃》對中國生物多樣性被破壞現狀進行總結：一是部分草原、淡水、濕地等生態系統功能不斷退化，海洋及海岸帶物種及其棲息地不斷喪失，海洋漁業資源減少。二是物種瀕危程度加劇，據估計，中國擁有的近 35,000 種野生高等植物中，瀕危比例達 15% ~ 20%；6,400 多種脊椎動物中，有 233 種面臨滅絕，約 44% 的野生動物呈數量下降趨勢。三是部分珍貴和特有的農作物、林木等資源流失嚴重。資源的過度開發、農業活動是造成生態系統退化的重要原因。特別是水電開發使得峽谷急流生態環境消失，對必須在流水中繁殖的魚類是致命損害。擁有 4,700 多種動植物資源的神農架，是中國乃至亞洲重要的生物多樣性保護示範區和生態敏感區，但目前已建有近 100 座水電站，將神農架多條河流截斷，造成不少河段斷流，嚴重威脅境內瀕危魚類的生存和繁衍。此外，長江也是中國水生生物最為豐富的河流，長江流域的魚類純淡水種類達 338 種，特有種為 162 種，但長江形成的密集的水電站梯級開發態勢，對長江上游水生生物，特別是珍稀、特有魚類產生了嚴重影響。1989 年，葛洲壩水電站建成後，中華鱘在長江上游絕跡；向家壩和溪洛渡水電站的建設使長江合江－雷波段珍稀魚類國家級自然保護區的核心區成為庫區，使得白鱘 90% 的產卵場被淹沒，達氏鱘 50% 的產卵場被淹沒。

6.4 小結

資源富集型貧困地區受「資源詛咒」的影響，經濟發展落

後，居民生活貧困，並由此產生了一系列問題。「資源詛咒」向經濟、社會、資源環境的方方面面滲透，發展怪圈進一步向後延伸，從而進一步影響地區可持續發展（見圖6-1）。為此，在找準資源富集型貧困地區形成的根本原因的基礎上，還應重視其後續影響，斬斷其影響鏈條，盡快解決出現的各種問題，阻止「資源詛咒」的全方位滲透。同時，為避免所有資源富集型地區都受「資源詛咒」的影響，應重視資源開發的後續影響，及時調整發展思路、轉變經濟發展方式、優化經濟結構，避免出現「資源詛咒」效應向多方面擴散的問題。

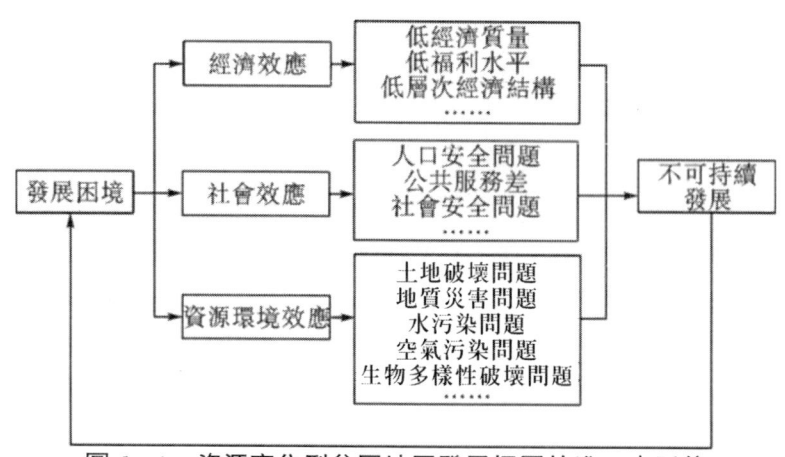

圖6-1　資源富集型貧困地區發展怪圈的進一步延伸

7 資源富集型貧困地區發展怪圈的案例
——基於四川省涼山州的分析

涼山州是四川省資源較為富集的地區，也是四川貧困面積最大、貧困程度最深、扶貧開發難度最大的貧困地區之一。近年來，涼山州憑藉豐富的水能資源和礦產資源，強力推進工業強州戰略，2011 年地區生產總值突破千億大關，位居全省第 7，地區生產總值年均增速居全省第 2 位，財政收入總量居全省第 2 位。然而，與資源富集和經濟高速增長相對應的是涼山州的深度貧困和經濟低質量，是較為典型的資源富集型貧困地區。

7.1 涼山州自然資源及開發情況

7.1.1 涼山州自然資源

7.1.1.1 水資源豐富

涼山州水資源豐富，金沙江、雅礱江、大渡河三江匯集，還有邛海、馬湖、瀘沽湖等 23 個內陸淡水湖和內陸地下水資源。過境的金沙江集水面積達 45 萬平方千米，雅礱江集水面積為 11 萬平方千米，集水面積在 10,000 萬平方千米以上的河流有 3 條，集水面積在 1,000 ~ 10,000 平方千米的河流有 15 條，集水面積在 100 ~ 1,000 平方千米的河流有 100 多條，水能蘊藏總量豐富。[①] 據估計，涼山州水能資源可開發總量為 6,387 萬千瓦，擁有全國 15% 的水能資源可開發量，是全國「西電東送」的重要基地。

7.1.1.2 礦產資源豐富

涼山地處著名的攀西裂谷成礦帶，是中國乃至世界罕見的「聚寶盆」。《四川省涼山彝族自治州礦產資源總體規劃》中指

---

① 水電資源富甲天下 涼山傾力打造中國水電王國 [N]. 四川日報, 2014 - 08 - 08.

出，涼山州現已探明礦種 103 種，有大型礦床 33 處，中型礦床 77 處、小型礦床 254 處、礦點 202 處。主要礦種中，釩鈦磁鐵礦保有儲量為 13.73 億噸，居全省第二位；富鐵礦為 4,985.8 萬噸，居全省第二位；冕寧耗牛坪稀土礦區的稀土資源儲量達 250 萬噸以上，居全國第二位，僅次於內蒙古包頭市；銅、鉛、鋅、錫（金屬量）為 485.07 萬噸，居四川省第一位，在大西南乃至全國都佔有重要的地位。

7.1.1.3 生物資源豐富

涼山是全省三大林區、三大牧區之一，生物資源豐富：有各類生物資源 6,000 餘種，其中，植物類 4,000 餘種，動物類 1,200 餘種，微生物類近千種，尤以木本和草本植物資源占優勢，僅中草藥類就達 2,500 餘種，占四川的一半以上；有森林面積 200 餘萬公頃，森林覆蓋率為 30.6%，活立木蓄積量達 2.3 億立方米；有草地 241 萬公頃，占總面積的 40% 以上。①

7.1.1.4 光熱資源豐富

涼山屬亞熱帶季風氣候，干濕季分明，冬暖夏涼，年平均氣溫為 14℃~17℃；日照較長，全年日照時數達 2,000~2,400 小時，日照輻射總量達 120~150 千卡/平方厘米·年；年降雨量為 1,000~1,100 毫米，無霜期有 230~306 天，光熱資源較為豐富。②

7.1.2 涼山州資源開發情況

憑藉豐富的礦產資源和水資源，涼山州形成以採礦業、資源粗加工和水電開發為主導產業的產業體系。2013 年，涼山州

---

① 林凌. 重塑四川經濟地理（下）[M] //涼山州：特色資源開發與彝區經濟社會文明建設. 社會科學文獻出版社，2013：1776.

② 王雲，李清波. 打造「世界苦蕎之都」——「大涼山」苦蕎產業發展之路 [N]. 四川日報，2012-07-12（20）.

資源開發相關產業工業產值占全部工業總產值的比重達89.0%。①

7.1.2.1 礦產資源開發情況

憑藉富集的礦產資源優勢，涼山州已陸續建成會東、會理、冕寧、鹽源、西昌鐵礦開發基地；會東、會理、甘洛鉛鋅礦開發基地；會理、會東銅礦開發基地；鹽源富鐵礦、鹽礦開發基地；冕寧、德昌稀土礦開發基地等，成為四川省乃至西部的礦產原料生產和加工重要區域。

涼山州礦產資源開發體系主要包括採掘業和礦產資源粗加工業。其中，採掘業以黑色金屬、有色金屬和非金屬礦採選業為主，2013年，其工業產值占全部工業總產值的比重達47.1%；礦產資源粗加工業以黑色金屬冶煉為主，2013年，其工業產值占比為30.5%②。

從涼山州礦產資源開發情況看，涼山州的資源開發主要以原礦開採如鐵礦、金礦、銅礦開採為主，重採掘輕加工，低附加值的採掘業產值遠大於有一定附加值的資源加工業產值，特別是有色金屬和非金屬加工業發展不足，主要工業產品為鐵礦石原礦、鉛金屬和鋅金屬，均為工業原材料。

7.1.2.2 水能資源開發情況

早在2005年，涼山州召開第一次水電開發大會時指出，水電資源是涼山第一資源，水電產業是涼山第一產業，水電企業是涼山第一企業。以三峽水電開發總公司、二灘水電開發有限公司、中國水利水電集團、「國電」「華電」等為代表的中國水

---

① 這裡的資源開發相關產業包括：工業中的煤炭開採和洗選業，石油和天然氣開採業，黑色金屬礦採選業，有色金屬礦採選業，非金屬礦採選業，其他採礦業，石油加工、煉焦和核燃料加工業，化學原料和化學製品製造業，非金屬礦物製品業，黑色金屬冶煉和壓延加工業，有色金屬冶煉和壓延加工業，以及電力、熱力生產和供應業。

② 根據《涼山州統計年鑒2014》數據計算得到。

電巨頭，先後在凉山州開工建設了金沙江溪洛渡電站、雅礱江錦屏一級電站、雅礱江錦屏二級電站、雅礱江官地電站、金沙江白鶴灘電站、大渡河瀑布溝電站等為代表的特大型水電站，同時，還在木里河、水洛河、鴨嘴河、西溪河、美姑河、尼日河、黑水河、安寧河、孫水河干流及支流等中小河流域佈局地方中小型水電站，成為全國最大的水電站基地。目前，溪洛渡、官地、錦屏一級、錦屏二級等大型水電站已相繼投產，總裝機已達2,400萬千瓦。然而截至2013年，凉山州發電量只有430.5千瓦，僅占四川的17.6%，電力、熱力生產和供應業產值約為140億元，僅占四川的11.4%。[1]

7.2 凉山州貧困的現狀與特點

7.2.1 連片貧困

凉山州是集中連片類型特殊的貧困地區，17個縣（市）中有11個是國家扶貧開發工作重點縣，占四川省的30.6%，集中連片的貧困地區面積達4.16萬平方千米，占轄區面積的68.9%。2013年，凉山州17個縣（市）有10個縣農村居民恩格爾系數在59%以上，為極度貧困地區，見表7-1。

表7-1　2012年凉山州各地區農村居民恩格爾系數

地區	恩格爾系數	地區	恩格爾系數	地區	恩格爾系數
西昌市	46.09	寧南縣	48.45	冕寧縣	49.87
木里縣	77.10	普格縣	56.93	越西縣	65.43

---

[1] 根據《凉山州統計年鑒2014》數據計算得到。

表7-1(續)

地區	恩格爾系數	地區	恩格爾系數	地區	恩格爾系數
鹽源縣	51.02	布拖縣	81.20	甘洛縣	75.92
德昌縣	67.68	金陽縣	79.04	美姑縣	72.14
會理縣	45.61	昭覺縣	65.45	雷波縣	73.44
會東縣	53.46	喜德縣	83.74		

數據來源：根據《涼山州統計年鑒2013》數據計算得到。

7.2.2 綜合貧困

涼山州經濟、教育、醫療、衛生、基礎設施、社會保障、環境保護、人力資源開發等社會文化事業都處在全國的最低水平。

從經濟方面看，與其他受到「資源詛咒」的國家和地區經濟停滯增長不同，涼山州經濟總量增長較快，但經濟質量低。2000—2013年，涼山州地區生產總值年均增速達13.6%，是四川經濟增長最快的地區之一，至2013年，涼山州實現地方公共財政收入110億元，在四川僅次於成都。但與全省其他市州相比，涼山州經濟發展水平較低，經濟水平、經濟質量等指標在全省的排位均靠後。2013年涼山州人均地區生產總值為26,556元，居全省13位，農民人均純收入為7,359元，居全省17位，城鎮化率為30.6%，居全省20位，工業化率為40%，居全省18位。從涼山州經濟發展階段來看，2013年涼山州第一產業比重高達19.3%，還處於工業化初期，經濟發展滯後於全省及其他發達地區，見表7-2。

從公共服務方面看，以衛生和教育資源為例，2012年，涼山州每千人衛生機構床位數僅為3.4床，每千人衛生技術人員數為3.1人，均低於全國和四川的平均水平；高中生師比為

20.3，初中生師比為 19.1，小學生師比為 23.4，均遠高於全國和四川的平均水平。衛生和教育資源遠不能滿足涼山州社會發展的需求，見表 7-3。

7.2.3 經濟貧困與生態貧困並存

涼山州境內地貌複雜多樣，高山、深谷、平原、盆地、丘陵相互交錯，海拔相對高差達 5,653 米。州內構造地貌發育充分，斷裂帶縱橫交錯，斷塊山、斷陷盆地、斷裂谷眾多。受地理環境和氣候條件的影響，涼山州干旱、洪澇、低溫、雪災、泥石流等自然災害頻發。從四川主體功能區分類來看，涼山州的寧南、普格、喜德、越西、甘洛、美姑、雷波、布拖、金陽和昭覺 10 縣均為生態環境脆弱的省級限制開發區（重點生態功能區），資源開發代價大。土地資源的無效開發、礦產資源的過度開採、林木資源的過度砍伐，使原本脆弱的生態環境更加惡化，個別地區已陷入「貧困—生態環境破壞—更加貧困」的惡性循環，無法脫貧。

7.2.4 貧困與疾病相互交織

涼山州貧困的突出特點還表現在貧困與疾病相互交織，使得貧困程度進一步加深。在貧困地區，居民生活相對單調，知識相對貧乏，自我保護意識相對缺乏，身體健康素質相對較低，因病致貧、因病返貧現象較為突出。在涼山州貧困和愛滋病相互交織的地區，經濟社會發展極度落後。本書以涼山州美姑縣為例進行分析：①經濟規模小。2013 年美姑縣地區生產總值僅為 18.17 億元，僅占涼山州的 1.5%；美姑縣工業增加值僅為 2.74 億元，不足涼山州的 0.6%。②產業層次低。2013 年，美姑縣三產結構為 38.9：29.7：31.4，工業化率僅為 13.7%，還處於前工業化時期，遠滯後於全州、全省和全國的發展。③經

濟水平低。2013年美姑縣農村居民人均純收入為4,556元，僅相當於全國平均水平的57.7%。④城鎮發展嚴重滯後。2013年，美姑城鎮化率僅為7.9%，遠低於全州30.6%和全省44.9%的城鎮化率。具體見表7-2。⑤衛生、教育等資源嚴重不足。2012年，美姑縣每千人衛生機構床位數為1.6床，每千人衛生技術人員數為1.5人，每千人執業（助理）醫師數僅為0.3人，而中學生師比、小學生師比遠高於全州、全省平均水平，師資力量嚴重匱乏，見表7-3。

表7-2 2013年涼山州及各縣（市）主要經濟社會指標

	地區生產總值（億元）	人均地區生產總值（元）	產業結構	工業化率（%）	城鎮化率（%）	地方公共財政收入（億元）	農民人均純收入（元）	城鎮人均可支配收入（元）
四川省	26,260.8	32,454	13.0：51.7：35.3	44.1	44.9	2,784.1	7,895	22,368
涼山州	1,214.4	26,556	19.3：52.9：27.8	40.0	30.6	110.0	7,359	21,699
西昌市	373.54	50,342	10.0：53.0：37.0	42.6	55.3	28.82	10,340	25,819
木里縣	24.51	18,778	20.2：52.4：27.4	22.9	13.0	4.48	4,967	19,631
鹽源縣	77.06	21,800	19.6：62.8：17.6	46.2	26.8	7.71	6,582	19,988
德昌縣	58.09	26,958	24.6：47.8：27.6	31.3	31.4	4.84	10,155	21,756
會理縣	205.67	47,119	16.9：61.3：21.8	53.3	37.8	14.01	10,107	21,925
會東縣	113.46	30,915	29.8：50.3：19.9	41.5	33.8	8.56	9,765	19,946
寧南縣	44.85	25,482	27.5：45.3：27.2	32.4	28.4	3.85	9,107	19,882
普格縣	21.62	13,707	32.5：36.3：31.2	19.1	20.2	1.40	5,562	19,331
布拖縣	23.93	14,727	25.1：53.4：21.5	42.0	17.5	1.15	4,704	19,612
金陽縣	24.25	14,567	23.3：53.8：22.9	44.4	14.1	1.26	4,659	19,118
昭覺縣	21.45	8,684	39.0：27.6：33.4	13.7	19.2	1.15	4,919	18,523
喜德縣	19.79	11,960	28.7：41.6：29.7	30.9	22.7	1.09	4,650	17,459
冕寧縣	83.99	23,964	20.0：55.4：24.6	32.3	35.6	5.81	8,498	19,821
越西縣	34.71	12,951	29.0：42.7：28.3	30.3	24.4	2.31	5,213	18,816
甘洛縣	23.77	12,221	22.7：45.2：32.1	34.7	18.6	1.36	4,597	18,871
美姑縣	18.17	8,354	38.9：29.7：31.4	15.1	7.9	1.41	4,556	18,680
雷波縣	45.53	20,463	20.8：58.0：21.2	30.4	25.7	4.23	5,258	18,591

數據來源：《四川統計年鑒2014》。

表7-3　2012年涼山州及各縣（市）衛生、教育指標情況

地區	每千人衛生機構床位數（床）	每千人衛生技術人員數（人）	每千人執業（助理）醫師數（人）	中學生師比	小學生師比
四川省	4.8	4.8		15.7	18.4
涼山州	3.4	3.1	1.2	19.4	23.4
西昌市	7.3	8.3	3.2	18.8	21.7
木里縣	2.8	2.3	1.1	17.5	17.0
鹽源縣	2.0	1.4	0.7	20.8	23.4
德昌縣	4.8	3.7	1.5	16.9	21.1
會理縣	3.0	2.6	1.1	19.7	19.8
會東縣	2.4	1.6	0.8	22.3	26.4
寧南縣	3.5	3.2	1.1	17.1	19.2
普格縣	2.2	1.9	0.8	18.3	28.2
布拖縣	1.9	1.8	0.5	19.1	23.1
金陽縣	3.0	1.8	0.9	18.6	24.7
昭覺縣	1.7	1.3	0.5	22.1	24.1
喜德縣	1.8	2.0	0.8	22.5	24.5
冕寧縣	2.7	2.2	0.9	22.7	21.6
越西縣	2.1	2.0	0.7	16.1	27.3
甘洛縣	2.4	2.4	0.9	21.9	22.2
美姑縣	1.6	1.5	0.3	15.0	25.6
雷波縣	2.0	1.7	0.8	16.2	29.2

數據來源：《四川統計年鑒2013》。

7.3 涼山州的發展怪圈

從前面的分析可以看出，涼山州屬於典型的資源富集型貧困地區。長期以來，涼山州經濟貧困、生態貧困、文化貧困與社會貧困相互交織、相互影響，並在更高程度上交織形成一個怪圈，是四川、西部乃至全國受「資源詛咒」影響程度較深的地區。其發展怪圈由以下怪圈交織而成（見圖7-1）：

7.3.1 貧困—資源開發—資源依賴—經濟貧困和經濟的不可持續性

雖然涼山州經濟總量增長較快，但經濟增長的動力主要來源於礦產資源和水電資源的大規模開發，對資源產業有高度依賴性，其投資結構和產業結構較為單一，製造業和服務業發展均不足，對居民就業的帶動力較弱，居民生活極度貧困，經濟社會發展質量較低，經濟增長方式不可持續。

7.3.2 貧困—資源開發—資源耗竭—經濟的不可持續性

涼山州有大中型礦床110處，大部分已開發。涼山州已開發的金屬和非金屬礦多為可回收的不可再生資源。由於涼山州礦山開採生產技術落後，採選回收率低，綜合利用差，目前，已有部分礦產資源儲量的開採和消耗遠遠大於新增資源儲量，存在較大資源耗竭風險，影響涼山州經濟發展後勁。

7.3.3 貧困—資源開發—生態貧困和生態的不可持續性

涼山州多山區，生態環境脆弱，自然災害頻發，自然條件

原本就較為惡劣。同時，涼山州礦產資源雖富集，但貧礦多、富礦少，如貧鐵礦占鐵礦總量的95%。對礦產資源的過度開採，不僅使得資源耗竭、生態破壞，同時也進一步加大了礦產資源勘查和開發的難度，更進一步加大對生態環境的破壞，使原本脆弱的生態環境更加惡化。

7.3.4 貧困—疾病—社會貧困和社會的不可持續性

貧困往往不局限於經濟貧困，經濟的貧困會向經濟、社會、資源環境的各方面滲透和蔓延。對資源富集型貧困地區而言，資源開發往往會帶來氟中毒、砷中毒等地方性疾病。而在涼山州，血吸蟲病、包蟲病、愛滋病等疫情較為嚴重。對地方性疾病的防治將進一步擠占原本就不足的財政資金和公共服務資源；同時，部分疾病具有傳染性，而患病人口的流動又將可能會更大範圍地對人口安全和社會安全帶來挑戰。

由此可以看出，涼山州的貧困問題已不單純是經濟貧困，而是經濟貧困、生態貧困、文化貧困與社會貧困相互交織，成為影響涼山州經濟社會可持續發展的重要因素。

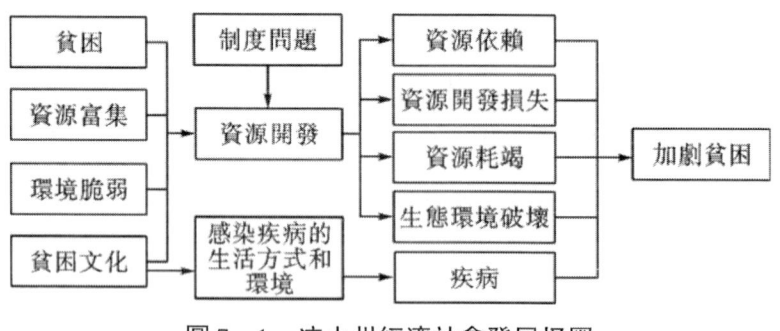

圖7-1 涼山州經濟社會發展怪圈

7.4 涼山州發展怪圈形成的根源

7.4.1 資源開發與發展怪圈

涼山州可持續發展困境形成的主要原因是資源管理相關製度不健全及對資源的過度依賴。涼山州的資源開發和資源依賴主要有以下幾個特點：

7.4.1.1 資源產業後向關聯度不高

2013年，涼山州41個工業大類中，工業產值占比達5%的行業只有6個，均為資源型產業，分別是黑色金屬礦採選業、有色金屬礦採選業、非金屬礦採選業、化學原料和化學製品製造業、黑色金屬冶煉和壓延加工業以及電力、熱力生產和供應業，這6個行業工業產值合計77.4%[①]。而其他行業發展均不足，特別是裝備製造業、計算機等具有高附加值產業的產值均為零，資源型產業鏈條短，產業關聯度低，對經濟發展的帶動性不強。

7.4.1.2 資源產業對就業的帶動力弱

2013年，涼山州第一產業就業人員有176.8萬人，占就業人員總數的62.1%；工業就業人員僅為24.1萬人，占就業人員總數的比重只有8.5%，其中，採掘業、製造業和電力開發業就業人員分別為11.1萬人、10.8萬人和2.3萬人，占就業人員總數的比重分別只有3.9%、3.8%和0.8%。涼山州工業增加值占地區生產總值的比重達40%，而吸納的就業人員不足10%，資源產業的發展並未能推動涼山州的勞動力轉移，對就業的帶動

---

① 根據《涼山州統計年鑒2014》數據計算得到。

力較弱，更沒有拉動涼山州居民的收入增長。具體如圖7－2所示。

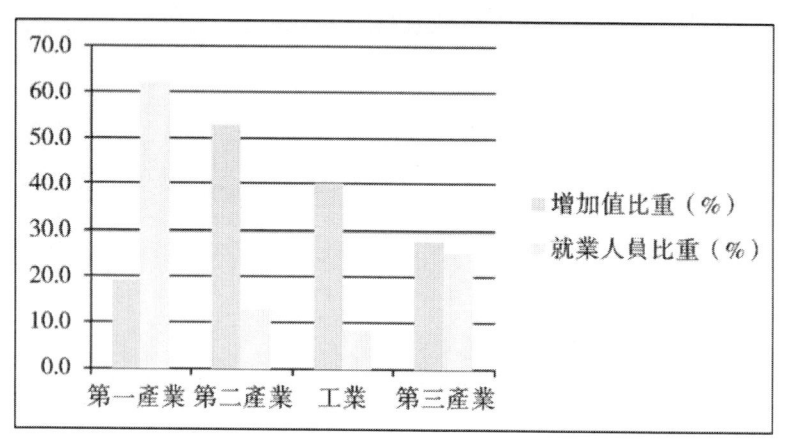

圖7－2　2013年涼山州產業結構與就業結構比較

7.4.1.3　資源產業擠占了其他產業和領域的投資

2003年以來，涼山州全社會固定資產投資年均增速達30％，是典型的投資驅動型經濟增長方式。

從投資領域來看，投資的重點方向是以水電開發為主的資源型產業。2003—2013年涼山州水電投資累計完成1,907.6億元，年均增速為29.7％，為全州投資最多的行業。2013年，在溪洛渡、官地等特大型水電站建成投產後，水電產業投資仍達357.7億元，占全州全社會固定資產投資的36.6％，而在此前大規模水電站建設期間，水電產業投資占比曾高達60％。

從投資渠道來看，國有投資特別是以資源開發為主的國有投資仍然是投資的主體。2013年，國有投資占全州全社會固定資產投資的比重達70.8％。

從投資區域來看，涼山州全社會固定資產投資的重點是安寧河5縣一市（即西昌、德昌、會理、會東、冕寧、寧南），其投資總額占全州的60％，而其他11個國家扶貧開發重點縣投資合計僅占全州的32.3％。這種投資的不均衡性，進一步加劇了

各縣市經濟發展的不均衡性。

7.4.1.4 資源開發未能帶來應得的經濟利益

作為四川、西部乃至全國重要的礦產資源和水電資源開發基地，涼山州理應在資源開發中獲得長足發展。然而，由於中國資源稅費製度、資源收益分配製度不夠健全，涼山州豐富的資源未能體現其真正的價值，資源開發收益的隱形損失較為嚴重。中國資源稅費製度存在製度建設滯後、稅率較低、徵稅範圍較窄等問題，資源稅所能貢獻的稅收收入較低。同時，涼山州自身財力不足，為引進開發資金和企業，提出了土地、資源、稅收等諸多優惠條件，而引進的資源開發企業多為中央和國有大型企業。在國家制定資源稅和水資源費製度前，這些企業相當於是在免費使用涼山州的礦產和水電資源；而在制定相關資源稅費製度後，這些企業又可以直接向國家申請減免稅優惠或享受地方提供的減免稅優惠政策，也相當於在免費使用資源，使得涼山州資源開發收益未能真正體現資源價值。2013年，涼山州資源稅收入僅為3.6億元，占地方財政收入的比例僅為3.3%。[①]

7.4.2 貧困文化與發展怪圈

在資源富集型貧困地區的形成中，文化是一個比較重要的因素。思想封閉、觀念落後、信息不暢和教育落後是資源富集型貧困地區特有的貧困文化。經分析可發現，西藏、青海、四川甘孜和阿壩均為藏族聚居地區，信仰藏傳佛教；寧夏為回族聚居地區，信仰伊斯蘭教，受藏傳佛教、伊斯蘭教等宗教教義的影響，這些地區民族文化自淨能力較強。[②] 而貧困與疾病相互交織的四川涼

[①] 根據《四川統計年鑒2014》數據計算得到。
[②] 包廣靜. 基於文化作用機制分析的愛滋病預防控製對策研究——以雲南為例[J]. 西北人口，2009（2）：106-109.

山，除民族文化素質較低、思想封閉等特徵外，民族文化自淨能力較弱，也是貧困亞文化中的一大特性。涼山州的貧困文化主要有以下表現：

7.4.2.1 民族文化自淨能力較弱

在貧困與疾病相互交織的涼山州，部分居民缺乏對外來事物的合理認知，民族文化自淨能力較弱。在缺醫少藥和經濟貧困的情況下，他們未能抵擋販毒集團的引誘和欺騙，認為毒品是治病良藥，買賣毒品是做生意，不能算是犯法，認為毒品「洋氣」，吸食鴉片「時髦」。四川涼山的昭覺、布拖等地部分原本生活富足的年輕人追求新奇消費，染上了毒癮，成為吸毒、販毒的主要人群。

7.4.2.2 文化素質整體偏低

全國第六次人口普查資料顯示，涼山州文盲率高達19.31%，分別高出全國和全省平均水平14.43和12.76個百分點；2010年全國平均受教育年限為8.81年，四川為8.16年，而涼山州僅為6.28年，彝族人口不足6年，遠低於全國和全省平均水平。在涼山州貧困地區，由於經濟發展水平較低，基礎設施、公共服務、城市建設滯後，無法吸引和留住人才，使得貧困地區發展的思維、觀念、基本素質等整體相對落後，進一步加劇了貧困地區的貧困。

7.4.2.3 不良的傳統風俗習慣

涼山州作為全國最大的彝族聚居區，在經濟社會快速發展的同時，思想觀念更新發展相對滯後，留存了一些傳統民風民俗，如「封閉的性觀念、開放的性行為」的兩性觀念、「隨地而坐、席地而臥、裹氈而眠」的生活習慣和「吸毒洋氣、共用針頭吸毒義氣」的思想認識等，形成了較為特殊的貧困亞文化。

7.4.3 疾病與發展怪圈

從經濟發展與健康的關係來看，貧窮與疾病有著較大聯繫，

發展中國家傳染病發病率比發達國家高，農村傳染病發病率比城市高。這是由於貧困地區經濟落後、醫療水平落後，貧困人群住房簡陋、環境衛生差、知識相對貧乏、自我保護意識相對缺乏，患病概率大。貧病相連、因病致貧、因病返貧是貧困地區和貧困人群面臨的嚴峻挑戰。

7.5　小結

對涼山州的案例分析可以看出，資源富集型貧困地區的發展困境往往不會僅停留在經濟貧困方面，其「資源詛咒」效應會向經濟、社會、環境、文化、衛生等方方面面滲透。在涼山州，經濟貧困與文化貧困相互交織，經濟貧困與生態貧困相互交織，貧困與愛滋病、血吸蟲病、包蟲病等地方病相互交織，成為加劇貧困、影響地區可持續發展的重要因素。為此，要解決資源富集型貧困地區的可持續發展問題，還應區分貧困地區類型、貧困人群，針對不同貧困地區類型和人群制訂不同的發展方案，實施精準扶貧戰略。

8 資源富集型貧困地區可持續發展的路徑設計

可持續發展是建立在經濟、社會、人口、資源和環境相互協調和共同發展基礎上的。資源富集型貧困地區要擺脫發展困境，首先必須盡快從思想層面上強化生態環境意識；其次要盡快建立完善促進資源富集型貧困地區可持續發展的政策措施，解決制約資源富集型貧困地區可持續發展的製度障礙；三是將生存和發展問題結合起來，通過實施生態移民、精準扶貧、完善基礎設施和公共服務，為資源富集型貧困地區提供公平發展的機會；四是根據可持續發展、包容性增長和生態文明建設破解「資源詛咒」的思路，從人口、經濟、社會、文化、環境等方面進行系統性的規劃建設，提升資源富集型貧困地區的可持續發展能力，將區域被動式增長轉變為主動式可持續發展。

8.1 強化生態環境意識

8.1.1 強化生態人及生態意識

生態意識缺乏是現代生態危機的深層次根源，也是資源富集型貧困地區形成的根本原因。從哲學意義上來看，生態意識是生態存在的觀念反應，它反應了人類主體對自己生存發展於其中的生態存在即社會生態系統的深層把握，強調從生態價值的角度審視人與自然之間的關係。目前中國公民的生態意識水平還不高。這主要表現在如下幾個方面：一是公民生態價值意識存在誤區，部分公民仍固守「人類中心主義」的生態價值觀念，導致其缺乏對自然生態敬畏的價值理性，部分公民缺乏保護生態應有的眼界，較少從生態均衡、生態保護角度反省自己的行為，往往以人類獨尊的心態對待生態環境，浪費自然資源；二是公民生態責任意識欠缺，由於國家對公民生態責任缺乏明

確的要求和必要的調控機制，一些公民將生態環境的保護視為與己無關的事；三是生態道德意識尚未通過實踐內化為自我規範意識；四是生態審美意識欠缺，部分公民對生態環境缺乏美的欣賞和美的情感；五是生態憂患意識教育缺失，部分公民對生態環境惡化給國家和民族帶來的生存威脅熟視無睹；六是生態科學意識嚴重不足，近年來，中國的生態教育雖已展開，但相當多的公民對生態環境仍缺乏科學的認知；七是生態消費意識的扭曲，部分公民無視生態環境的承受力，有及時行樂、無限度滿足自我慾望的消費觀念。事實上，有的公民精神觀念處於自我悖論狀態：一方面是需求與消費無度，導致資源消耗加劇、生態環境破壞；另一方面又渴望綠色的生態環境，渴望人與自然和諧發展。

為此，應加快培育生態人和生態意識：一是應將生態理念與基礎知識植入從幼兒園到大學的全程教育體系，甚至延伸到公民的終身教育培訓體系，尤其應該加強黨政幹部、企事業單位人員的生態教育與環保培訓；二是加強輿論宣傳，增強公眾環境意識，形成自覺的環保行動，實現公民生態意識教育普及化；三是以文化建設與開發為契機，大力發展生態文化，避免不適應現代生態文明需要的傳統文化，如「多子多福」和「重男輕女」的生育文化，「靠山吃山」「靠水吃水」的過度索取文化，重存欄、輕出售與宰殺的養殖文化和財富理念，過分崇尚天然、野味、鮮活以及「吃什麼補什麼」的飲食文化，奢侈、鋪張、講排場、攀比和炫耀的消費文化以及過分依賴野生動植物的中（藏）醫藥文化。

8.1.2 挖掘宗教生態文化

中國是一個多民族多宗教的國家，宗教文化是中國培育生態意識的又一個思想資源。在中國，佛教、道教、伊斯蘭教影

響深遠，各種宗教教義均反應出深刻的生態和諧思想。例如，佛教認為天地同根、眾生平等、萬物一體，主張生命主體應與大自然和諧共處；道教也強調人與自然應該和諧共處，並指出最高的社會理想應該是要順應自然。同時，西部地區是少數民族聚集地，一些少數民族也保持著本民族長期形成的傳統文化和宗教信仰，部分少數民族對山水敬畏，這對保護大自然、保持生態平衡有積極作用。

在資源富集型貧困地區，要積極引導傳統宗教文化與現代發展意識形態相結合，宗教文化與經濟社會發展、資源環境保護相結合。一是大力宣傳有利於保護生態環境的宗教教義，維護大自然的和諧。二是加強對宗教工作的依法管理。三是加快改革創新，將生態文化融入傳統教義，進一步完善和豐富宗教教義，以便更好地為保護環境服務。除山水、動植物外，宗教教義還應強化對礦產等資源的關注和維護。四是要科學地保護和開發宗教文化遺產，突出文化內涵，不能過度開發。

8.1.3　強化戰略資源保護意識

在對資源進行合理開發利用的基礎上，要樹立戰略資源的保護意識，保護資源的可持續供給能力，促進資源的可持續利用。

以稀土為例。早在20世紀60年代，包頭市稀土礦產資源儲量占世界稀土礦產的90％。但經過50多年的開採，目前中國稀土資源僅占世界稀土總儲量的30.7％。而美國、澳大利亞、加拿大等國家卻對稀土資源實行限制或停止開發，大量從中國進口稀土產品囤積，作為戰略資源儲備。其中，日本從中國進口的稀土礦產占進口量的83％，並從2006年3月宣布將稀土作為其戰略儲備資源之一。日本東京大學名譽教授日尾嘉南就資源安全戰略撰文。他認為稀有金屬將成為日本的「生命線」。稀土

如僅在開採、冶煉和原材料加工等方面是不能帶來可觀的經濟效益的，而二次使用卻可帶來巨大的經濟效益，尤其是在電子、軍工以及高科技產業方面的稀土功能材料能產生的涉及國家安全和發展的效應。目前，美、日等國掌握了生產稀土功能材料的核心技術，形成了系列專利。中國由於缺乏自主創新的專利技術，對稀土高附加值的產品沒有出口權。

隨著科學技術的發展和各國對資源產品需求的增加，戰略資源的種類和結構均發生了巨大變化，戰略資源開發區域將從陸地擴展到海洋。當前，戰略資源對國家安全的重要性日益顯著，各經濟大國紛紛對重要資源進行戰略性儲備，以增強應對突發事件和抵禦國際市場風險的能力。

針對當前中國重要戰略資源無序開發、部分資源儲量日益減少等問題，國家首先應對稀土等重要戰略資源實施國家管制和保護，並形成對戰略資源保護的社會主流意識，重視和強化對戰略資源的保護的立法和司法的作用，要從「國家意識」的高度，深刻地理解和把握國家對稀土等戰略資源保護和管制的決心，採取有效措施予以保證落實。其次，在國家層面制定《戰略資源保護條例》，對戰略資源類別、資源保護、資源開發行業准入、技術等進行明確規定。對中國現存的稀土等戰略性資源和企業佈局做戰略性的調整和重組，對戰略性資源從資源初級產品加工向研發、深加工轉變。國家已將41種稀土金屬、合金、氧化物和鹽類等商品列入加工貿易禁止類商品目錄，還應該根據需要繼續做戰略調整。再次，除對戰略資源加強保護外，對於其他資源要考慮其可耗竭性，應該在保護中開發，合理開發、高效利用，加強對資源二次開發的研究。最後，對生態環境脆弱的地區，應禁止資源開發和水電站建設，加強對資源的保護，維持生態平衡。

8.1.4 強化現代產業發展文化

現代產業發展文化是指導現代產業體系發展的意識形態和行為規範，是現代產業、企業先進文化的集大成和概括結晶。產業是各種生產要素以企業組織為單位、以國民經濟部門分工為基礎的經濟形式，產業發展是整個國民經濟發展的主體，產業發展文化在一定程度上決定了產業發展和國民經濟發展的質量。現代產業發展文化，要著眼於產業、企業和產品的可持續發展。產業可持續發展是指要將產業自身發展規律與資源有效利用、生態環境保護和產業長遠發展有機結合，包括三次產業的可持續發展、三次產業的協調發展和企業可持續發展等。企業可持續發展是指企業發展既要考慮實現企業的經營目標和提升企業的綜合競爭力，又要考慮企業的環境責任和社會責任。

在產業可持續發展觀的指導下，產業發展首先要運用有效的製度安排和經濟手段，加大研發力度，提高資源利用率，增強資源再生能力。其次，要在全國範圍內協調產業佈局和產業協調發展，杜絕以犧牲資源富集型貧困地區的發展需求來滿足發達地區的發展，杜絕以犧牲後代人的發展需求來滿足當代人的發展。最後，在三次產業的發展上，要科學認識產業結構優化的概念，產業結構調整要以各地區資源稟賦、資源環境承載力為基礎，不能忽視農業對經濟發展的作用，在工業方面要盡快推廣清潔生產，盡快淘汰高耗能、高污染產業。對於生態環境脆弱、生態價值較高的資源富集型貧困地區不鼓勵發展高污染的資源型工業，而應建立以生態農業和生態服務業為主，提供生態產品的生態產業體系。

對企業組織而言，現代企業發展文化，是一種新型現代管理理念。一是要明確企業的環境效益和社會責任，將生態理念轉化為企業經營管理者的經營理念，並融入企業文化，形成現

代企業發展文化、現代企業生態文化。二是要將生態理念貫穿於企業經營的各個方面，貫徹到企業決策、技術創新、技術應用、產品設計研發、採購、生產、銷售等各生產環節中。三是要增強企業核心競爭力，引進先進生產技術以及低耗能、低污染的生產設備，加大技術研發經費投入，加強對綠色環保產品、高新尖產品的研發力度。四是要形成健全的科技研發人才體系，樹立環保責任意識，引導他們在科技研發中節約資源、完善科學技術。

8.2 建立和完善相關的監測、評價和考核體系

8.2.1 試點實施綠色 GDP 考核體系

綠色 GDP 核算，包括資源核算和環境核算，其中環境核算又包括環境污染核算和生態破壞核算，旨在以原有國民經濟核算體系為基礎，將資源環境因素納入其中，通過核算描述資源環境與經濟之間的關係，提供系統的核算數據，為可持續發展分析、決策和評價提供依據。1993 年，聯合國在 SNA–1993 中心框架基礎上建立了綜合環境經濟核算體系（Integrated Environmental and Economic Accounting，簡稱 SEEA）作為 SNA 的附屬帳戶，出版了綜合環境經濟核算指導手冊，並首次正式提出了「綠色 GDP」的概念。聯合國此後又相繼公布了 SEEA–2000 和 SEEA–2003 以及 SEEA–2003，對綜合環境經濟核算體系進行了全面闡述，詳細說明了將資源耗減、環境保護和環境退化等問題納入國民經濟核算體系的概念、方法、分類和基本準則，構建了綜合環境經濟核算的基本框架。聯合國統計委員會第 44 屆會議（2013 年 2 月 26 日至 3 月 1 日）批准將環境經濟核算製

度中心框架作為環境經濟帳戶的國際標準，在世界各國和地區推廣應用。根據聯合國統計署提出的綠色 GDP 的概念和核算方法，在理論上，綠色 GDP 與 GDP 的關係可以用下式表示：綠色 GDP = GDP - 固定資產折舊 - 資源環境成本 = NDP - 資源環境成本。其中，NDP 是國內生產淨值。從上式可看出，綠色 GDP 是與 NDP 相對應的，而不是與 GDP 相對應的。

國家環境保護總局和國家統計局曾於 2004 年共同成立了課題組，對中國綠色 GDP 核算進行研究和開發，在北京、天津等 10 個省市開展綠色 GDP、污染損失調查和評估的試點工作，推出了《中國綠色國民經濟核算研究報告（2004）》。報告指出中國環境污染損失超過 GDP 的 3%。但此後部分省市退出試點，研究工作沒能突破核算方法和地方政績觀的雙重障礙。2008 年，課題組轉向啟動「中國資源環境統計指標體系」項目，新的指標體系主要包括資源、環境、生態和應對氣候變化四個方面的核心指標，側重於強調資源與環境的耗費強度，不與 GDP 掛鉤。

雖然綠色 GDP 研究工作受阻，但餘熱未消，並逐漸從理論研究走向實踐。2013 年，湖南省率先提出在全國試行綠色 GDP 指標考核體系，在長沙、株洲、湘潭以及下轄縣市區等地區進行試行。這套指標體系一級指標為經濟發展、資源消耗和生態環境三個層面，三個層面權重分別為 40%、30% 和 30%，共計 22 個指標。其中，經濟發展方面的二級指標包括 GDP 增速、人均 GDP、第三產業比重、居民收入、高新技術產業占比等；資源消耗方面的二級指標包括單位 GDP 能耗、單位 GDP 水耗等；生態環境方面的二級指標包括環境保護費用占 GDP 比重、工業「三廢」排放量占 GDP 比重、綠化覆蓋率、城市空氣質量良好天數達標率等。這套指標體系存在兩個問題：一是經濟發展層面權重仍然較大；二是仍然使用了 GDP 增速指標。這套指標體系並不滿足可持續發展理念。

環顧其他國家，尋找 GDP 的替代或補充指標早已不是新鮮事：在經濟理論界，1972 年，威廉・諾德豪斯和詹姆斯・托賓發明了「經濟福利尺度」；1989 年赫爾曼・達利和小約翰・柯布、克利福德・柯布父子又研究出「可持續經濟福利指數」。不丹國王在 20 世紀 70 年代宣布，其目標不是增加 GDP，而是增加 GNH（國民幸福總值）。1990 年，聯合國提出「人文發展指數」（HDI），由人均 GDP、國民健康和教育素質等指標構成。新的社會發展衡量指標在部分國家的地方政府得到小範圍應用，但目前還沒有一套能被世界各地廣為接受和普遍應用的指標體系。

經歷了 30 餘年的高速增長，中國迫切需要一套較為完善的資源環境統計指標體系，對資源環境進行全面核算，用以反應資源環境消耗，及其與經濟社會發展的關係。特別是在當前經濟結構調整壓力下，對綠色 GDP 的需求更為迫切。國家統計部門應加快對 2008 年國民帳戶體系和 SEEA 進行研究，盡快建立實施 SEEA 的綜合信息體系，納入核算框架，並以綠色 GDP 為基礎建立綠色 GDP 考核體系。

8.2.2 構建國家和地區層面的自然資源資產負債表

編制並應用自然資源資產負債表是完善自然資源管理製度的重要基礎，也是開展綠色 GDP 核算的重要基礎。自然資源資產負債表是反應一個地區在某時期自然資源資產的存量及變動情況的報表。該報表要求對當期各經濟主體對自然資源資產的佔有、使用、消耗、恢復及增值情況進行全面記錄，用以計算當期自然資源資產實物量和價值量的變化。目前，國家統計局正探索編制自然資源資產負債表，已有部分地區在進行試點工作。2015 年 2 月，三亞市發布《三亞市自然資源資產負債表》。三亞自然資源價值為 2,000 餘億元，為該市 2014 年地區生產總

值的 5 倍以上。[①]

建立自然資源資產負債表，首先需要確定自然資源的種類和範圍，並根據資源特點，確定分類標準，對自然資源進行分類；其次，要充分借鑑國際經驗，建立一個與國際接軌、與國家統計核算製度銜接、自然資源實物量和價值量相統一的自然資源資產負債核算體系；再次要明確自然資源資產負債表的內容，包括各類資源核算指標、生態環境核算指標、價值量和實物量核算及方法等；最後要對全國各地區自然資源進行調查、登記、評估，並登記入帳。

8.2.3　建立差別化的幹部政績考核體系

轉型壓力下，「不唯 GDP 論英雄」在中國也喊了多年。目前，國家已規定不能簡單地把經濟總量和增長速度作為幹部提拔任用的依據，中國 2,000 多個縣市中已有超過 70 個縣市取消了地區生產總值考核。2014 年 6 月，四川公布了《四川省縣域經濟發展考核辦法（試行）》，將四川 183 個縣（市、區）根據《四川省主體功能區規劃》的要求劃分為市轄區、重點開發區縣、農產品主產區縣和重點生態功能區縣。考核辦法規定，在市轄區和重點開發區縣，重點考核促進經濟加快發展的指標，經濟指標權重達 50%，其中，地區生產總值及增速、工業增加值及增速、稅收收入以及城鎮化率 4 項指標權重最大；在農產品主產區縣，經濟指標權重達到 49%，其中農林牧漁業增加值及增速、糧食總產量及增速、稅收收入以及城鎮化率 4 項指標權重最大；在重點生態功能區縣，經濟指標權重為 48%，其中，農林牧漁業增加值及增速、稅收收入以及城鎮化率 3 項指標權

[①]　三亞自然資源估值 2,000 億元，資產負債表編制完成［EB/OL］.（2015－02－19）［2016－08－20］. http://www.hi.chinanews.com/hnnew/2015－02－09/374964.html.

重較大，同時，還要重點考核貧困人口變動情況、森林覆蓋率。這種分類考核辦法，既符合四川實際，也符合當前經濟轉型的要求，是一種相對科學的考核辦法，可為資源富集型貧困地區提供借鑑。但要注意的是，四川縣域經濟發展考核辦法仍然具有一定局限性：一是雖然指標權重有所側重，但在農產品主產區、重點生態功能區縣仍然要考核稅收收入、城鎮化率等經濟類指標，在政策上不符合國家發布的《全國主體功能區規劃》的要求，在實際運用上，由於農產品主產區、重點生態功能區不鼓勵工業發展，其稅源較少，考核稅收收入等經濟指標也不盡合理；二是指標體系以增速為主，從統計的角度來講，總量越大的指標保持高增速的可能性越小，總量越低的指標實現高增速越容易，相對而言，考核經濟質量比考核經濟增速更為合理；三是實踐中不具備可操作性，雖然重點生態功能區縣不考核地區生產總值，但其所在的市要考核地區生產總值，因此，在實際操作中，重點生態功能區縣仍然要測算和考核地區生產總值，只是未公開而已。因此，這套方法仍然需要改進。

2011年發布的《全國主體功能區規劃》指出，要根據不同區域的資源環境承載能力、現有開發強度和發展潛力，確定不同的發展方向和重點，實行各有側重的績效考核評價辦法。其中，重點開發區實行工業化城鎮化水平優先的績效評價，綜合評價經濟增長、吸納人口、質量效益、產業結構、資源消耗、環境保護以及外來人口公共服務覆蓋面等內容。農產品主產區實行農業發展優先的績效評價，強化對農產品保障能力的評價，主要考核農業綜合生產能力、農民收入等指標，不考核地區生產總值、投資、工業、財政收入和城鎮化率等指標。重點生態功能區實行生態保護優先的績效評價，強化對提供生態產品能力的評價，主要考核大氣和水體質量、水土流失和荒漠化治理率、森林覆蓋率、森林蓄積量、草原植被覆蓋度、生物多樣性

等指標，不考核地區生產總值、投資、工業、農產品生產、財政收入和城鎮化率等指標。

根據《全國主體功能區規劃》的要求，本書初擬了一個考核指標體系（見表8-1），參考四川省的做法，可將全國2,853個縣級單位劃分為重點開發區、農產品主產區和重點生態功能區，實行分類考核。在具體實施中有以下要求：一是幹部政績考核指標要以考核經濟質量和生態環境為主；二是盡快建立綠色地區生產總值核算體系和編制資源負債表，在此基礎上進行幹部政績考核。在綠色地區生產總值未實施前，對地區生產總值要慎用。從重點生態功能區開始，直至所有地區都擯棄地區生產總值考核。

表8-1　　　　　　幹部政績分類考核指標體系

	指標	權重（%）		
		重點開發區	農產品主產區	重點生態功能區
1	人均綠色地區生產總值	8	—	—
2	非農產業增加值占綠色地區生產總值比重	8	—	—
3	農業生產能力	8	12	—
4	城鎮化率	8	—	—
5	居民人均可支配收入	8	11	13
6	社會保障覆蓋率	8	11	13
7	公共文化服務發展系數	8	11	13
8	單位地區生產總值能耗	9	11	12
9	城市空氣質量達標率	9	11	12
10	水資源質量評價指數	9	11	12

表8-1(續)

指標		權重（%）		
		重點開發區	農產品主產區	重點生態功能區
11	工業三廢綜合治理率	9	11	12
12	森林覆蓋率（草原植被覆蓋率）	8	11	13

8.2.4　探索研究生態小康統計監測體系

　　黨的十八大報告提出，要確保2020年實現全面建成小康社會的宏偉目標。「小康社會」是鄧小平在20世紀70年代末在規劃中國經濟社會發展藍圖時提出的戰略構想。他認為，「所謂小康社會，就是雖不富裕，但日子好過」。隨著經濟社會的發展，小康社會的內涵不斷豐富和發展。國家統計局根據小康社會的建設目標，制定了全面建成小康社會統計指標體系。但從實踐上看，中國地區間發展差距較大，只用一套指標體系不合理，同時，資源浪費、環境污染問題已嚴重制約了中國經濟發展，小康社會的概念已經不再是當代人民生活富裕的問題，而是要考慮當代以及後代生活持續幸福，為此，許多專家學者提出了生態小康的概念。2007年以來，中國已舉辦四屆中國生態小康論壇，分別以全面小康與生態建設、生態文明與科學發展、低碳經濟與產業轉型、創意城鄉建設與生態文明型生活方式為主題，對中國的生態環保政策進行解讀，並對當前國內外生態建設領域的熱點難點問題進行探討。從2000年實現總體小康，到2020年實現全面小康，再到生態小康，總體小康、全面小康和生態小康是經濟社會發展的三個階段。其中，總體小康是偏重於物質生活方面的小康；全面小康是包括了物質生活和精神生活兩個層面的小康；而生態小康是包括了物質生活、精神生活

和生態環境的小康，是以可持續發展為目標取向、體現可持續發展戰略的小康。國內專家學者對生態小康進行了多方面、多角度的探討，而當前的統計製度卻滯後於生態小康建設需求。本書從經濟發展、人民生活、文化教育、民主法治和資源環境五個方面構建了一個生態小康統計監測指標體系，如表8-2所示。

表8-2　　　　　生態小康統計監測指標體系

	一級指標	二級指標
生態小康統計監測指標體系	經濟發展	人均GDP
	人民生活	居民人均可支配收入
		基本公共服務差異系數
		社會保障覆蓋率
		平均預期壽命
	文化教育	文化產業增加值占GDP比重
		公共文化服務發展系數
		平均受教育年限
	民主法治	社會安全感
		小康建設滿意度
	資源環境	單位GDP能耗
		城市空氣質量達標率
		水資源質量評價指數
		工業三廢綜合治理率

8.2.5　探索構建生態文明建設評價體系

生態文明是人類文明發展的一個新階段，是以人與自然、人與人、人與社會和諧發展為基本宗旨的社會形態。生態文明是一個系統工程，貫穿於經濟、政治、文化和社會建設全過程和全方面，是整個社會在人與自然環境關係方面累積的物質、精神成果和製度成果的總和，反應了一個社會文明進步的狀態。

生態文明建設為資源富集型貧困地區擺脫貧困提供了一個全新的視角。具體可以從生態文明意識和文化、生態文明製度、生態技術與投入、生態物質成果四個方面來理解：生態文明意識是生態文明建設的內在動力和邏輯起點，精神世界的「生態無意識」往往造成實踐層面的「環保無行動」和「行動無效率」，科學的生態文明意識將形成科學的生態文明文化，從而指導生態文明建設；生態文明製度是生態文明建設的外在保障；生態技術與投入是生態經濟體系形成的原始動力，是生態文明建設的媒介、手段和助推劑；生態文明的物質成果是生態文明建設所追求的主要目標和終極成果體現。生態文明建設思路就是在教育、文化、宣傳、宗教及習俗等因素的作用與影響下形成生態文明意識和文化，配合製度激勵和約束，通過技術和投入手段推動，創造出了符合人類需求的生態環境產品，形成綠色、循環和低碳發展格局，實現社會經濟發展與生態環境保護協調與雙贏目標。2013年，國家制訂了生態文明先行示範區建設方案，並於2014年確定了57個生態文明先行示範區。為加快生態文明建設，需要對生態文明建設進程進行監督和對生態文明建設成果進行評價，根據生態文明建設的涵義，可從生態文明建設的文化建設、製度建設、技術投入和經濟、社會、環境建設成果方面進行監測和評價。生態文明建設評價指標體系如表8-3所示。

表 8-3　　　　　　　　　生態文明建設評價指標體系

一級指標	二級指標
生態文化	生態文明宣傳教育普及率
	小、中、高等學校環境教育普及率
	萬人生態文化宣傳欄數
	每 10 萬人生態教育基地數
	歷史文化遺產保護率
	高等學校毛入學率
生態製度	環境污染治理投資占 GDP 的比重
	項目環境評價執行率
	企業清潔生產審計執行率
	企業 ISO14000 認證率
	企業污染責任保險製度執行率
	流域生態補償製度執行率
	政府綠色採購比例
生態技術	每萬人專利發明數
	礦產資源綜合利用率
	尾礦利用率
	水資源有效利用率
	可再生資源重複利用率
	新建綠色建築比率
	清潔生產推廣率
生態經濟	單位土地面積產值
	第二、第三產業增加值占 GDP 的比重
	高新技術產業增加值占工業增加值的比重
	生態農業產值比重
	單位 GDP 能耗
	單位 GDP 水耗

(生態文明建設評價指標體系)

表8-3(續)

一級指標	二級指標
生態環境	城市空氣質量達標率
	水環境質量指數
	土壤環境質量指數
	城市聲環境指數
	工業三廢綜合治理率
	城市生活垃圾和污水處理率
	輻射環境指數
	人均綠地面積
	森林覆蓋率
生態社會	城鄉公共服務設施差異系數
	基尼系數
	社會保險覆蓋率
	貧困人口比例
	社會安全系數
	環境信息公開度
	環境事件發生率
	生態鄉鎮（街道）比率

一級指標（生態文明建設評價指標體系）涵蓋生態環境與生態社會。

8.3 完善國家環境經濟政策

8.3.1 深化資源產權製度改革

8.3.1.1 國外資源產權製度借鑑

國外的資源產權製度主要有集中管理、相對集中管理和分散管理三種情況。

第一，集中管理模式。該模式是指由政府的一個部門對主要資源進行統一管理。例如，美國由內政部統一管理；加拿大、

俄羅斯均設有自然資源部，統一對資源進行管理。這些國家具有幾個顯著的特點：一是資源較為豐富，例如，美國天然氣資源、銅、鋅等有色金屬礦資源較為豐裕，產量居世界首位，加拿大礦產資源也較為豐裕，礦產品產量也較高；二是管理體制適應，例如，美國和加拿大主要資源的所有權、處置權和管理權均分屬聯邦政府、省（州）政府和私人三個主體；三是資源開發技術較高，美國、加拿大的工業化發展水平均較高，也為資源的綜合利用和資源綜合效益的發揮提供了堅實的技術基礎。①

第二，相對集中管理模式。該模式是指由政府部門的下級機構進行管理，或某個專門的部委進行管理。這種模式在歐洲國家運用得較為普遍。例如，在法國，能源和其他礦產由經濟、財政和工業部統一管理，地產由稅務總局的地產管理局統一管理，海洋資源由海洋國務秘書處集中管理；在德國，聯邦機構未設專門的內閣級資源管理機構，土地、礦產、海洋、水等資源管理機構設在相關部內的司局或部門。這種管理模式的特點：一是自然資源的所有權與土地所有權相分離，但協調機構對政府和企業溝通有力；二是這些國家大多為發達國家，對各種資源有較大的需求，但本國資源相對匱乏，主要依賴於進口資源。②

第三，分散管理模式。該模式是指由政府的多個部門對資源進行管理，例如巴西、印度等國。這種管理模式的特點：一是這些國家多為發展中國家；二是自然產權體系確定了國家對自然資源的所有權和支配權，同時，資源管理機構作用大，可保證資源的合理開發和運用；三是資源較為富集，在經濟體系

---

① 周進生. 國外自然資源管理模式及選擇動因分析［J］. 國土資源情報，2005（2）：1-6.

② 何為自然資源資產產權？［N］. 中國環境報，2013-11-26.

中，資源開發具有較重要的作用；四是依託資源開發，工業化具備向高級階段發展的基礎。①

8.3.1.2 中國資源產權製度改革思路

第一，應盡快完善資源的物權確權登記和儲量登記，明確自然資源產權，並建立完善的定價機制，對資源進行合理定價。除了對能源、礦產等資源進行定價外，對於生態資源，如空氣、濕地等也應探索合理定價。

第二，按照所有者和管理者分開的思路，組建自然資源資產管理部門，代表國家對全民所有的自然資源資產行使所有者權利，統一確權登記自然資源，接受自然資源監管部門的管理和監督。

第三，自然資源不僅當代人需要，後代人也需要，因此，必須建立開發保護製度。自然資源監管部門按照自然資源屬性、使用用途和環境功能對一定國土空間的自然資源採取如生活空間、生產空間、生態空間等不同的用途監管。

第四，建立資源市場機制。在資源開發利用和環境保護領域，盡快建立公平、公開、公正的市場體系，從依賴行政干預向依靠市場轉變，充分發揮市場配置資源的決定性作用，體現資源的真正價值。

8.3.2 深化資源稅費改革

8.3.2.1 國外資源稅製度借鑑②

目前，絕大多數國家特別是市場經濟國家，與自然資源有關的稅費主要有權利金、資源超額利潤稅、礦產權租金和資源耗竭補貼。其中，權利金是各國普遍徵收的稅種，不論礦產開

---

① 何為自然資源資產產權？[N]. 中國環境報，2013-11-26.
② 張林海. 借鑑國外經驗，完善中國資源稅製度[J]. 涉外稅務，2010(11)：44-48.

發企業是否盈利，都必須繳納。這是國家資源所有權在經濟上的體現。世界各國權利金費率有所差異，石油、天然氣的權利金費率為10%~20%，其中，沙特阿拉伯為8%~20%，美國和法國為12.5%。資源超額利潤稅是對資源開發利潤高於一定水平的部分徵收的累進稅，其稅收收入高於權利金收入。礦業權租金是根據採礦活動所占土地面積進行收費的，主要是為了鼓勵礦業權人盡量少占土地。出於減少土地浪費的目的，一些國家的礦產權租金是逐年遞增的。此外，還有補償給經營者的資源耗竭補貼，作為對採礦企業的補償，主要是為了鼓勵採礦企業積極從事新資源的勘查開發工作。目前，加拿大、澳大利亞等重要的礦產生產國都有這種耗竭補貼製度。

　　除了以上四種稅費外，資源稅體系中還有一個對自然資源開採徵收的稅種，即開採稅。目前，在美國，有38個州已經開始徵收開採稅，主要徵收對象是本州以外的石油、天然氣和煤炭，開採稅收收入僅占各州總收入的1%~2%，但稅率相對較高，在一定程度上起到保護資源開發的作用。加拿大對石油、天然氣、煤炭等資源徵收開採稅，稅率一般為18%~20%，主要是為了鼓勵礦產資源開發企業優先選擇在本省，特別是在本省欠發達地區進行產品的深加工。俄羅斯不僅對礦產資源徵收開採稅，還對地下水開採徵收開採稅。而在資源較為匱乏的國家則實行高資源稅政策，日本、德國和法國等都對能源產品徵收重稅，據測算，英國、德國等歐洲國家的燃油稅稅率（稅收占稅前價格的比率）高達200%。由於實行高資源稅政策，日本和歐洲國家的資源利用效率較高，日本、德國、英國和法國四國的GDP總量約占全世界的35%，但消耗的能源僅占全世界能源消耗的14%。①

---

　　① 資源稅：國外如何念這本經［N］．中國經濟時報，2007-04-23．

8.3.2.2 資源稅改革的建議

一是在原有資源稅基礎上增加資源的初始定價。在保留對級差收入徵收資源稅的基礎上，探索資源的初始定價，根據資源的需求情況、稀缺程度以及資源開發可能造成的環境代價，同時，還要考慮國際市場上的資源價格水平以及世界各國的資源情況，確定一個比較合理的資源的初始價格，徵收開採稅，並根據實際情況進行動態調整。

二是提高資源稅稅率。過低的資源稅必然導致資源的掠奪性開採，不利於資源的節約和綜合利用，應提高資源稅稅率，在增加地方財政收入的同時，限制資源的盲目開發。

三是擴大資源稅範圍。應進一步擴大資源稅的徵收範圍，盡可能將所有土地、所有礦產資源、地熱以及森林、水資源等都納入資源稅徵收範圍，做到應徵盡徵。

四是改變資源稅計徵方式。對部分仍然採用從量計徵方式的或只採用從價計徵的資源稅改變為從量計徵和從價計徵相結合的方式。從量計徵是按照實際產量或生產量計稅，其優點是不管資源開採企業有無銷售收入、有無利潤，只要開採了資源，都要徵收資源稅；其缺點是稅率較低，沒有較好地體現資源的價值，容易造成資源的過度開採。從價計徵是以徵稅對象的銷售額或價格為標準，實現資源稅與資源價格變動掛鉤，制定相應的差額稅率。從價計徵和從量計徵方式相結合，可以從源頭上控製資源開採行為，防止稅款流失，有利於抑制資源開發者盲目開採、過度開採的現象，提高礦產資源開發利用率。此外，還可考慮對回採率計徵，考慮回採率因素，可以促進企業提高開採回採率，以充分合理地利用有限的資源。

五是改變資源稅徵收方式。資源的所有權歸國家，國家對資源進行戰略性保護和管理，應由國家統一徵收資源稅，並對地方進行合理補償，從而避免地方政府對資源的盲目開採。

六是清理不合理的資源稅減免稅現象。對於中央企業、國有企業的免稅項目進行清理，同時，也要對招商引資中對於資源方面的免稅政策進行清理，從源頭進行治理。鑒於資源保護的重要性，對於資源開發項目不應該制定減免稅政策。

8.3.3 建立健全資源開發利益分配機制

8.3.3.1 國外資源開發利益分配機制借鑒

在國外，資源開發利益分配機制有兩種：一是中央和地方共享，如美國、日本、澳大利亞等國家；另一種方式是中央獨享，給地方以財政補助，如英國的稅收分為國稅和地方稅，但地方稅主要來源於中央的財政補助，僅占全國稅收收入的10%左右。

8.3.3.2 建立健全資源開發利益分配機制的建議

與國外資源開發相比，中國的資源開發還存在資源開發跨區、跨省，資源開發地與稅收繳納地不同等問題。為此，我們有如下建議：

一是提高地方稅收益的比例。對於中央和地方共享的稅種，建議增加地方分成比例。例如，目前增值稅和企業所得稅地方分成比例分別為25%和40%，可分別提高至40%和50%。對於僅中央獨享的稅種，建議增加對地方的財政補償，如消費稅，特別是資源類產品的消費稅，應給地方一定比例的分成或補償。對於為資源開發而付出移民代價的地區，應進一步增加移民地區稅收分成比例，使這些地區能夠從資源開發中獲得收益和補償，避免淪為資源開發的犧牲群體，陷入「富饒的貧困」。這是資源開發過程中必須解決的利益分配核心機制問題。[①]

二是進一步改進稅收政策。除資源稅和礦產資源補償費在

[①] 勞承玉，張序. 能源投資對地方財政的稅收貢獻與分配政策研究——以四川水電開發建設為案例 [J]. 西南金融，2012（8）：22-25.

開採或生產地繳納外，企業所得稅、增值稅、營業稅、消費稅等都在機構所在地繳納。這使得資源開發的部分收益從資源開發地轉移到了企業註冊地。同時，進行資源開發的企業還有相當部分為中央企業，其收益也直接上繳中央，這對於資源開發地而言是極不公平的。建議從事資源開發的企業包括水電企業和礦產企業必須在資源所在地註冊獨立核算的公司，將企業所得稅、增值稅、營業稅等稅種的地方分成部分留歸資源開發地區，從而增加資源開發地區的財政收入，推動資源開發地區的經濟社會發展。

三是鼓勵資源就地再加工。資源富集型貧困地區貧困的一個重要原因就是僅生產資源型初級產品，高附加值產業發展不足。為此，應鼓勵資源開發地發展本地資源深加工企業，優先使用本地自然資源，延長資源產業鏈，從而為資源開發地創造更多稅源和財政收入，讓資源富集地區享受到更多的資源紅利。

四是建立合理的區域間利益分配機制。部分資源跨省、跨區，也應對資源開發利益進行合理分配。國家財政部出抬的《關於跨省水電項目稅收分配的指導意見》指出，跨省稅收分配以地區間平等協商為主。四川制定了「四因素測算法」[①]，按移民人數、淹沒面積、淹沒區稅收基數和投資額四個指標加權計算分配系數，對跨市（州）的水電水利項目稅收收入進行分配。

8.3.4 建立健全生態補償機制

8.3.4.1 國外生態補償機制借鑑

經過多年的實踐，發達國家在礦產資源、水資源和森林資源等領域已建立起較為成熟的生態補償機制。國外生態補償模式主要有兩類：一是政府主導的生態補償，包括直接補償、徵

---

① 引自關於省內跨市（州）水電水利項目有關稅收徵管問題的通知（川府函[2008] 31號）。

收生態補償稅、區域轉移支付等方式。如美國實施「土地休耕計劃」對退耕的農場主給予農產品價格補貼；瑞典、比利時、丹麥等國徵收生態補償稅，限制污染物排放；德國建立了州際橫向轉移支付製度和流域合作製度。二是市場化的生態補償，包括經濟補償、配額交易、排放許可證交易等。如美國規定下游生態收益區對上游生態保護的社會團體或個人給予經濟補償；歐盟對產品設計、生產和銷售進行綠色認證；澳大利亞等國通過排放許可證交易使生態服務商品化等。這些方法都值得中國借鑑。

8.3.4.2 建立健全生態補償機制的建議

一是進一步加大中央轉移支付力度。應對資源富集型貧困地區進行一次全面的摸底調查，綜合考慮貧困地區財政收支缺口、貧困地區與發達地區的財力差距、經濟發展差距，以及貧困地區經濟社會建設需求等，建立完善貧困地區專項財政轉移支付製度，資金投入向貧困地區傾斜，避免貧困地區陷入低水平均衡陷阱。

二是從國內資源開發的實際出發，建立中央政府、地方政府和企業責任共擔機制。對中央政府而言，應進一步加大對資源技術研發的扶持力度，提高資源綜合利用率，同時也要加大對資源型地區生態環境治理的投入力度。對地方政府而言，也要注重對生態環境的治理。對企業而言，在資源開發中獲利較多，應充分考慮企業的環境責任和社會責任，在企業收益中提取一定比例資金，用於對資源開發地的生態環境補償。

三是建立區域間橫向生態補償機制。如長江下游地區對長江中上游地區應提供經濟補償，東部發達地區對中西部生態保護地區應提供經濟補償，各生態受益地區也應對生態保護地區提供經濟補償。

四是科學制定生態補償標準，可借鑑歐盟生態補償機制，

採用機會成本法，確定不同地區的生態補償標準。

五是探索市場化生態補償機制，加快對資源使用權、排污權和碳排放交易等市場化補償機制的研究，並適時實現製度化，建立完善的現代資源環境市場體系，通過市場化補償模式的建立和實施，加大對資源富集型貧困地區的生態補償。

8.4 組織實施有效的生態移民

早在20世紀80年代，中國就開始探索「開發式移民」，1994年出抬的《國家八七扶貧攻堅計劃》就明確提出了「對極少數生存和發展條件特別困難的村莊和農戶，實行開發式移民」。自《中國農村扶貧開發綱要2001—2010年》出抬以來，「生態移民」成為焦點，並寫進有關文件。從中國生態移民的實踐來看，生態移民有助於森林、草地的涵養。因此，在水土流失嚴重、生態系統惡化、山地災害頻發、生態環境脆弱的高寒山區，人口密度小，居住較為分散，生存條件惡劣，交通不便，就學、就醫、行路、飲水困難問題十分突出。在這些地區，應盡快實施生態移民工程，將貧困群眾安置到異地生存環境較好的地區；在遷出地實施退耕還林還草等工程，減輕生態脆弱區的人口壓力，減緩人類活動對生態系統的干擾，遏制人類活動對森林和草原植被的破壞。實施生態移民，要對遷入地的耕地、林地、草地、產業園區等生產生活資源，路、水、電等基礎設施，教育、衛生等公共服務進行妥善安排，在合理配置現有資源的前提下，大力開發後備資源，在資金上給予大力傾斜。對於需要進行生態移民的少數民族地區，還應尊重民風民俗，保護民族文化。

8.5 實施精準扶貧

　　精準扶貧是針對不同貧困區域環境、不同貧困人群狀況進行精確識別、精確幫扶、精確管理的扶貧方式。在當前扶貧工作中，貧困人群識別不清、貧困原因不明、扶貧針對性不強的問題較為突出，特別是在資源富集型貧困地區，「資源詛咒」向社會的方方面面滲透，扶貧難度較大。且由於發展生態產業，經濟效益要較長時間才能體現出來，使得貧困人群連基本的溫飽問題都不能解決。為此，要解決資源富集型貧困地區的可持續發展問題，首先要解決溫飽和生存問題。在對資源富集型貧困縣進行識別的基礎上，還應對這些地區的貧困人群進行識別，精準診斷貧困根源，實施分類精準扶貧，將扶貧工作與新農村建設、生態文明建設、生態產業發展結合起來。

　　針對教育貧困，要實施教育扶貧，加大對貧困地區的教育投入，為貧困地區培養較為優秀的師資人才隊伍，改善貧困地區的教育教學環境。

　　針對就業機會少所致的貧困，要將產業佈局規劃到村、扶持到戶，為貧困人群提供就業機會。同時，還要將生態產業發展與貧困人群的反貧困問題結合起來。可充分利用貧困地區較為豐富的農、牧、林等資源，豐富的旅遊資源和民族、民俗文化，大力發展生態農業、生態旅遊業和文化產業。

　　針對貧困與疾病交織的貧困問題，要實施衛生扶貧，加大對貧困人口的資金補助和貧困地區醫療衛生事業的資金撥付，加強醫療衛生基礎設施建設和衛生人才隊伍建設。

　　針對生態貧困問題，對於不具備生存發展條件、就地脫貧

成本高的地區，應實施生態移民，進行易地扶貧搬遷，而在遷出地實施退耕還林還草等工程；此外，還應加快建立生態補償機制，對生態貧困地區的貧困人群進行生態補償。

針對因災致貧的問題，特別是針對地形地勢較為複雜，山體崩塌、泥石流等自然災害頻發的地區，要加大對貧困人口的災害損失補助，妥善安排災後安置和就業安置。

8.6 加快公共服務設施建設

8.6.1 加快基礎設施建設

基礎設施建設是支撐經濟社會發展的重要保障。交通、能源、通信等基礎設施薄弱是資源富集型貧困地區可持續發展所面臨的主要困難之一。西部貧困地區多為山區，生態環境脆弱，交通設施原本發展不足，再加上礦產資源開發和水電站建設，對原有較為脆弱的公路進行碾壓，損壞了道路，嚴重阻礙了地區發展。若為大型水電站建設，則可能影響交通十餘年。為此，要改變資源富集型貧困地區的貧困現狀，必須加快交通設施建設和改良，把扶貧開發置於一個發達的交通運輸設施基礎上。

第一，應調整基礎設施投資方向和結構，優先考慮貧困地區的基礎設施建設。目前，發達地區市內交通網路、區際交通網路都十分發達，而貧困地區的基礎設施建設滯後，部分地區至今仍未能實現基本的村村通路。因此，應爭取在未來五年內完成貧困地區的交通設施建設，減少貧困地區的出行成本。

第二，應提高貧困地區基礎設施建設的補助標準。資源富集型貧困地區往往地處高原、山區，基礎設施建設成本較平原、丘陵等地區相對較高。而目前，政府多以全國平均建設成本進

行撥款補助，使得這些地區基礎設施建設資金不足，嚴重影響到這些地區基礎設施建設的進度和質量。

第三，政府應放開限制，鼓勵民間資金投資交通運輸建設，形成國家、地方和民間資金共同承擔的籌資體系。

第四，全方位地發展交通網路，鐵路、公路、水路、航空運輸建設並舉，為資源富集型貧困地區擺脫貧困提供基本條件。

第五，針對貧困地區信息不暢的問題，還應加大投資，大力加強貧困地區的信息化建設，提高貧困家庭廣播電視、電腦、電話等現代媒體通信設備的普及率。

8.6.2 實現公共服務均等化

資源富集型貧困地區教育、衛生、科技等公共服務發展也較為滯後，除了因自身財力不足外，人才流失較為嚴重是主因。由於區域發展極不平衡，貧困地區人才都向發達地區流動，留下的優秀人才較少，教育、衛生等公共服務資源不足，即使按照編制進行了配備，但總體學歷水平也遠低於發達地區，公共服務質量較低。自 20 世紀末期高校擴招收費和醫療改革以來，學費和醫療費用大幅提高，貧困地區因貧輟學、因病致貧、因病返貧現象較為突出。從當前的發展實際看，首先，應該解決地方公共服務差距較大的問題，大幅度增加對貧困地區的扶持和投資力度，提高貧困地區的教育、衛生等工作經費，鼓勵人才向貧困地區回流。其次，應加大發達地區對貧困地區的對口扶持。從發展歷程看，發達地區的經濟發展在一定程度上取走了貧困地區資源開發的隱形收益，因此，發達地區對貧困地區的對口扶持應該是生態補償的一種形式，應該加以強化。

8.7 試點建立生態特區

應以改革開放初期建立經濟特區、現階段建立經濟新區的方式，建立生態特區。對於資源富集型貧困地區中生態地位顯赫但生態本底脆弱、生態狀態惡化的地區，如四川省甘孜、阿壩和涼山州的大部分地區，水電開發區、資源保護區，以及其他一些高原山區、水土流失重點區域、江河上游等，應設立為「生態特區」。

對於生態特區，一是要對特區內的自然資源進行摸底性調查，並建立資源信息數據庫和資源動態監測體系，作為生態特區考核的重要依據。二是對生態特區實行特殊的生態保護政策和績效考核機制。三是對特區內居民實行生態移民。四是在財政投入、轉移支付與生態補償以及其他財政稅收政策方面予以支持。在生態補償方面，要以生態特區生態建設和生物多樣性保護所付出的建設成本和機會成本為基礎來確定生態補償金額。五是建立生態文化，將生態特區中人與自然和諧發展的傳統文化，與現代科學和生態文明理念相結合，建設生態特區生態文化，並逐步推廣至其他資源富集型貧困地區，乃至全國。六是發展生態產業，包括立體生態農業、高端生態旅遊等。

8.8 加強社會文化領域的生態建設

8.8.1 關注人口安全

資源富集型貧困地區普遍存在人口自然增長率較高、人口

素質較低的問題。

第一，應加強對貧困重點區域人口數量、質量和結構的研究，對貧困地區人口數量增長速度、穩定低生育目標等進行測算，從資源、環境承載等多方面考慮，制定長期人口發展目標，優化人口發展規劃，合理引導人口生育，從注重增加人口數量向注重提高人口質量轉變。

第二，人口優惠政策應以提高人口素質為導向，對於民族地區的生育優惠政策應從數量向質量轉變，提高民族地區人口的整體素質。

第三，人口素質較低、觀念和意識落後特別是創新能力和創新意識低下，是制約資源富集型貧困地區可持續發展的重要因素，應加大教育扶持力度，從源頭減少和遏制新生文盲人口的誕生，促進地區人口健康、可持續發展。

第四，要大力發展資源富集型貧困地區醫療衛生事業，大力提高貧困地區人口健康素質，杜絕因病致貧、因病返貧現象的發生。

8.8.2　加快教育事業發展

首先，對自然環境惡劣、教育條件較差、師資力量不足的地區，開展異地教育扶貧。在較為發達地區設立學校或與外地學校實現聯合培養，將學生轉移到發達地區進行學習。國家給予學校外地辦學政策支持，並落實學生學費、住宿費免除等政策，將義務教育落到實處。

其次，在全面普及九年義務教育的基礎上，加快普及高中教育，特別是職業教育，提高人口文化素質，杜絕因愚致貧現象的發生。在職業教育方面，可實行免費職業教育和多種形式相結合的職業教育培養模式，疏通人口向上流動的渠道。為此，應將藏區「9+3」教育模式（即在九年義務教育的基礎上，對

藏區孩子再提供三年的免費中職教育）向所有貧困地區推廣，加快實現資源富集型貧困地區職業教育學費、住宿費和書本費全免政策全覆蓋。同時，在現有條件下，整合貧困地區職業教育資源，開展地區內聯合培養，可選擇「9+3」職業教育模式或「9+1+2」等職業教育模式，即在九年義務教育的基礎上，在發達地區進行三年職業教育學習，或在貧困地區學習一年，在發達地區進行兩年的再深造和實踐學習。也可利用省際職業教育資源，實現發達地區辦學用工和貧困地區富民增收雙贏。

最後，開展多種形式的科技普及活動，普及科學的種養技術和管理知識、市場信息、法律法規，培養一批有知識、會技術、懂管理的新型農民，夯實脫貧基礎，備足發展後勁，帶動更多的農民脫貧致富。特別是要重視對婦女的教育，通過舉辦婦女培訓班等方式，發揮女性優勢，培育發展家庭、民族手工業，提高貧困地區婦女的文化素質。

8.8.3 培養健康的民俗習慣

不良的民俗習慣是資源富集型貧困地區貧困文化的一個重要表現。

首先，應進一步加強宣傳，通過板凳工程、臉盆工程等，改變貧困地區普遍存在的隨地而坐、裹氈而眠、飯前便後不洗手等陋習，培育良好的家庭衛生習慣，改善當地生活環境。

其次，通過開設醫療衛生教育課以及性健康教育課等科普知識講座，普及性健康知識，尤其應重視對女性的性健康教育，盡可能杜絕因不正確的兩性觀念所造成的疾病傳播，改變傳統「多子多福」和「重男輕女」的生育文化，樹立正確的生育文化觀。

最後，針對資源富集型貧困地區思想封閉的問題，應盡快向貧困地區普及電腦、電視等媒體，提供書報雜誌，通過全方

面的知識普及，讓貧困地區特別是大山深處的貧困居民盡快認識世界、瞭解世界，樹立正確的世界觀、人生觀。

8.9 大力發展生態產業

生態產業（eco-industry）是指按生態經濟理論組織，以生態系統承載能力為基礎，具有高效的生態過程及和諧的生態功能的產業體系，包括生態工業、生態農業、生態服務業。

8.9.1 生態農業開發

建設生態農業，走可持續發展道路是世界各國農業發展的共同選擇。生態農業最早於1924年在歐洲興起，20世紀30—40年代在瑞士、英國、日本等國得到發展；60年代歐洲的許多農場轉向生態耕作，70年代末東南亞地區開始研究生態農業；90年代，世界各國均有了較大發展。而中國的生態農業與西方國家完全迴歸自然、擯棄現代投入的生態農業主張不同。中國生態農業是指按照生態學原理和生態經濟規律，根據土地形態制定適宜土地的設計、組裝、調整和管理農業生產和農村經濟的系統工程體系。它要求把發展糧食與多種經濟作物生產，發展大田種植與林、牧、副、漁業，發展大農業與第二、第三產業結合起來，利用傳統農業精華和現代科技成果，通過人工設計生態工程、協調發展與環境之間、資源利用與保護之間的矛盾，形成生態上與經濟上兩個良性循環，實現經濟、生態、社會三大效益的統一。這與國際上所推行的生態農業有很大的區別。如生態農業發展較好的德國，其生態農業發展要求就是：不使用化學合成的除蟲劑、除草劑，不使用易溶的化學肥料，利用

腐殖質保持土壤肥力，採用輪作或間作等方式種植，不使用化學合成的植物生長調節劑，控製牧場載畜量，動物飼養採用天然飼料，不使用抗生素、轉基因技術等。① 本書認為，生態農業之所以稱為「生態」，其原料必須是生態的。

　　事實上，從長遠看來，生態農業發展不僅在生產方式上是可持續的，其經濟利益也會高於傳統農業。如德國曾於2000年對150家生態企業收益狀況進行調查發現，由於生態企業不使用化肥和農藥，短期來看產品產量雖有所下降，但生態產品價格遠高於傳統農產品價格，故企業總利潤及人均收入仍高於傳統農業企業。同時，生態農業不使用化肥和農藥，土壤一直施用有機肥，並且採用輪作、間作的種植方式，不僅提高了土壤肥力，從長遠利益來看，也會使生態企業產品產量逐漸高於傳統農業。

　　在中國部分資源富集型貧困地區，擁有較為獨特的地理、氣候、光熱條件，擁有較為完整的鄉土農牧知識，具備發展生態農業的先天條件。政府應加強引導，首先要在技術上解決生態農業系統的建設問題，提供有效的技術支撐；其次，要建立有效的政策與保障體系，加大投入，建立科學的生態農業合作組織，提高生態農業的產業化水平，構建生態、安全的現代農牧業，做大做強農副產品加工業、水果產業、鮮花產業、蔬菜產業和畜牧水產養殖業。而對於農業面源污染還比較嚴重，水土流失、土地退化、荒漠化、森林和草地生態功能退化現象還比較嚴重的地區，首先要盡快解決農業污染問題，退耕還林、還草，避免土地問題繼續惡化。

---

① 任愛華. 國外生態農業發展的比較借鑑 [J]. 農村、農業、農民，2004(12)：26-27.

8.9.2　生態旅遊開發

「生態旅遊」這一術語，是由世界自然保護聯盟（IUCN）於1983年首先提出的。1993年國際生態旅遊協會把其定義為：具有保護自然環境和維護當地人民生活雙重責任的旅遊活動。生態旅遊的內涵更強調的是對自然景觀的保護、可持續發展的旅遊。生態旅遊發展較好的西方發達國家首推美國、加拿大、澳大利亞等國。這些國家的生態旅遊物件從人文景觀和城市風光轉為保持較為原始的大自然。這些自然景物在其國內被定位為自然生態系統優良的國家公園，而在國外被定位為以原始森林為主的優良生態系統。

為促進生態旅遊健康發展，各個國家和地區都採取了一系列措施，包括：立法保護生態環境、制訂發展計劃和戰略、進行旅遊環保宣傳等。中國資源富集型貧困地區，大多擁有豐富的自然旅遊資源與人文旅遊資源，特別是西部少數民族地區擁有較多發達國家所提出的自然生態系統優良的原始森林，發展生態旅遊前景廣闊。

第一，在資源富集型貧困地區發展生態旅遊，應杜絕對旅遊經濟收入、接待人數等指標的考核。生態旅遊的發展要以保護生態系統為前提，政府、當地居民、經營管理者和遊客都應該重視和保護自然，應建立、完善相關製度，對破壞生態的要給予嚴懲。

第二，生態旅遊的發展要以重視當地人的利益為前提，鼓勵當地居民參與生態旅遊業的發展，促進地方經濟的發展，同時，也應加大對生態旅遊業的投入。

第三，建立、完善旅遊業生態系統數據庫，對旅遊景點的生態系統進行動態監測。

第四，生態旅遊業的發展要與生態農業、文化產業結合起

來，促進三產聯動發展。除生態旅遊外，資源富集型貧困地區還應挖掘其他自然旅遊資源和人文旅遊資源，還可與生態農業結合起來發展體驗旅遊，與文化產業結合起來發展民族手工業等。

8.9.3 發展碳匯交易

碳匯交易是基於《聯合國氣候變化框架公約》及《京都議定書》對各國分配二氧化碳排放指標的規定，創設出來的一種虛擬交易。即因為發展工業而製造了大量的溫室氣體的發達國家，在無法通過技術革新降低溫室氣體排放量達到《聯合國氣候變化框架公約》及《京都議定書》對該國家規定的碳排放標準的時候，可以在發展中國家投資造林，以增加碳匯、抵消碳排放，從而達到降低發達國家本身總的碳排量的目標。目前，中國碳市場剛開始建立，國家發改委批准了北京、天津、上海、重慶、廣東、湖北和深圳市共 7 省（市）開展碳排放權交易試點。2014 年 10 月，臨安 42 戶林農賣碳匯獲益 12 萬元，成為國內首批因碳匯交易獲益的林農。① 這種做法值得資源富集型貧困地區借鑒。在資源富集型貧困地區，應結合生態建設工程、林權製度改革和生態補償製度，鼓勵農戶加快造林、加強森林保護、增加碳儲量，從而增加農戶受益。同時，還應鼓勵企業通過捐資造林的方式購買碳匯，這實際也是生態補償的一種方式。企業通過購買碳匯來履行企業自身應盡的社會責任，同時，也能實現生態服務價值的貨幣化，幫助貧困地區脫貧。

---

① 嘿，我家林子賺了空氣的錢！[EB/OL]. 杭州日報，2014 - 10 - 15（A11）.

9 研究結論與展望

9.1 主要研究結論

在當前中國經濟從高速轉入中低速增長、經濟增長方式大轉變和經濟結構大調整的新常態下，研究資源富集型貧困地區具有重要的現實意義。過去對貧困地區的劃分只考慮了經濟層面的因素，而對資源環境因素考慮較少。本書對資源富集型貧困地區的劃分，在一定程度上擴展了貧困地區的分析視角。通過對資源富集型貧困地區的識別，以及對資源富集型貧困地區形成根源和後續影響的深入分析，本書主要得出了以下結論：

一是資源富集型貧困地區，是指資源相對富集，但由於資源的無序開發、低效率利用和高度依賴，未能憑藉資源優勢得以加快發展，經濟社會發展水平較為落後、經濟發展質量不高、居民生活較為貧困的地區。資源富集型貧困地區的形成，就是「資源詛咒」的重要表現。有些地區在資源開發過程中，由於投資的大幅度增加，可能經濟總量會快速增長，但經濟發展水平仍然較低，居民生活沒有得到明顯改善，這其實也是一種「資源詛咒」。過去「資源詛咒」存在性檢驗模型以經濟增長速度為主要變量，可能無法識別一些經濟增速高但發展水平較低的貧困地區。

二是資源富集型貧困地區的形成並非一個因素造成的，而是多種因素相互影響、相互作用形成的。其中，資源富集型貧困地區的形成最根本的原因是缺乏正確的資源觀，影響了資源管理製度的制定和完善，同時還有低水平的資金投入、較低的資源開發技術和文化素質。而對資源富集型貧困地區地方財力影響最為直接的因素是以資源有償使用製度、資源產權製度和

資源利益分配製度為核心的資源管理製度不夠健全。由於資源稅稅率較低、資源稅分配顯失公平、生態補償過低等原因，資源開發地資源價值被忽視或被低估，使得長期發展上游的資源開採行業處於低投入、低產出的發展困境。

　　三是不同地區所擁有的資源種類不同、資源富集程度不同、對資源的依賴程度不同，受「資源詛咒」影響的程度存在較大差異。本書對全國31個省份的「資源詛咒」度進行了測算。測算結果表明，資源富集型貧困地區均存在不同程度的「資源詛咒」現象。同時，經濟發展水平相對較高的資源富集型地區同樣也存在「資源詛咒」現象。在這些地區，資源開發在一定程度上促進了經濟的快速發展，但資源利用不充分，資源優勢同樣沒有較好地轉化為經濟發展優勢。若不能盡快轉變經濟發展方式和調整經濟結構，一旦資源過度開發、資源耗竭，這些地區也將喪失經濟發展後勁，成為貧困地區。

　　四是對於資源富集型貧困地區而言，目前最迫切的是解決溫飽和公平發展的問題，然後才是可持續發展的問題，而這兩者的首要前提是解決認識和製度問題。因此，資源富集型貧困地區要實現可持續發展，首先要解決思想認識和製度問題，強化生態環境意識，改革完善各項考核考評體系和環境經濟政策。其次要將生存和發展問題結合起來，通過實施精準扶貧、加快公共服務設施建設等，解決資源富集型貧困地區居民的溫飽和公平發展問題。最後要構建生態經濟、文化、社會、資源環境體系，提升資源富集型貧困地區的可持續發展能力。

9.2　<u>研究展望</u>

　　資源富集型貧困地區是目前中國比較典型的貧困地區。現

有的分析貧困問題和「資源詛咒」問題的文獻較多，但多為理論分析或套用國外的分析框架，沒有找到中國資源富集型貧困地區貧困的最根本原因，不能完全滿足中國貧困地區發展的需要。筆者曾多次赴四川省甘孜州、阿壩州、涼山州等地調研，瞭解貧困地區的發展情況，力求找到貧困地區「發展怪圈」的根本原因，從而提出較有針對性、有現實意義的發展路徑。但遺憾的是，受筆者研究水平的限制和資源環境、經濟社會等統計數據資料的限制，本書仍有一些內容未能做深入分析，這也將成為筆者未來進一步研究的方向。

　　一是在全國範圍內識別資源富集型貧困縣。資源富集型貧困地區的識別，實際上是精準扶貧的基礎。目前，扶貧工作已瞄準至縣，並將繼續瞄準至家庭和個人，因此，資源富集型貧困地區也應與扶貧工作結合起來，以縣級單位為基礎。受制於統計數據資料的獲取，本書只識別了四川省的涼山州，下一步，還將繼續以全國2,853個縣級單位為基礎進行識別。

　　二是對資源富集型貧困地區資源與經濟發展的關係進行進一步的實證檢驗。本書對過去的「資源詛咒」存在性檢驗模型進行了修正，用人均地區生產總值來替換過去表現經濟增長規模或經濟增長速度的指標。下一步將力求找到其他表現經濟發展質量的指標來進行測算，並與人均地區生產總值指標進行對比，可能還會得出一些比較有意義的結論。

　　三是分析研究不同資源類別對貧困地區的影響。本書認為能源資源、礦產資源對經濟發展的影響較大，因此，資源依賴度、「資源詛咒」度主要以採掘業產值數據進行分析。事實上，在資源富集型貧困地區中，也有不少地區土地資源、森林資源等較為豐富。因此，下一步將深入分析不同資源對經濟發展的影響，可能還會得出更有針對性的建議。

　　四是對資源富集型貧困地區形成的原因進行進一步分析。

本書認為製度因素對資源富集型貧困地區的影響較大。但受制於指標的限制，未能做深入的定量分析，下一步將繼續擴大調研範圍，收集數據進行深入研究。

　　五是對資源富集型貧困地區的發展路徑進行進一步細化。本書提出了資源富集型貧困地區的主要發展思路，但仍有許多建議需要進一步細化。同時，部分措施也存在很多現實難題，比如幹部考核機制，目前，全國大部分地區都在進行調整，並均提出生態功能區不考核地區生產總值或縣級單位不考核地區生產總值。但事實上，即使縣級單位不考核，其所在的市或省要考核地區生產總值，最終縣級單位仍要測算地區生產總值，並進行隱形考核。再比如，資源收益分配機制、基礎設施建設等都存在一些現實問題，甚至可能需要做系統性的、全面的調整。這些問題都需要做進一步分析，以提出更有針對性的建議。

參考文獻

[1] A BOTTA. Economic Development, Structural Change and Natural Resource Booms: A Structuralist Perspective [J]. Metroeconomica, 2010 (61).

[2] ADB. Fighting Poverty in Asia and the Pacific: The Poverty Reduction Strategy of the Asian Development Bank [R]. Manila. Philippines: Asian Development Bank, 1999.

[3] ADB. Eminent Persons Group Report [R]. Manila: Asian Development Bank, 2007.

[4] AGINON P, HOWITT P. Endogenous Growth Theory [M]. Cambridge: The MIT Press, 1998.

[5] ALEXEEV, CONRAD. The Elusive Curse of Oil [J]. The Review of Economics and Statistics, 2009 (91).

[6] ALEXEEV, CONRAD. The Natural Resource Curse and Economic Transition [J]. Economic Systems, 2011 (35).

[7] ALI I, ZHUANG J. Inclusive Growth toward a Prosperous Asia: Policy Implication, ERD Working Paper No. 97, Economic

and Research Department, Asian Development Bank, Manila, 2007.

[8] ANDREW ROSSER. The Political Economy of the Resource Curse: A Literature Survey [J]. IDS, working paper, 2006.

[9] AREZKI R, M BRUCKNER. Oil rents, Corruption, and State stability: Evidence from pane; data regressions [J]. European Economic Review, 2011, 55 (7).

[10] ATKINSON, G SAVINGS. Growth and the Resource Curse Hypothesis [J]. World Development, 2003 (11).

[11] AUTY R M. Sustaining development in mineral Economics: The Resource Curse [M]. London: New York Routledge, 1993.

[12] AUTY R M. Resource abundance and eeonomic development [M]. Oxford: Oxford University Press, 2001.

[13] BALAND J M, R FRANCOIS. Rent – seeking and Resource Booms [J]. Journal of Development Economics, 2000 (61).

[14] CHARLES MURRAY. Losing Ground: American Social Policy 1950—1980 [M]. New York: Basic Books, 1984.

[15] CHOW GC. Capital Formation and Economic Growth in China [J]. The Quarterly Journal of Economics, 1993 (3).

[16] COLLIER P, A HOEFFLER. Greed and Grievance in Civil Wars [J]. Oxford Economic Papers, 2004 (56).

[17] CORDEN W M, NEARY J P. Booming Sector and De – industrialization in a Small Open Economy [J]. Economic Journal, 1982 (92).

[18] DAVID P A, G WRIGHT. Increasing Returns and the Genesis of American Resource Abundance [J]. Industrial and Corporate Change, 1997, 6 (2).

[19] ED DOMAR. Capital Expantion, Rate of Growth, and Employment [J]. Econometrica, 1946 (14).

[20] EDITH BROWN WEISS. The Planetary Trust: Conservation and Intergenerational Equity [J]. Ecology Law Quarterly, 1984 (4).

[21] GYLFASON T, T T HERBERSSON, G ZOEGA. A Mixed Blessing: Natural Resources and Economic Growth [J]. Macroeconomic Dynamics, 1999 (3).

[22] GYLFASON. Resources, Agriculture and Economic Growth in Economics in Transition [J]. Kyklos, 2000, 53 (4).

[23] GYLFASON T, G ZOEGA. Natural Resources and Economic Growth: The Role of Invesment [J]. Mineo, University of Iceland, 2004.

[24] GYLFASON T. Natural resources, Education and Economics Development [J]. European Economic Review, 2001 (45).

[25] GELB A H. Oil Windfalls: Blessing or Curse? [M]. New York: Oxford University Press, 1988.

[26] HABAKKUK H J. Aemrican and British Technology in the Nineteenth Century [M]. Cambridge: Cambridge University Press, 1962.

[27] HIRSCHMAN A O. Investment Policies and Dualism in Underdeveloped Countries [J]. The American Economic Review, 1957 (5).

[28] HIRSCHMAN A O. The Strategy of Economic Development [M]. New Haven, Conn.: Yale University Press, 1958.

[29] HECKSCHER E. The Effect of Foreign Trade on the Distribution of Income [J]. Ekonomisk tidskriff, 1919.

[30] HOOVER E M, FISHER J L. Research in Regional Eco-

nomic Growth, Problems in the Study of Economic Growth [J]. NBER, 1949.

[31] JOHN RAWLS. The Theory of Justice [M]. Cambridge, Massachusetts: Belknap Press of Harvard University Press, 1971.

[32] J R BOYCE, J C EMERY. Is a Negative Correlation Between Resource Abundance and Growth Sufficient Evidence that There Is a「Resource Curse」? [J]. Resources Policy, 2011 (36).

[33] LEIBENSTEIN H. Economic Backwardness and Economic Grwoth: Studies in the Theory of Economic Development [M]. New York: Wiley, 1957.

[34] LEWIS OSCAR. Five Families: Mexican Case Studies in the Culture of Poverty [M]. New York: Basic Books (AZ), 1975.

[35] MANZANO O, RIGOBON R. Resource Curse or Debt Overhang? [J]. NBER Working Paper No. 8390, National Bureau of Economic Research, 2001.

[36] MORRISON, ROY. Ecological Democracy [M]. South End Press, 1999.

[37] OHLIN B. Interregional and International trade [M]. Cambridge, Mass: Harvard University Press, 1933.

[38] PAUL STEVENS. Resource Impact – Cursing or Blessing? A Literature Survey [J]. University of Dundee, working paper, 2003.

[39] PAUL STEVENS, EVELYN DIETSCHE. Resource Curse: An Anysis of Causes, Experiences and Possible Ways Forward [J]. Energy Policy, 2008 (36).

[40] PAGE T. Intergenerational Justice as Opportunitu [A] // Maclean D, Brown P G, Eds. Energy and the future. Rowman & Littlefield Pub Inc, 1982.

[41] PAGE T. Intergenerational Equity and the Social Rate of Discount [A] // Smith V K. Environmental Resource and Applied Welfare Economics: Cssays in Honor of John V. Krutilla. Washington: REF, 1988.

[42] PAPYRAKIS E, R GERLAGH. The Resource Curse Hypothesis and Its Transmission Channels [J]. Journal of Comparative Economics, 2004 (32).

[43] POELHEKKE S, F VAN DE PLOEG. Volatility, Financial Development and The Natural Resource Curse [Z]. CEPR. DP6513, 2007.

[44] PREBISCH. The Economic Development of Latin America and Its Principal Problem [R]. World Bank, 1950.

[45] RAYMOND VERNON. International Investment and International Trade in the Product Cycle [J]. The Quarterly Journal of Economics, 1966, 80 (2).

[46] ROBINSON J A, R TONDK, T VERDIER. Political Foundations of the Resource Curse [J]. Journal of Development Economics, 2005.

[47] ROY MACONACHIE. Beyond the Resource Curse? Diamond Mining, Development and Post − Conflict Reconstruction in Sierra Leone [J]. Resources Policy, 2007 (32).

[48] STIGLIZ J. Growth with Exhaustible Natural Resources: Efficient and Optimal Growth Paths [J]. Review of Economic Studies, 1974 (41).

[49] WILLIAM J BAUMOL, WALLACE E OATES. The Theory of Environmental Police [M]. Cambridge: Cambridge University Press, 1988.

[50] SALA − I − MARTIN X, A SUBRAMANIAN. Addressing

the Natural Resource Curse: an Illustration from Nigeria [J]. NBER Working Paper, 2003.

[51] SACHS, JEFFREY D, ANDREW M WARNER. Natural Resources Abundance and Economic Growth [J]. NBER Working Paper 5398, 1995.

[52] SACHS J D, A M WARNER. Sources of Slow Growth in African Economies [J]. Journal of African Economies, 1997 (6).

[53] SACHS, JEFFREY D, ANDREW M WARNER. The Big Push, Natural Resource Bomms and Growth [J]. Journal of Development Economics, 1999 (59).

[54] SACHS, JEFFREY D, ANDREW M WARNER. Natural Resources and Economic Development: the Curse of Natural Reources [J]. European Economic Review, 2001 (45).

[55] SINGER H W. The Distribution of Gains between Investing and Borrowing Countries [J]. The American Ecomomic Review, 1998 (1).

[56] STIJNS J R. Natural Resource Abundance and Economic Growth Revised [J]. Mimeo, Department of Economics, UC Berkeley, 2002.

[57] S MANSOOB MURSHED. When does Natural Resource Abundance Lead to a Resource Curse? [J]. ISS: Working Paper, 2008.

[58] S MANSOOB MTIRSHED, L A SERINO. The Pattern of Specialization and Economic Growth: the Resource Curse Hypothesis Revisited [J]. Structural Change and Economic Dynamics, 2011 (22).

[59] TORVIK R. Natural Resources, Rent Seeking and Welfare [J]. Journal of Development Economics, 2002 (67).

[60] WILLIAM J BAUMOL, WALLACE E OATES. The Theory of Environmental Police [M]. Cambridge: Cambridge University Press, 1988.

[61] WOOD A, K BERGE. Exporting Manufactures: Human Resource, Natural Resources and Trade Policy [J]. Journal of Development Studies, 1997 (34).

[62] WRIGHT, CZELUSTA. Resource – Based Growth Past and Present [R]. Washington, D. C: World Bank, 2001.

[63] WRIGHT G, J CZELUSTA. The Myth of the Resource Curse [J]. Challenge, 2004 (2).

[64] WRIGHT G, J CZELUTTA. Resource – based Economic Growth, Past and Present [J]. Stanford University, 2002.

[65] WRIGHT G. The Origins of American Industrial Success [J]. American Economic Review, 1990 (80).

[66] WORLD BANK. Expanding the Measure of Wealth: Indicators of Environmentally Sustainable Development [J]. Environmentally Sustainable Development Studies and Monographs Series, 1994 (7).

[67] X SALA – I – MARTIN, A SUBRAMANIAN. Addressing The Natural Resource Curse: An Illustration From Nigeria [J]. Working Paper, National Bureau of Economic Research, 1966.

[68] ZHANG, et al. Resource Abundance and Regional Development in China [J]. Economics of Transitions, 2008 (16).

[69] 魁奈. 魁奈經濟著作選集 [M]. 吳斐丹, 張草紉, 譯. 北京: 商務印書館, 1979.

[70] 羅伯特 J, 巴羅, 哈維爾・薩拉伊馬丁. 經濟增長 [M]. 何暉, 劉明興, 譯. 北京: 中國社會科學出版社, 2000.

[71] 赫爾曼 E 戴利. 超越增長: 可持續發展的經濟學

[M]．諸大建，胡驛，譯．上海：上海譯文出版社，2001．

[72] 亨利·威廉·斯皮格爾．經濟思想的成長 [M]．晏智杰，等，譯．北京：中國社會科學出版社，1990．

[73] 邁克爾·弗里曼．環境與資源價值評估——理論與方法 [M]．曾賢剛，譯．北京：中國人民大學出版社，2002．

[74] 阿蘭·蘭德爾．資源經濟學經濟角度對自然資源和環境政策的探討 [M]．施以正，譯．北京：商務印書館，1989．

[75] 西奧多 W 舒爾茨．報酬遞增的源泉 [M]．姚志勇，等，譯．北京：北京大學出版社，2001．

[76] 諾斯．製度、製度變遷與經濟績效 [M]．劉守英，譯．上海：上海三聯書店，1994．

[77] 皮爾斯，沃德福．世界無末日：經濟學·環境與可持續發展 [M]．張世秋，譯．北京：中國財政經濟出版社，1996．

[78] 奧蒂．資源富足與經濟發展 [M]．張效廉，譯．北京：首都經濟貿易大學出版社，2006．

[79] 馬爾薩斯．人口原理 [M]．朱泱，等，譯．北京：商務印書館，1992．

[80] 馬歇爾．經濟學原理 [M]．朱志泰，譯．北京：商務印書館，1964．

[81] 約翰·穆勒．政治經濟學原理及其在社會哲學上的若干應用 [M]．趙榮潛，等，譯．北京：商務印書館，1991．

[82] 斯坦利·杰文斯．政治經濟學理論 [M]．郭大力，譯．北京：商務印書館，1984．

[83] A C 庇古．福利經濟學（上卷）[M]．朱泱，等，譯．北京：商務印書館，2006．

[84] 阿馬蒂亞·森．貧困與饑荒——論權利與剝奪 [M]．王宇，王文玉，譯．商務印書館，2001．

[85] 保羅 N 羅森斯坦-羅丹. 東歐和東南歐國家的工業化問題 [J]. 經濟學雜誌, 1943 (3).

[86] 保羅·薩繆爾森. 經濟學 [M]. 胡允光, 譯. 14 版. 北京: 首都經濟貿易大學出版社, 1996.

[87] M K 托爾巴. 論持續發展——約束與機會 [M]. 朱躍強, 譯. 北京: 中國環境科學出版社, 1990.

[88] 邁克爾 P 托達羅. 經濟發展與第三世界 [M]. 北京: 中國經濟出版社, 1992.

[89] 馬克思, 恩格斯. 馬克思恩格斯全集: 第 3 卷 [M]. 中共中央馬克思恩格斯列寧斯大林著作編譯局, 譯. 北京: 人民出版社, 1974.

[90] 馬克思, 恩格斯. 馬克思恩格斯全集: 第 23 卷 [M]. 中共中央馬克思恩格斯列寧斯大林著作編譯局, 譯. 北京: 人民出版社, 1972.

[91] 世界環境與發展委員會. 我們共同的未來 [M]. 王之佳, 柯金良, 譯. 長春: 吉林出版社, 1997

[92] 世界銀行增長與發展委員會. 增長報告——持續增長和包容性發展的戰略 [M]. 北京: 中國金融出版社, 2008.

[93] 世界銀行. 1980 年世界發展報告 [M]. 北京: 中國財政經濟出版社, 1980.

[94] 世界銀行. 1990 年世界發展報告: 貧困問題·社會發展指標 [M]. 北京: 中國財政經濟出版社, 1990.

[95] 世界銀行. 2000/2001 年世界發展報告: 與貧困作鬥爭 [M]. 北京: 中國財政經濟出版社, 2001.

[96] 世界銀行. 2008 年世界發展報告: 以農業促發展 [R]. 北京: 清華大學出版社, 2008.

[97] 世界銀行. 2010 年世界發展報告: 發展與氣候變化 [M]. 北京: 清華大學出版社, 2010.

[98] 茶洪旺. 區域經濟理論新探與中國西部大開發 [M]. 北京: 經濟科學出版社, 2008.

[99] 丁任重. 西部資源開發與生態補償機制研究 [M]. 成都: 西南財經大學出版社, 2009.

[100] 丁任重. 西部經濟發展與資源承載力研究 [M]. 北京: 人民出版社, 2005.

[101] 馮永寬. 西部貧困地區發展路徑研究 [M]. 成都: 四川大學出版社, 2010.

[102] 胡建, 等. 油氣資源開發與西部區域經濟協調發展戰略研究 [M]. 北京: 科學出版社, 2007.

[103] 高鐵梅. 計量經濟分析方法與建模: EViews 應用及實例 [M]. 北京: 清華大學出版社, 2009.

[104] 勞承玉. 自然資源開發與區域經濟發展 [M]. 北京: 中國經濟出版社, 2010.

[105] 呂昭河, 等. 人口資源環境與可持續發展研究——雲南案例 [M]. 北京: 中國社會科學出版社, 2008

[106] 孔祥智. 中國三農前景報告: 2005 [M]. 北京: 中國時代經濟出版社, 2005.

[107] 王小強, 白南風. 富饒的貧困——中國落後地區的經濟考察 [M]. 成都: 四川人民出版社, 1986.

[108] 葉舟. 技術與製度——水能資源開發的機理研究 [M]. 北京: 中國水利水電出版社, 2007.

[109] 武強, 劉伏昌, 李鐸. 礦山環境研究理論與實踐 [M]. 北京: 地質出版社, 2005.

[110] 張帆. 環境與自然資源經濟學 [M]. 2 版. 上海: 世紀出版集團上海人民出版社, 2007.

[111] 趙海東. 資源型產業集群與中國西部經濟發展研究 [M]. 北京: 經濟科學出版社, 2007.

[112] 鐘水映，簡新華. 人口、資源與環境經濟學 [M]. 北京：科學出版社，2007.

[113] 鄭長德. 發展經濟學與地區經濟發展 [M]. 北京：中國財政經濟出版社，2007.

[114] 鄒東濤. 鄒東濤西部開發文集——什麼粘住了西部騰飛的翅膀 [M]. 北京：中國經濟出版社，2001.

[115] 莊萬祿. 四川民族地區水電工程移民政策研究 [M]. 北京：民族出版社，2007.

[116] 王卓. 中國貧困人口研究 [M]. 成都：四川科學技術出版社，2004.

[117] 吳文一. 基於「資源詛咒」的民族地區資源與經濟增長的關聯研究 [D]. 武漢：中南民族大學，2012.

[118] 陳厚義. 中國區域經濟發展的「資源陷阱」及對策研究 [D]. 武漢：武漢理工大學，2009.

[119] 段利民. 「資源詛咒」與區域經濟增長研究 [D]. 西安：西北大學，2009.

[120] 方春陽. 水電開發與區域經濟協調發展研究——以雲貴川三省為例 [D]. 北京：北京交通大學，2010.

[121] 馮菁. 豐裕中的貧困——中國森林資源豐富地區貧困問題研究 [D]. 北京：北京林業大學，2007.

[122] 郭柯. 經濟增長中的「比較優勢陷阱」分析 [D]. 北京：中共中央黨校，2011.

[123] 蓋凱程. 西部生態環境與經濟協調發展研究 [D]. 成都：西南財經大學，2008.

[124] 梅冠群. 中國「資源詛咒」形成的條件與路徑研究 [D]. 天津：南開大學，2013.

[125] 龐博. 礦產資源開發對中國礦產資源型地區經濟發展的影響極其機制研究 [D]. 西安：西北大學，2013.

［126］韋結餘. 中國西部地區「資源詛咒」傳導機制研究［D］. 北京：北京郵電大學，2013.

［127］邢利民. 資源型地區經濟轉型的內生增長研究［D］. 太原：山西財經大學，2012.

［128］張景華. 經濟增長中的自然資源效應研究［D］. 成都：西南財經大學，2008.

［129］中國環境保護部、國土資源部. 全國土壤污染狀況調查公報［R］. 北京：環境保護部，2014.

［130］中國環境保護部、國土資源部. 全國土壤污染狀況調查公報［R］. 北京：環境保護部，2014.

［131］中國環境保護部. 2013 年中國環境狀況公報［R］. 北京：中國環境保護部，2014.

［132］周建軍. 借鑑他山之石，破除「資源詛咒」［EB/OL］.（2010-09-10）［2016-08-20］. http://business.sohu.com/20100901/n274628043.shtml.

［133］袁志國，饒饒. 小水電站泛濫 神農架遇河道斷流之困［EB/OL］.（2011-09-26）［2016-08-20］. http://bjyouth.ynet.com/3.1/1109/26/6289319.html.

［134］孫嘉夏. 舟曲電站密布河流斷流 68 座僅 1 座通過抗震審批［N］. 每日經濟新聞，2011-09-22.

［135］王雲，李清波. 打造「世界苦蕎之都」——「大涼山」苦蕎產業發展之路［N］. 四川日報，2012-07-12.

［136］三亞自然資源估值 2000 億元 資產負債表編制完成［EB/OL］.（2015-02-19）［2016-08-20］. http://www.hi.chinanews.com/hnnew/2015-02-09/374964.html.

［137］張序. 四川民族地區水能資源開發中的生態環境問題［M］//2008 年四川經濟形勢分析與預測. 北京：社會科學文獻出版社，2008.

[138] 包廣靜. 基於文化作用機制分析的愛滋病預防控製對策研究——以雲南為例 [J]. 西北人口, 2009 (2).

[139] 陳鑫, 劉生旺. 跨省、市總分機構企業所得稅分配方法對地區間增值稅稅收分配的適用性分析 [J]. 開發研究, 2008 (4).

[140] 陳海磊. 鄂爾多斯的發展與「資源詛咒」[J]. 菸臺大學學報: 哲學社會科學版, 2011 (4).

[141] 陳南岳. 中國農村生態貧困研究 [J]. 中國人口資源與環境, 2003 (4).

[142] 陳書宏. 自然資源對中國經濟增長的限制 [J]. 學術探討, 2008 (6).

[143] 成升魁, 丁賢忠. 貧困本質與貧困地區發展 [J]. 自然資源, 1996 (2).

[144] 成亞文. 真正的文明時代才剛剛起步——葉謙吉教授呼籲「開展生態文明建設」[N]. 中國環境報, 1987 - 06 - 23.

[145] 杜明義, 羅成. 「資源詛咒」與反貧之道——以四川藏區為例 [J]. 牡丹江大學學報, 2012 (11).

[146] 馮宗憲, 王石, 等. 自然資源師「祝福」還是「詛咒」——基於資源豐裕度與收入水平關係的分析 [J]. 華東經濟管理, 2014 (6).

[147] 谷樹忠, 張新華, 等. 中國欠發達資源富集區的界定、特徵與功能定位 [J]. 資源科學, 2011, 33 (1).

[148] 郭懷成, 張振興, 等. 西部地區反貧困與生態環境可持續性研究——以新疆和墨洛地區為例 [J]. 北京大學學報: 自然科學版, 2008 (3).

[149] 韓德軍, 趙春燕. 論貴州從「資源詛咒」到內源發展的路徑選擇 [J]. 貴州商業高等專科學校學報, 2010 (12).

[150] 韓建. 中國西部地區經濟增長是否存在「資源詛咒」的實證研究——基於索羅模型的分析 [J]. 探索, 2013 (5).

[151] 郝玉柱, 敖華. 自然資源與經濟增長關係研究範式的形成和演進 [J]. 經濟問題, 2014 (2).

[152] 胡鞍鋼. 欠發達地區如何加快發展與協調發展：以甘肅為例（下）[J]. 開發研究, 2004 (4).

[153] 胡健, 張凡勇, 董春詩. 自然資源開發與區域經濟增長——基於擴展的羅默模型對「資源詛咒」形成機理的檢驗 [J]. 人文雜誌, 2011 (3).

[154] 勞承玉, 張序. 能源投資對地方財政的稅收貢獻與分配政策研究——以四川水電開發建設為案例 [J]. 西南金融, 2012 (8).

[155] 梁惠枝, 等. 欠發達資源型地區「資源詛咒」的驗證、傳導機制及破解路徑選擇：河池視角 [J]. 區域金融研究, 2011 (11).

[156] 李朝陽. 礦產資源富集型欠發達地區資源開發與區域經濟協調發展研究 [J]. 農業現代化研究, 2013 (1).

[157] 李春暉, 楊勤業. 環境代際公平判別模型及其應用研究 [J]. 地理科學進展, 2000 (9).

[158] 李天籽, 孫佩銘. 中國地區「資源詛咒」問題：製度解析與政策建議 [J]. 求索, 2014 (2).

[159] 陸之青. 資源富集型貧困地區經濟開發的總體構想——《走出貧困的抉擇》述評 [J]. 能源基地建設, 1996 (6).

[160] 劉鳳良, 郭杰. 資源可耗竭、知識累積與內生經濟增長 [J]. 中央財經大學學報, 2002 (11).

[161] 劉學謙, 張公鬼, 等. 「資源詛咒」的傳導機制及其文化審視 [J]. 城市問題, 2013 (1).

[162] 劉龍,李豐春. 論農村貧困文化的表現、成因及其消解 [J]. 農業現代化研究, 2007 (5).

[163] 劉寶漢. 「福音」還是「詛咒」——自然資源與經濟增長關係理論模型機拓展 [J]. 經濟與管理研究, 2011 (3).

[164] 劉豔梅. 西部地區生態貧困與生態型反貧困戰略 [J]. 哈爾濱工業大學學報：社會科學版, 2005 (11).

[165] 林科軍. 路徑創新：欠發達資源富集地區規避「資源詛咒」的必由之路 [J]. 烏蒙論壇, 2011 (2).

[166] 馬子紅,胡宏斌. 自然資源與經濟增長：理論述評 [J]. 經濟論壇, 2006 (7).

[167] 韓瓊慧. 論「資源詛咒」與涼山彝族自治州經濟增長 [J]. 企業經濟, 2011 (10).

[168] 韓亞芬,孫根年,李琦. 資源經濟貢獻與發展詛咒的互逆關係研究——中國31個省區能源開發利用與經濟增長關係的實證分析 [J]. 資源科學, 2007 (6).

[169] 裴瀟,黃玲,等. 「資源詛咒」現象的再檢驗——基於資源豐富省份面板數據 [J]. 財會通訊, 2014 (5).

[170] 彭水軍. 自然資源耗竭與經濟可持續增長：基於四部門內生增長模型分析 [J]. 管理工程學報, 2007 (4).

[171] 邱凌,王麗娟,趙磊,等. 四川省草地生態系統破壞損失價值評估 [J]. 四川環境, 2013, 31 (1).

[172] 邵帥,齊中英. 西部地區的能源開發與經濟增長——基於「資源詛咒」假說的實證分析 [J]. 經濟研究, 2008 (4).

[173] 邵帥. 煤炭資源開發對中國煤炭城市經濟增長的影響——基於「資源詛咒」學說的經驗研究 [J]. 財經研究, 2010 (3).

[174] 蘇迅. 資源貧困：現象、原因與補償 [J]. 中國礦

業，2007（10）.

[175] 魏後凱. 富饒的貧困 [J]. 中華讀書報，2002（2）.

[176] 吳文潔，佗敏華. 資源型經濟問題的成因：資源收益分配視角的研究 [J]. 價格月刊，2009（3）.

[177] 徐蕾. 欠發達資源富集區農民貧困問題成因及對策研究 [J]. 開發研究，2011（1）.

[178] 徐康寧，邵軍. 自然禀賦與經濟增長：對「資源詛咒」命題的再檢驗 [J]. 世界經濟，2006（11）.

[179] 徐康寧，王劍. 自然資源豐裕程度與經濟發展水平關係的研究 [J]. 經濟研究，2006（1）.

[180] 餘江，葉林. 經濟增長中的資源約束和技術進步——一個基於新古典經濟增長模型的分析 [J]. 中國人口、資源與環境，2006（5）.

[181] 姚予龍，周洪，等. 中國「資源詛咒」的區域差異及其驅動力剖析 [J]. 資源科學，2011（1）.

[182] 王海建. 耗竭性資源管理與人力資本累積內生經濟增長 [J]. 管理工程學報，2000（3）.

[183] 王閆平，陳凱. 資源富集地區經濟貧困的成因及對策研究——以山西省為例 [J]. 資源科學，2006（4）.

[184] 王然，黃菊英. 近六年來中國貧困問題研究綜述 [J]. 西藏發展論壇，2012（6）.

[185] 王思鐵. 扶貧亟待調整思路 [J]. 山區開發，1999（3）.

[186] 王文長. 民族自治地方資源開發、輸出與保護的利益補償機制研究 [J]. 廣西民族研究，2003（4）.

[187] 王卓. 新世紀凉山州彝族貧困地區扶貧問題研究——以喜德縣為例 [J]. 社會科學研究，2006（2）.

[188] 武芳梅. 「資源的詛咒」與經濟發展——基於山西省

的典型分析[J].經濟問題,2007(10).

[189]袁凱華,劉潤東.「資源詛咒」假說的再檢驗——基於資源豐裕與資源依賴的差異性分析[J].商業時代,2012(35).

[190]吳荷青.新疆「資源詛咒」效應的形成機理分析[J].商業時代,2012(20).

[191]吳鈾生.農業生態環境建設是實現農業發展方式轉變的基礎[J].農村經濟,2011(2).

[192]張景華.經濟增長:自然資源是「福音」還是「詛咒」[J].社會科學研究,2008(6).

[193]張緒清.欠發達資源富集區利益補償與生態文明構建[J].特區經濟,2010(1).

[194]周亞雄,王必達.中國西部欠發達地區資源依賴型經濟的「資源詛咒」分析——以甘肅為例[J].干旱區資源與環境,2011(1).

[195]鄭猛,羅淳.論能源開發對雲南經濟增長的影響——基於「資源詛咒」系數的考量[J].資源科學,2013(5).

附　表

附表 1　　　　　　各地區資源依賴度　　　　（單位:%）

地區	2000	2001	2002	2003	2004	2005	2006	2007	2008	2009	2010	2011	2012
北京	0.6	1.0	1.6	2.3	2.5	2.3	2.2	2.6	3.6	5.0	6.8	7.5	8.0
天津	6.0	4.8	5.2	7.1	6.5	7.0	8.7	7.7	10.0	9.1	12.7	13.6	11.7
河北	6.9	6.6	6.4	8.7	7.6	7.6	8.6	8.5	9.6	8.5	9.9	10.2	10.3
山西	20.1	22.4	23.7	28.9	25.9	27.7	30.4	29.5	34.9	38.0	39.6	42.1	42.7
內蒙古	11.6	10.5	10.7	15.8	13.6	14.9	18.8	20.1	22.9	22.9	26.0	27.9	30.8
遼寧	8.3	7.7	7.3	9.3	6.3	6.8	6.4	6.1	6.9	6.5	6.4	7.1	6.9
吉林	5.7	4.7	4.2	5.4	5.9	6.9	8.5	8.1	9.2	7.3	7.1	7.2	7.0
黑龍江	41.0	37.1	33.4	33.6	31.9	30.4	34.8	31.7	33.3	22.2	24.2	25.7	23.8
上海	0.4	0.4	0.4	1.5	0.1	1.5	0.1	0.1	0.1	0.0	0.0	0.0	0.0
江蘇	0.7	0.7	0.7	2.7	0.8	2.7	0.8	0.7	0.8	0.7	0.6	0.6	0.6
浙江	0.2	0.2	0.2	2.5	0.4	2.9	0.4	0.4	0.4	0.3	0.3	0.3	0.3
安徽	5.6	5.9	6.4	9.5	7.2	10.2	7.2	6.7	7.7	7.0	6.9	6.0	5.4
福建	0.5	0.6	0.6	1.7	1.2	2.3	1.6	1.8	2.3	2.2	2.5	2.8	1.8
江西	3.4	3.6	3.8	11.4	5.2	11.6	6.0	5.7	5.4	4.8	4.6	4.3	4.2
山東	9.0	8.2	7.7	7.6	8.3	6.9	7.2	6.2	6.6	5.8	5.8	5.7	5.4
河南	10.1	9.9	10.1	13.9	11.5	13.7	13.0	11.7	11.7	11.7	10.5	10.1	9.1
湖北	2.3	2.2	2.0	3.8	2.6	4.6	3.3	3.3	3.5	3.3	3.4	3.5	3.7
湖南	3.5	3.3	3.7	8.9	5.3	9.6	6.2	6.0	6.5	6.7	6.7	7.1	6.6
廣東	2.4	1.6	1.5	2.6	1.5	2.7	1.5	1.4	1.7	1.3	1.4	1.5	1.2
廣西	5.7	4.3	2.4	6.4	2.2	6.5	2.6	3.5	3.5	3.1	3.6	3.9	3.9
海南	2.6	2.1	1.9	1.9	5.3	4.0	4.4	3.5	4.6	3.3	1.6	1.6	3.2
重慶	2.1	2.2	2.3	5.8	3.0	6.6	3.1	1.0	5.4	5.4	5.5	3.9	3.5
四川	5.1	5.0	4.9	8.1	6.7	7.5	7.3	7.6	9.5	8.8	9.7	9.8	9.8
貴州	3.4	3.6	3.7	13.2	7.9	12.1	8.1	8.4	12.8	12.7	16.7	20.0	21.0
雲南	3.5	3.4	3.2	11.6	4.6	14.2	7.0	6.9	8.7	8.1	8.7	9.5	10.5
西藏	17.3	17.9	11.8	5.0	10.3	5.7	16.5	27.4	28.8	19.8	22.1	29.1	31.4
陝西	18.4	19.5	20.6	22.4	23.2	20.9	24.9	24.3	27.3	24.8	24.9	25.9	26.5
甘肅	8.9	10.6	13.6	26.2	8.5	19.9	9.3	9.0	10.3	107.4	11.0	12.8	13.3
青海	30.5	29.0	28.1	46.3	28.2	34.1	33.2	31.2	29.4	23.2	26.6	23.6	22.0
寧夏	16.2	15.7	8.3	24.6	9.4	17.6	10.8	10.8	14.6	14.5	14.1	15.2	14.8
新疆	41.2	31.9	30.2	33.5	35.3	31.7	41.6	38.3	36.5	27.0	27.0	28.3	27.0

數據來源：根據《中國工業經濟統計年鑒》（2000—2012）和《中國經濟普查年鑒2004》數據計算所得。

附表2　　　　　　　　各地區「資源詛咒」度　　　　（單位:%）

地區	2000	2001	2002	2003	2004	2005	2006	2007	2008	2009	2010	2011	2012
北京	0.1	0.2	0.3	0.3	0.5	0.3	0.4	0.4	0.6	0.8	1.1	1.1	1.2
天津	1.0	0.9	1.0	1.1	1.2	1.3	1.4	1.3	1.3	1.5	2.0	2.0	1.8
河北	1.1	1.2	1.2	1.4	1.4	1.6	1.4	1.5	1.5	1.4	1.5	1.5	1.6
山西	3.3	4.0	4.5	4.5	4.9	4.7	5.1	5.1	5.3	6.3	6.2	6.1	6.5
內蒙古	1.8	1.9	2.0	2.3	2.5	2.7	3.1	3.5	3.5	3.8	4.1	4.1	4.8
遼寧	1.4	1.4	1.4	1.4	1.2	1.1	1.1	1.1	1.0	1.1	1.0	1.0	1.0
吉林	1.0	0.9	0.8	0.9	1.1	1.3	1.4	1.4	1.3	1.2	1.1	1.0	1.1
黑龍江	6.9	6.8	6.6	6.5	6.0	5.7	5.8	5.5	5.0	3.7	3.8	3.7	3.6
上海	0.1	0.1	0.1	0.0	0.0	0.0	0.0	0.0	0.0	0.0	0.0	0.0	0.0
江蘇	0.2	0.2	0.2	0.2	0.2	0.1	0.1	0.1	0.1	0.1	0.1	0.1	0.1
浙江	0.1	0.1	0.1	0.1	0.1	0.1	0.1	0.1	0.1	0.1	0.0	0.0	0.0
安徽	1.0	1.1	1.3	1.2	1.3	1.2	1.2	1.2	1.2	1.2	1.1	0.9	0.8
福建	0.2	0.2	0.2	0.2	0.2	0.2	0.3	0.3	0.3	0.4	0.4	0.4	0.3
江西	0.7	0.8	0.8	0.8	1.0	2.7	1.0	1.0	0.8	0.8	0.7	0.6	0.7
山東	1.5	1.6	1.6	1.5	1.6	1.2	1.2	1.1	1.0	0.9	0.9	0.8	0.6
河南	1.7	1.9	2.0	2.1	2.2	2.3	2.2	2.0	1.8	2.0	1.6	1.5	1.4
湖北	0.4	0.5	0.5	0.6	0.5	0.5	0.5	0.6	0.5	0.6	0.5	0.5	0.6
湖南	0.7	0.8	0.9	1.0	1.0	1.0	1.0	1.1	1.0	1.1	1.0	1.0	1.0
廣東	0.4	0.4	0.4	0.3	0.3	0.3	0.3	0.2	0.2	0.2	0.2	0.2	0.2
廣西	1.0	0.9	0.6	0.5	0.4	0.4	0.4	0.6	0.5	0.6	0.6	0.6	0.6
海南	0.5	0.4	0.4	0.4	1.0	0.9	0.7	0.6	0.7	0.5	0.6	0.5	0.5
重慶	0.4	0.4	0.4	0.5	0.6	0.5	0.5	0.5	0.7	0.9	0.9	0.6	0.5
四川	0.9	1.0	1.0	1.2	1.2	1.2	1.2	1.3	1.2	1.5	1.5	1.4	1.5
貴州	0.9	1.0	1.2	1.3	1.5	1.2	1.3	1.5	1.9	2.1	2.6	2.9	3.1
雲南	0.6	0.6	0.6	0.7	0.9	0.9	1.2	1.2	1.4	1.4	1.4	1.4	1.6
西藏	2.8	3.2	2.2	2.0	1.9	1.1	2.7	4.8	4.4	3.3	3.4	4.2	4.8
陝西	3.0	3.5	3.9	4.1	4.3	4.5	4.1	4.4	4.1	4.1	3.9	3.7	3.9
甘肅	2.2	2.9	2.8	2.7	1.6	1.4	1.5	1.6	1.6	1.8	1.7	1.9	2.0
青海	5.0	5.4	5.6	6.0	5.3	5.0	5.5	5.4	4.5	3.9	3.1	3.4	3.5
寧夏	2.6	2.8	3.1	3.5	1.8	1.9	1.8	1.9	2.2	2.4	2.2	2.2	2.2
新疆	6.6	5.7	5.7	6.3	6.6	6.6	6.9	6.7	5.5	4.5	4.2	3.8	3.6

數據來源：根據《中國工業經濟統計年鑒》（2000—2012）和《中國經濟普查年鑒2004》數據計算所得。

附表3　　　　　　　　　各地區人均GDP　　　　　　（單位：元）

地區	2000	2001	2002	2003	2004	2005	2006	2007	2008	2009	2010	2011	2012
北京	24,127	26,980	30,730	34,777	40,916	45,993	51,722	60,096	64,491	66,940	73,856	81,658	87,475
天津	17,353	19,141	21,387	25,544	30,575	37,796	42,141	47,970	58,656	62,574	72,994	85,213	93,173
河北	7,592	8,251	8,960	10,251	12,487	14,659	16,682	19,662	22,986	24,581	28,668	33,969	36,584
山西	5,722	6,226	7,082	8,641	10,741	12,647	14,497	17,805	21,506	21,522	26,283	31,357	33,628
內蒙古	6,502	7,210	8,146	10,015	12,728	16,285	20,523	26,521	34,869	39,735	47,347	57,974	63,886
遼寧	11,177	12,015	13,000	14,270	15,835	19,074	21,914	26,057	31,739	35,149	42,355	50,760	56,649
吉林	7,351	7,893	8,714	9,854	11,537	13,348	15,720	19,383	23,521	26,595	31,599	38,460	43,415
黑龍江	8,294	8,900	9,541	10,638	12,449	14,440	16,255	18,580	21,740	22,447	27,076	32,819	35,711
上海	30,047	31,799	33,958	38,486	44,839	49,649	54,858	62,041	66,932	69,164	76,074	82,560	85,373
江蘇	11,765	12,879	14,369	16,743	20,031	24,616	28,526	33,837	40,014	44,253	52,840	62,290	68,347
浙江	13,415	14,664	16,841	20,149	23,817	27,062	31,241	36,676	41,405	43,842	51,711	59,249	63,374
安徽	4,779	5,313	5,736	6,375	7,681	8,631	9,996	12,039	14,448	16,408	20,888	25,659	28,792
福建	11,194	11,691	12,739	14,125	16,235	18,353	21,105	25,582	29,755	33,437	40,025	47,377	52,763
江西	4,851	5,221	5,829	6,624	8,097	9,440	11,145	13,322	15,900	17,335	21,253	26,150	28,800
山東	9,326	10,195	11,340	13,268	16,413	19,934	23,603	27,604	32,936	35,894	41,106	47,335	51,768
河南	5,450	5,959	6,487	7,376	9,201	11,346	13,172	16,012	19,181	20,597	24,446	28,661	31,499
湖北	6,293	6,867	7,437	8,378	9,898	11,554	13,360	16,386	19,858	22,677	27,906	34,197	38,572
湖南	5,425	6,120	6,734	7,589	9,165	10,562	12,139	14,869	18,147	20,428	24,719	29,880	33,480
廣東	12,736	13,852	15,365	17,798	20,876	24,647	28,534	33,272	37,638	39,436	44,736	50,807	54,095
廣西	4,652	5,058	5,558	6,169	7,461	8,590	10,121	12,277	14,652	16,045	20,219	25,326	27,952
海南	6,798	7,315	8,041	8,849	10,067	11,165	12,810	14,923	17,691	19,254	23,831	28,898	32,377
重慶	6,274	6,963	7,912	9,098	10,845	12,404	13,939	16,629	20,490	22,920	27,596	34,500	38,914
四川	4,956	5,376	5,890	6,623	7,895	9,060	10,613	12,963	15,495	17,339	21,182	26,133	29,608
貴州	2,759	3,000	3,257	3,701	4,317	5,394	6,305	7,878	9,855	10,971	13,119	16,413	19,710
雲南	4,770	5,015	5,366	5,870	7,012	7,809	8,929	10,609	12,570	13,539	15,752	19,265	22,195
西藏	4,572	5,324	6,117	6,893	8,103	9,036	10,422	12,083	13,824	15,295	17,319	20,077	22,936
陝西	4,968	5,511	6,161	7,057	8,638	10,674	12,840	15,546	19,700	21,947	27,133	33,464	38,564
甘肅	4,129	4,386	4,768	5,429	6,566	7,477	8,945	10,614	12,421	13,269	16,113	19,595	21,978
青海	5,138	5,774	6,478	7,346	8,693	10,045	11,889	14,507	18,421	19,454	24,115	29,522	33,181
寧夏	5,376	6,039	6,647	7,734	9,199	10,349	12,099	15,142	19,609	21,777	26,860	33,043	36,394
新疆	7,372	7,945	8,457	9,828	11,337	13,108	15,000	16,999	19,797	19,942	25,034	30,087	33,796

數據來源：中國統計年鑒（2001—2013年）。

附表 4　　　　　各地區全社會固定資產投資　　（單位：億元）

地區	2000	2001	2002	2003	2004	2005	2006	2007	2008	2009	2010	2011	2012
北京	1,280	1,513	1,796	2,169	2,528	2,827	3,296	3,907	3,815	4,617	5,403	5,579	6,112
天津	611	705	808	1,039	1,246	1,495	1,821	2,353	3,390	4,738	6,278	7,068	7,935
河北	1,817	1,913	2,020	2,478	3,219	4,140	5,470	6,885	8,867	12,270	15,083	16,389	19,661
山西	548	664	813	1,101	1,444	1,827	2,256	2,861	3,531	4,943	6,063	7,073	8,863
內蒙古	424	504	708	1,175	1,788	2,644	3,363	4,373	5,475	7,337	8,927	10,365	11,876
遼寧	1,268	1,421	1,606	2,076	2,980	4,200	5,690	7,435	10,019	12,292	16,043	17,726	21,836
吉林	604	702	834	969	1,169	1,741	2,594	3,651	5,039	6,412	7,870	7,442	9,512
黑龍江	833	964	1,046	1,166	1,431	1,737	2,236	2,834	3,656	5,029	6,813	7,475	9,695
上海	1,869	2,005	2,214	2,499	3,050	3,510	3,900	4,420	4,823	5,044	5,109	4,962	5,118
江蘇	2,570	2,823	3,450	5,233	6,557	8,165	10,069	12,268	15,301	18,950	23,184	26,693	30,854
浙江	2,350	2,835	3,477	4,740	5,781	6,520	7,590	8,420	9,323	10,742	12,376	14,185	17,649
安徽	804	893	1,074	1,419	1,935	2,525	3,534	5,088	6,747	8,991	11,543	12,456	15,426
福建	1,112	1,173	1,253	1,496	1,893	2,317	2,982	4,288	5,208	6,231	8,199	9,911	12,440
江西	516	632	889	1,303	1,713	2,177	2,684	3,302	4,745	6,643	8,772	9,088	10,774
山東	2,531	2,789	3,483	5,315	6,971	9,307	11,111	12,538	15,436	19,035	23,281	26,750	31,256
河南	1,378	1,544	1,726	2,263	3,099	4,312	5,905	8,010	10,491	13,705	16,586	17,769	21,450
湖北	1,339	1,487	1,605	1,809	2,265	2,677	3,343	4,330	5,647	7,867	10,263	12,557	15,578
湖南	1,012	1,174	1,348	1,590	2,073	2,629	3,176	4,155	5,534	7,703	9,664	11,881	14,523
廣東	3,145	3,484	3,851	4,813	5,870	6,978	7,973	9,294	10,869	12,933	15,624	17,069	18,751
廣西	583	656	750	921	1,237	1,661	2,199	2,940	3,756	5,237	7,058	7,991	9,809
海南	199	213	225	280	317	367	424	502	705	988	1,317	1,657	2,145
重慶	573	697	899	1,162	1,537	1,933	2,407	3,128	3,980	5,214	6,689	7,473	8,736
四川	1,418	1,618	1,903	2,336	2,818	3,585	4,413	5,640	7,128	11,372	13,117	14,222	17,040
貴州	397	536	633	748	865	998	1,197	1,489	1,864	2,412	3,105	4,236	5,718
雲南	684	738	815	1,000	1,292	1,778	2,209	2,759	3,436	4,526	5,529	6,191	7,831
西藏	64	83	107	134	162	181	231	270	310	378	463	516	671
陝西	654	773	915	1,201	1,509	1,882	2,481	3,415	4,614	6,247	7,964	9,431	12,045
甘肅	395	460	526	620	734	870	1,023	1,304	1,713	2,363	3,158	3,966	5,145
青海	151	196	232	256	289	330	409	483	583	798	1,017	1,436	1,883
寧夏	158	191	227	318	376	443	499	600	829	1,076	1,444	1,645	2,097
新疆	610	706	800	973	1,147	1,339	1,567	1,851	2,260	2,725	3,423	4,632	6,159

數據來源：中國統計年鑒（2001—2013 年）。

附表5　　　　　　　各地區平均受教育年限（單位：年）

地區	2000	2001	2002	2003	2004	2005	2006	2007	2008	2009	2010	2011	2012
北京	9.8	9.9	10.1	10.3	10.5	10.6	10.8	10.9	11.1	11.2	11.5	11.6	11.8
天津	8.7	8.9	9.0	9.2	9.3	9.5	9.6	9.8	9.9	10.1	10.2	10.3	10.5
河北	7.7	7.8	7.9	8.0	8.1	8.3	8.4	8.5	8.6	8.8	8.9	9.0	9.1
山西	7.9	8.0	8.2	8.3	8.4	8.6	8.7	8.8	9.0	9.1	9.2	9.4	9.5
內蒙古	7.6	7.8	7.9	8.0	8.2	8.3	8.4	8.6	8.7	8.8	9.0	9.1	9.3
遼寧	8.3	8.4	8.5	8.6	8.8	8.9	9.0	9.1	9.2	9.4	9.5	9.6	9.7
吉林	8.1	8.2	8.4	8.5	8.6	8.7	8.8	8.9	9.0	9.2	9.3	9.4	9.5
黑龍江	8.1	8.2	8.3	8.4	8.6	8.7	8.8	8.9	9.0	9.1	9.2	9.3	9.4
上海	9.1	9.2	9.4	9.5	9.7	9.8	9.9	10.1	10.2	10.3	10.5	10.7	10.8
江蘇	7.8	7.9	8.0	8.2	8.3	8.5	8.6	8.7	8.9	9.0	9.1	9.3	9.4
浙江	7.4	7.5	7.6	7.8	7.9	8.0	8.1	8.3	8.4	8.5	8.6	8.7	8.9
安徽	6.9	7.0	7.1	7.3	7.4	7.5	7.6	7.8	7.9	8.0	8.1	8.2	8.4
福建	7.4	7.5	7.7	7.8	7.9	8.1	8.2	8.4	8.5	8.6	8.8	8.9	9.1
江西	7.5	7.6	7.7	7.9	8.0	8.2	8.3	8.4	8.5	8.6	8.7	8.8
山東	7.5	7.6	7.7	7.9	8.0	8.1	8.2	8.4	8.5	8.6	8.8	8.9	9.0
河南	7.6	7.7	7.8	7.9	8.0	8.2	8.3	8.4	8.5	8.6	8.7	8.8	8.9
湖北	7.6	7.8	7.9	8.1	8.2	8.3	8.4	8.6	8.7	8.8	9.0	9.1	9.3
湖南	7.7	7.8	7.9	8.1	8.2	8.3	8.4	8.6	8.7	8.8	8.9	9.0	9.2
廣東	8.0	8.1	8.2	8.3	8.5	8.6	8.7	8.8	9.0	9.1	9.2	9.4	9.5
廣西	7.5	7.6	7.7	7.8	7.9	8.0	8.1	8.2	8.3	8.4	8.4	8.5	8.6
海南	7.6	7.7	7.8	8.0	8.1	8.2	8.3	8.5	8.6	8.7	8.9	9.0	9.2
重慶	7.2	7.3	7.5	7.6	7.7	7.9	8.0	8.1	8.3	8.4	8.5	8.7	8.8
四川	7.0	7.1	7.2	7.3	7.5	7.6	7.7	7.8	7.9	8.1	8.2	8.3	8.4
貴州	6.1	6.2	6.3	6.5	6.6	6.7	6.9	7.0	7.1	7.3	7.4	7.6	7.7
雲南	6.2	6.4	6.5	6.6	6.8	6.9	7.0	7.2	7.3	7.4	7.6	7.7	7.8
西藏	3.4	3.6	3.7	3.9	4.1	4.3	4.5	4.6	4.8	5.0	5.3	5.5	5.7
陝西	7.6	7.8	7.9	8.1	8.2	8.4	8.6	8.7	8.9	9.1	9.3	9.4
甘肅	6.5	6.6	6.8	6.9	7.1	7.2	7.4	7.5	7.7	7.8	8.0	8.2	8.3
青海	6.0	6.2	6.3	6.5	6.7	6.8	7.0	7.1	7.3	7.5	7.6	7.8	8.0
寧夏	6.9	7.1	7.2	7.4	7.6	7.7	7.9	8.0	8.2	8.4	8.5	8.7	8.8
新疆	7.6	7.7	7.8	8.0	8.1	8.3	8.4	8.5	8.7	8.8	8.9	9.1	9.2

數據來源：根據2000年中國人口普查資料、2010年中國人口普查資料和2000—2013年全國人口變動調查資料（除2000年和2010年）計算所得。平均受教育年限的計算考慮中國當前教育製度，未上學的受教育年限為0年，小學為6年，初中為9年，高中為12年，大專及以上為16年。

附表 6　　　　　　　　各地區進出口總額　　（單位：萬美元）

地區	2000	2001	2002	2003	2004	2005	2006	2007	2008	2009	2010	2011	2012
北京	4,962	5,154	5,251	6,850	9,458	12,551	15,804	19,300	27,169	21,473	30,172	38,956	40,811
天津	1,715	1,817	2,281	2,934	4,203	5,328	6,446	7,145	8,040	6,383	8,210	10,338	11,563
河北	524	574	667	898	1,353	1,607	1,853	2,552	3,842	2,963	4,206	5,360	5,056
山西	176	194	231	309	538	555	663	1,158	1,440	857	1,258	1,474	1,504
內蒙古	262	203	243	283	372	488	596	774	892	677	873	1,193	1,126
遼寧	1,903	1,981	2,174	2,651	3,441	4,101	4,839	5,947	7,243	6,293	8,071	9,604	10,409
吉林	257	321	370	615	679	653	791	1,030	1,333	1,174	1,685	2,206	2,456
黑龍江	299	338	435	533	679	957	1,286	1,730	2,313	1,623	2,552	3,852	3,759
上海	5,471	6,089	7,263	11,234	16,001	18,634	22,752	28,285	32,206	27,771	36,895	43,755	43,659
江蘇	4,564	5,135	7,029	11,362	17,085	22,792	28,398	34,947	39,227	33,874	46,580	53,958	54,796
浙江	2,783	3,280	4,196	6,141	8,520	10,739	13,914	17,685	21,113	18,773	25,353	30,938	31,240
安徽	335	362	418	595	721	912	1,225	1,593	2,018	1,568	2,427	3,131	3,928
福建	2,122	2,263	2,840	3,533	4,753	5,441	6,266	7,445	8,482	7,965	10,878	14,352	15,594
江西	162	153	169	253	353	406	619	945	1,362	1,278	2,162	3,147	3,341
山東	2,499	2,895	3,393	4,464	6,066	7,674	9,521	12,247	15,841	13,905	18,916	23,589	24,554
河南	228	278	320	471	662	772	979	1,279	1,748	1,348	1,783	3,262	5,174
湖北	322	358	395	511	677	905	1,176	1,487	2,071	1,725	2,593	3,359	3,196
湖南	251	276	288	373	544	600	735	969	1,255	1,015	1,466	1,894	2,195
廣東	17,010	17,649	22,110	28,352	35,713	42,796	52,720	63,419	68,497	61,109	78,490	91,347	98,402
廣西	203	180	243	319	428	518	667	926	1,324	1,425	1,774	2,336	2,948
海南	129	175	187	227	340	254	285	351	453	488	865	1,276	1,432
重慶	179	183	179	259	386	429	547	744	952	771	1,243	2,921	5,320
四川	255	310	447	563	687	790	1,102	1,438	2,211	2,417	3,269	4,772	5,914
貴州	66	65	69	98	151	140	162	227	337	230	315	489	663
雲南	181	199	223	267	374	474	622	879	960	805	1,343	1,603	2,101
西藏	13	9	13	16	20	21	33	39	77	40	84	136	342
陝西	214	206	222	278	364	458	536	689	833	841	1,210	1,465	1,480
甘肅	57	78	88	133	176	263	382	552	610	387	740	873	890
青海	16	20	20	34	58	41	65	61	69	59	79	92	116
寧夏	44	53	44	65	91	97	144	158	188	120	196	229	222
新疆	226	177	269	477	563	794	910	1,372	2,222	1,395	1,713	2,282	2,517

數據來源：中國統計年鑒（2001—2013 年）。

附表7　　　　　各地區 R&D 經費支出　　　（單位：億元）

地區	2000	2001	2002	2003	2004	2005	2006	2007	2008	2009	2010	2011	2012
北京	156	171	220	256	317	382	433	505	550	669	822	937	1,063
天津	25	25	31	40	54	73	95	115	156	178	230	298	360
河北	26	26	34	38	44	59	77	90	109	135	155	201	246
山西	10	11	14	16	23	26	36	49	63	81	90	113	132
內蒙古	3	4	5	6	8	12	17	24	34	52	64	85	101
遼寧	42	54	72	83	107	125	136	165	190	232	287	364	391
吉林	13	17	26	28	36	39	41	51	53	81	76	89	110
黑龍江	15	20	23	33	35	49	57	66	87	109	123	129	146
上海	74	88	110	129	171	208	259	307	355	423	482	598	679
江蘇	73	92	117	151	214	270	346	430	581	702	858	1,066	1,288
浙江	33	41	54	75	116	163	224	282	345	399	494	598	723
安徽	20	21	26	32	38	46	59	72	98	136	164	215	282
福建	21	23	24	38	46	54	67	82	102	135	171	222	271
江西	8	8	12	17	22	29	38	49	63	76	87	97	114
山東	52	61	88	104	142	195	234	312	434	520	672	844	1,020
河南	25	28	29	34	42	56	80	101	122	175	211	264	311
湖北	35	37	48	55	57	75	94	111	149	213	264	323	385
湖南	19	24	26	30	37	45	54	74	113	153	187	233	288
廣東	107	137	156	180	211	244	313	404	503	653	809	1,045	1,236
廣西	8	8	9	11	12	15	18	22	33	47	63	81	97
海南	1	1	1	1	2	2	2	3	3	6	7	10	14
重慶	10	10	13	17	24	32	37	47	60	79	100	128	160
四川	45	57	62	79	78	97	108	139	160	214	264	294	351
貴州	4	5	6	8	9	11	15	14	19	26	30	36	42
雲南	7	8	10	11	13	21	21	26	31	37	44	56	69
西藏	0	0	1	0	0	0	1	1	1	1	1	1	2
陝西	50	52	61	68	84	92	101	122	143	190	218	249	287
甘肅	7	8	11	13	14	20	24	26	32	37	42	49	60
青海	1	1	2	2	3	3	4	4	8	10	13	13	
寧夏	2	2	2	2	3	3	5	7	8	10	12	15	18
新疆	3	3	4	4	6	6	9	10	16	22	27	33	40

數據來源：中國科技年鑒（2001—2013 年）。

附表 8　　　　　　　各地區製造業水平　　　　　（單位:%）

地區	2000	2001	2002	2003	2004	2005	2006	2007	2008	2009	2010	2011	2012
北京	95.7	95.4	94.6	94.8	88.2	88.7	86.8	85.7	83.1	80.6	76.4	75.3	71.0
天津	91.0	91.8	91.4	91.3	88.9	87.4	87.3	88.3	87.4	87.0	83.3	82.8	84.6
河北	85.0	85.1	85.4	86.4	82.6	79.6	82.1	83.2	83.6	83.9	83.0	83.3	83.0
山西	68.3	65.9	65.3	67.4	63.8	60.4	59.3	60.9	56.9	52.0	51.5	49.9	47.8
內蒙古	74.5	74.8	75.4	75.1	70.9	69.0	66.6	65.4	64.4	64.6	61.4	59.5	58.5
遼寧	84.3	85.2	85.6	87.3	85.4	85.3	86.8	87.7	88.1	88.9	89.4	89.1	89.5
吉林	87.8	89.4	90.8	91.0	85.4	84.1	84.0	85.5	85.5	87.5	88.2	88.2	88.4
黑龍江	50.3	53.3	55.2	56.1	57.0	54.7	54.8	57.1	58.3	66.0	65.7	64.9	66.8
上海	95.9	96.3	96.3	97.1	96.1	95.9	95.9	96.2	94.5	93.9	94.5	94.6	94.2
江蘇	95.1	95.3	95.5	96.0	94.6	94.2	94.6	95.0	95.2	95.3	95.6	95.8	95.7
浙江	95.2	95.4	95.7	95.9	92.1	92.1	92.4	92.9	93.0	92.4	92.8	92.5	92.4
安徽	87.3	85.6	85.3	86.5	84.1	83.3	84.4	86.1	82.5	83.3	85.0	86.6	86.8
福建	91.7	91.9	92.3	93.3	90.9	90.7	91.0	91.2	91.2	91.0	91.3	91.1	92.2
江西	88.0	87.6	84.3	86.8	83.3	73.2	85.2	86.9	88.6	88.9	90.2	90.8	90.8
山東	85.7	86.4	86.9	88.2	86.5	88.1	88.5	89.8	89.7	91.1	90.2	90.1	93.7
河南	79.7	80.0	78.9	78.9	77.2	74.7	77.6	77.1	81.4	81.2	82.5	83.4	83.8
湖北	91.8	91.5	91.8	90.8	84.8	86.4	85.6	86.2	87.4	87.8	89.4	90.6	90.5
湖南	89.2	88.3	88.3	87.9	85.3	85.4	85.4	86.3	87.0	86.9	87.7	88.1	88.5
廣東	91.0	92.2	92.6	93.6	90.9	91.0	91.2	91.7	91.9	92.2	92.6	92.5	92.1
廣西	85.9	86.8	88.8	89.5	85.9	85.0	85.8	85.4	85.1	85.6	87.0	88.2	88.8
海南	87.7	88.9	88.5	91.5	81.5	81.5	83.8	88.0	86.9	86.6	87.0	86.9	86.1
重慶	91.7	91.9	92.1	92.7	89.0	88.9	89.1	89.2	88.1	88.2	88.7	90.7	91.2
四川	87.3	86.4	86.7	86.2	83.0	83.5	83.5	83.6	83.6	84.2	83.5	84.0	83.5
貴州	79.7	77.6	77.2	77.0	67.3	68.1	65.1	66.1	64.2	62.3	60.7	62.1	61.4
雲南	87.5	87.0	87.3	84.1	83.2	82.5	81.2	81.5	79.1	78.8	78.2	78.2	77.5
西藏	65.8	64.4	70.2	70.2	68.8	72.0	64.1	57.0	56.0	63.4	61.1	55.4	55.6
陝西	74.9	73.7	72.7	71.4	66.5	63.7	66.6	66.7	65.9	67.3	67.1	66.5	
甘肅	74.8	73.2	74.1	75.7	78.4	78.6	79.5	79.9	79.1	78.6	78.3	76.8	76.6
青海	52.6	52.6	54.1	55.6	49.1	55.0	52.3	55.6	59.1	62.6	57.5	63.6	62.8
寧夏	71.5	72.2	71.8	68.6	70.4	66.5	70.5	71.0	69.7	70.3	69.4	63.3	65.6
新疆	53.6	62.6	63.9	61.7	57.9	54.4	53.3	56.3	57.7	65.9	66.7	66.7	68.1

數據來源：根據《中國工業經濟統計年鑒》（2000—2012）和《中國經濟普查年鑒 2004》數據計算所得。

附表9　　　全球100個樣本國家「資源詛咒」深度與自然資源豐裕度排序比較

國家	「資源詛咒」深度	排名	自然資源豐裕度	排名
伊拉克	0.823	1	32,644	7
安哥拉	0.813	2	7,813	31
蘇丹	0.797	3	2,951	76
喀麥隆	0.737	4	4,733	54
尼日利亞	0.731	5	4,040	60
土庫曼斯坦	0.717	6	20,643	10
阿爾及利亞	0.710	7	13,200	15
阿富汗	0.709	8	1,261	95
伊朗	0.688	9	14,105	14
沙特阿拉伯	0.683	10	97,012	2
緬甸	0.675	11	2,222	81
埃塞俄比亞	0.675	12	796	98
委內瑞拉	0.674	13	27,227	8
烏茲別克	0.666	14	7,652	32
厄瓜多爾	0.658	15	13,117	16
烏干達	0.656	16	3,000	75
肯尼亞	0.641	17	1,368	93
俄羅斯	0.621	18	17,217	12
科威特	0.609	19	173,883	1
玻利維亞	0.604	20	4,783	52
巴基斯坦	0.595	21	1,368	92
巴拉圭	0.583	22	5,372	48
海地	0.583	23	793	99
朝鮮	0.580	24	1,444	91

附表9(續)

國家	「資源詛咒」深度	排名	自然資源豐裕度	排名
尼泊爾	0.578	25	1,229	96
阿曼	0.575	26	68,835	3
利比亞	0.572	27	1,653	87
哈薩克斯坦	0.570	28	11,724	20
納米比亞	0.565	29	2,352	79
柬埔寨	0.563	30	1,918	86
加納	0.557	31	1,336	94
白俄羅斯	0.549	32	5,972	44
不丹	0.548	33	4,945	51
哥倫比亞	0.542	34	6,547	39
蒙古	0.541	35	4,780	53
孟加拉國	0.533	36	961	97
洪都拉斯	0.526	37	3,005	74
埃及	0.524	38	3,249	70
亞美尼亞	0.520	39	3,139	71
科索沃	0.517	40	3,390	69
摩洛哥	0.516	41	1,604	88
秘魯	0.509	42	3,575	65
阿根廷	0.505	43	10,312	23
烏克蘭	0.502	44	6,899	36
印度尼西亞	0.494	45	3,472	67
斯里蘭卡	0.493	46	2,075	83
越南	0.485	47	2,075	82
古巴	0.483	48	4,308	58

附表9(續)

國家	「資源詛咒」深度	排名	自然資源豐裕度	排名
牙買加	0.480	49	2,627	78
阿爾巴尼亞	0.479	50	3,892	64
土耳其	0.476	51	3,504	66
南非	0.468	52	3,400	68
菲律賓	0.467	53	1,549	89
印度	0.464	54	1,928	85
突尼斯	0.460	55	3,939	62
巴西	0.455	56	6,752	37
巴拿馬	0.450	57	5,051	49
約旦	0.450	58	2,690	77
智利	0.447	59	18,870	11
羅馬尼亞	0.444	60	9,058	26
墨西哥	0.444	61	8,493	28
泰國	0.439	62	3,936	63
保加利亞	0.435	63	5,560	46
烏拉圭	0.417	64	9,279	25
中國	0.410	65	2,223	80
立陶宛	0.395	66	6,014	42
希臘	0.389	67	7,980	29
克羅地亞	0.388	68	5,559	47
波蘭	0.385	69	8,894	27
馬來西亞	0.384	70	12,750	17
哥斯達黎加	0.382	71	9,437	24
匈牙利	0.361	72	5,974	43

附表9(續)

國家	「資源詛咒」深度	排名	自然資源豐裕度	排名
愛沙尼亞	0.344	73	6,283	41
斯洛伐克	0.339	74	4,979	50
義大利	0.316	75	4,678	55
葡萄牙	0.312	76	4,204	59
以色列	0.308	77	3,999	61
新西蘭	0.304	78	52,979	5
澳大利亞	0.285	79	24,167	9
西班牙	0.283	80	7,471	33
挪威	0.282	81	54,828	4
捷克共和國	0.267	82	4,595	56
冰島	0.253	83	12,363	18
加拿大	0.249	84	34,771	6
美國	0.247	85	14,752	13
法國	0.239	86	6,335	40
英國	0.225	87	7,167	35
愛爾蘭	0.222	88	10,534	22
韓國	0.218	89	2,020	84
奧地利	0.197	90	7,174	34
荷蘭	0.191	91	6,739	38
比利時	0.187	92	3,030	72
德國	0.180	93	4,445	57
丹麥	0.173	94	11,746	19
芬蘭	0.172	95	11,445	21
盧森堡	0.161	96	3,030	73

附表9(續)

國家	「資源詛咒」深度	排名	自然資源豐裕度	排名
瑞典	0.142	97	7,950	30
瑞士	0.142	98	5,943	45
日本	0.135	99	1,513	90
新加坡	0.075	100	2	100

資料來源：100個國家「資源詛咒」深度與自然資源豐裕度排序比較［OL］．[2016-08-20]. http://cn.chinagate.cn/infocus/2013-01/16/content_27706180.htm.

國家圖書館出版品預行編目(CIP)資料

資源富集型貧困地區可持續發展研究 / 周怡 著 .-- 第一版.
-- 臺北市：崧博出版：財經錢線文化發行，2018.10

　面； 公分

ISBN 978-957-735-510-2(平裝)

1. 區域經濟 2. 經濟發展 3. 中國

552.2　　　　　107015477

書　　名：資源富集型貧困地區可持續發展研究
作　　者：周怡 著
發行人：黃振庭
出版者：崧博出版事業有限公司
發行者：財經錢線文化事業有限公司
E-mail：sonbookservice@gmail.com
粉絲頁　　　　　　　網　址：
地　　址：台北市中正區延平南路六十一號五樓一室
8F.-815, No.61, Sec. 1, Chongqing S. Rd., Zhongzheng Dist., Taipei City 100, Taiwan (R.O.C.)
電　　話：(02)2370-3310　傳　真：(02) 2370-3210
總經銷：紅螞蟻圖書有限公司
地　　址：台北市內湖區舊宗路二段 121 巷 19 號
電　　話：02-2795-3656　傳真：02-2795-4100　網址：
印　　刷：京峯彩色印刷有限公司（京峰數位）

　　本書版權為西南財經大學出版社所有授權崧博出版事業有限公司獨家發行電子書繁體字版。若有其他相關權利及授權需求請與本公司聯繫。

定價：450 元

發行日期：2018 年 10 月第一版

◎ 本書以POD印製發行